数字经济对智能制造产业驱动研究：产业融合视角

孙明高　姚　震　著

中国财经出版传媒集团
中国财政经济出版社

图书在版编目（CIP）数据

数字经济对智能制造产业驱动研究：产业融合视角／孙明高，姚震著. --北京：中国财政经济出版社，2023.2

ISBN 978-7-5223-1910-0

Ⅰ.①数…　Ⅱ.①孙…　②姚…　Ⅲ.①信息经济-关系-智能制造系统-制造工业-产业发展-研究-中国　Ⅳ.①F426.4

中国国家版本馆 CIP 数据核字（2023）第 021545 号

责任编辑：马　真　　　　责任校对：张　凡

封面设计：北京兰卡绘世　　　　责任印制：党　辉

中国财政经济出版社 出版

URL：http：//www.cfeph.cn

E-mail：cfeph@cfeph.cn

社址：北京市海淀区阜成路甲 28 号　邮政编码：100142

营销中心电话：010-88191522　88190639

天猫网店：中国财政经济出版社旗舰店

网址：https：//zgczjjcbs.tmall.com

北京中兴印刷有限公司印刷　　各地新华书店经销

成品尺寸：170mm×240mm　16 开　14.25 印张　200 000 字

2023 年 9 月第 1 版　2023 年 9 月北京第 1 次印刷

定价：78.00 元

ISBN 978-7-5223-1910-0

（图书出现印装问题，本社负责调换，电话：010-88190548）

本社质量投诉电话：010-88190744

打击盗版举报热线：010-88191661　QQ：2242791300

前　言

数字技术迅猛发展并广泛渗透应用于经济社会各产业领域，重构了经济社会的物质基础，人类经济社会正沿着技术革新、产业重构、融合应用和制度改造的路径，向数字经济新形态演化发展。制造业作为一国经济的支柱产业，代表着一国工业发展水平，是国民经济的主导力量及经济转型的重要基础。在数字经济背景下，数字经济基础产业与制造业的产业融合呈现不可逆的趋势。因此，客观、科学地评价数字经济发展现状，并在此基础上研究数字经济基础产业与制造业的产业融合状况及产业融合对制造业的影响，对中国未来经济的发展具有重要的理论和实践意义。目前学界对该问题的研究主要集中于定性方面，存在一定的研究空白。

本书首先构建了数字经济背景下产业融合对制造业促进效应研究的理论分析框架，并在此基础上对包含中国在内的全球主要国家数字经济的现状进行量化和对比分析，其次测算了数字经济基础产业与制造业产业融合的正、反向融合度，最后对数字经济背景下产业融合对制造业的产业绩效和产业结构水平的促进效应进行了实证分析。

本书以技术经济范式、数字经济和产业融合理论共同构建研究的理论框架。技术经济范式是技术进步作用于微观的企业行为、中观的产业变革和宏观的经济体系的全面理论框架，数字技术经济范式则是传统物质能量型技术经济范式的质变，打破了传统生产要素有限供给对增长的约束，推动人类发展由原子加工过程向信息加工过程的进阶。数字技术促使数字要素化和数字产业化，经由渗透应用于经济社会的各领域，推动工业经济向数字经济的转变。在数字技术经济范式框架下，通过数字创新的带动，数据成为新的生产要素，以信息通信产业、互联网、物联网和移动通信网为基础设施载体，以数字经济基础产业与实体经济跨部门和跨产业的融合为特征，重塑经济发展格局的数字经济新形态。数字经济的成长和发展，引起同一产业内不同行业间或不同产业间产品融合、业务融合、管理融合和市场融合，变革原有企业的竞争与合作关系，导致传统产业界限的模糊，并塑造新的产业边界，形成了产业融合的动态发展过程。

本书系统梳理了国内外主要国家数字经济的发展现状及经验，从数字经济基础产业情况、数字贸易情况（含数字货物贸易和数字服务贸易）、数字产业附加值情况、数字经济与创新、数字经济基础产业对宏观经济的作用等方面对数字经济现状进行衡量。在理论与现状分析的基础上，设计数字经济基础产业与制造业的正、反向产业融合度的测度方法，比较了我国正向融合度和反向融合度在世界主要国家中的位置，并对制造业各行业的正、反向融合度水平进行细分后发现我国在高污染行业的数字化水平与发达国家存在差距。通过相关性分析发现我国数字经济基础产业与制造业的产业关联性高达 0.86，处于强相关水平。利用主成分因子分析法得出产业融合对制造业产业绩效的关键影响因子有正向融合度、反向融合度、产业结构、市场开放度和市场化水平。通过面板数据固定效应模型定量分析产业融合对制造业产业绩效的促进效应，在样本期间，反向融合度、产业结构和市场开放度对产业绩效均为显著的正相关关系，而正向融合度和市场化水平则对产业绩效产生显著的负面作用。正向融合度对产业绩效影响与预期不符的原因可能在于旧范式的阻挠，数字经济背景下的基础设施建设、制度建设与旧产业不匹配，需要一定时间才能达到新的均衡状态。国有企业在产业结构中的比重过高，将抑制市场活力和企业竞争力，对整体产业绩效产生不利影响。对基准回归的稳健性分析进一步证明了基准回归的结论。通过产业结构理论模型发现，我国整体制造业产业结构的演化符合产业发展的一般规律，产业结构出现高度化趋势，国有企业产业结构高度化水平高于全国水平。本书构建面板数据的固定效应模型检验产业融合对产业结构的影响，回归结果表明样本期内，反向产业融合、研发强度和国有化率有利于制造业产业结构优化升级，正向产业融合对制造业分组产业结构的效应出现分化，由于分组产业的产品和技术特征存在差异，劳动密集型产业和资本密集型产业的正向融合度与产业结构之间呈现显著的负相关关系，技术密集型产业正向融合度与产业结构之间呈现显著的正相关关系。外商直接投资对制造业产业结构的影响在基准模型上表现不确定，通过分组产业模型回归，发现外商直接投资对我国制造业产业结构升级存在不利影响。最后本书从宏观、中观和微观三个层面系统构建了促进产业融合的策略框架。

作者

2022 年 11 月

目　录

第一章 绪 论

第一节 研究背景和意义

一、研究背景

纵观世界经济社会发展变迁历程，每一次产业技术革命都是通过技术创新推动产业发展，创造新的主导产业，经由主导产业的渗透和应用带动传统产业的转型升级，对人类活动产生巨大而又深刻的影响，不断提高人类认识世界的水平和改造世界的能力。进入21世纪以来，数字技术迅猛发展，广泛渗透与应用于各产业领域，加速重构经济社会的物质基础，人类经济社会的发展也随之进入一个新的阶段。一方面，以数字经济基础产业为核心的主导部门实现产业化；另一方面，引起经济社会其他产业领域的产业发生数字化变革。数字技术革命同样遵循熊彼特的“破坏性创新”理念，将引起企业、产业、宏观经济等领域的一系列变化。鉴于此，考虑数字经济对经济体各领域全面的影响力，经济学人智库提出数字技术从准备阶段的扩散发展为数字经济的扩散阶段。于是，在通用数字技术、网络基础设施、经济全球化及技术经济秩序的大背景下，将历经技术革新、产业重构、融合应用和制度改造的演化过程，一个新型泛在经济形态——数字经济应运而生。

数字经济的发展重塑产业结构，推动产业变迁，对整个产业发展与变革产生深刻影响，主要表现为：第一，数字经济从网络空间向实体空间扩展边界，出现了以产业融合为主要特征的演化范式。一方面，产业融合极大推进了新兴业态的发展演化，推动传统产业结构优化升级；另一方面，产业融合也改变了传统产业的创新模式、市场需求特征及企业的竞合行为，对产业绩效产生了深远影响。第二，传统产业对数字经济的需求是数字经济快速增长的决定因素。在数字化影响下出现的产业融合必然随着经济数字化进程的深化而不断加深，进而带动产业绩效提升和产业结构优化。数字经济成为继农业经济和工业经济之后，人类经济社会发生的最显著变革，成为当前最具活力的经济社会发展新兴模式，引领未来经济走向，关系世界经济格局。

鉴于此，世界主要发达经济体及新兴经济体均高度重视培育本国数字经济的发展，将其视为引领本国经济增长的主要动能，期望通过数字经济的发展带动其他经济领域的产业融合，提升本国经济发展的质量和水平，增强国家综合竞争力，占有未来经济的发展先机和竞争优势，抢占世界经济发展的新战略制高点。从 2015 年开始，世界主要发达经济体持续发布一系列本国数字经济发展政策和战略，以期促进并鼓励数字经济成长为引领本国经济复苏和发展的关键驱动力。美国政府高度重视数字经济的战略地位，将数字经济的生产要素评价为陆海空权及外太空权之外的国家核心资产。欧洲提出了欧洲数字化进程方案，英国颁布了数字化国家框架政策，法国出台相关数字化法国计划，丹麦除颁布鼓励数字经济基础产业自身发展的有关政策外，构建“数字经济基础产业 +”，实现数字经济基础产业对整体实体经济增长的促进作用。日本政府将数字经济视为振兴日本经济的关键性动能。新加坡不断提高本国数字经济的发展标准，将 e-everything 升级为 i-everything。目前，有 28 个国家已经制定与数字经济发展相关的战略，一些暂未制定国家整体数字经济战略的部分经济体，也通过制定国家宽带战略、国家创新战略、网络安全战略和电子政务战略等数字经济领域子系统政策来促进国家数字经济水平的提升。

我国也将发展数字经济提上日程，在 2016 年 9 月 G20 杭州峰会上，习近平主席提出促进世界经济发展需要“向创新要动力，向改革要活力。把握创新、新科技革命和产业变革、数字经济的历史性机遇，提升世界经济中长期增长潜力”。2017 年 3 月，我国首次在政府工作报告中提出“促进数字经济加快成长”。习近平总书记在 2018 年 1 月 30 日中共中央政治局就建设现代化经济体系的学习上提出，“大力发展实体经济，加快发展先进制造业，推动互联网、大数据、人工智能同实体经济深度融合”。从我国提出发展数字经济的愿景到推动数字技术与实体经济深度融合的目标体现出我国对数字经济的认识升华及发展要求。从我国目前发展阶段来看，我国已迈入工业化中后期，基本完成重工业化阶段，环境与资源约束增强，人口红利消失，产业结构转型升级需求迫切。数字经济则是化解上述难题的有效途径。数字经济不仅能扩展新的经济发展空间，促进经济可持续发展，提升传统产业绩效水平，而且可以推动我国从高投入、高能耗、高污染的传统发展模式转向高效、节能、低碳的集约型模式，促进产业绩效提升和产业结构优化，进而为整个经济社会可持续发展提供坚实保障。因此，制定适当的促进数字经济的发展政策、采取适当的发展步骤尤为重要。

目前各国制定的数字经济发展战略普遍具有一定的局限性，制定的政策重点在促进信息通信业单一产业的发展上。显然，数字经济并不简单体现在信息通信产业一个方面，而且体现在数字经济基础产业内融合及与其他产业的产业间融合上。随着数字技术在产业各领域的广泛渗透与应用，一方面，形成以信息通信产业为核心的相关数字产业交互融合的数字经济基础产业，另一方面，数字经济推进跨部门融合、跨产业融合，并广泛拓展至商业、生产、消费、公共治理等领域，最终形成数字化农业、数字化工业、数字化服务业，实现产业数字化。因此，数字经济的发展由数字经济基础产业的自身融合及其他产业与数字经济基础产业的产业融合两个部分构成。产业融合是推动数字经济的主引擎。对我国而言，推进数字经济的首要目标应集中于数字经济基础产业与制造业的融合。作为一国经济的支柱产业，制造业体现一国工业发展水平，是国民经济的主导力量和经济转型的坚实基础。可以说，传统制造业与数字经济基础产业的融合，代表了产业数字化的重要领域，也体现了数字经济的重要成果。目前，我国制造业的发展陷入瓶颈期，面临诸多亟待解决的问题，如总体处于全球价值链的中低端，产业结构不够合理，创新能力较差，劳动生产率较低，生产要素投入高回报率低等问题，易陷入技术、关系锁定路径，给政府管理与经济社会的发展带来极大挑战。发达国家在解决上述问题时，一般采用的方式是在发展中国家建设低端生产价值链，消耗及占有发展中国家要素资源，对外扩张等。中国作为正在崛起的负责任大国，采用上述方式已经不合时宜，需要探索新的路径。数字经济基础产业与制造业的产业融合为我国提供了解决问题的思路与方法。数字经济基础产业属于技术密集型产业，通过与制造业的产业融合，有利于将数字经济基础产业的先进技术和生产方式综合运用于制造业的生产、管理、营销、运营等过程，降低企业成本和资源消耗水平，提高运营效率及整个行业的经济效率，赋予传统制造业新的成长动力。同时数字经济基础产业可重构传统产业的价值链，促进传统制造业向高附加值、高科技方向发展，经由自上而下或自下而上的产业辐射作用，带动上下游产业的创新，形成以数字化为基础的优势产业网络，提升国家整体竞争优势。在数字经济的带动下，传统制造业与数字经济基础产业的融合，为我国传统制造业转变发展路径、提高产业绩效并促进产业转型升级创造了有利条件。研究表明，2010 年以来，我国数字经济基础产业与制造业的波动性保持一致，为制造业与数字经济基础产业的产业融合提供可靠保障与基础。

值得注意的是，产业融合是在产业发展的过程中出现的新经济现象，涉及设计、制造、市场、服务等领域，自身发展并不成熟，若对数字经济背景下的产业融合的内在规律认识不正确，将不能有效应对产业融合带来的问题与挑战，同时也不能及时制定出科学、有效的政策，上述问题引起了学术界、政府部门和企业界的普遍关注。国内外学者对产业融合进行了广泛研究，但目前研究成果主要集中于产业融合理论领域，如形成机制、类别、动力、效应等，对产业融合水平测度的理论体系方面的研究不够充分，同时，制造业与数字经济基础产业融合的效果方面的实证研究也较为缺乏，对判定我国制造业和数字经济基础产业的产业融合现状和效果方面的实证研究和理论指导不足。

近年来，很多企业经营者开始意识到数字经济对实现企业快速、高效成长的重要作用，数字经济创新实践也在企业的日常经营行为中不断出现，有的在已有相对成熟的行业进行数字经济创新，造就了其迅速的崛起。有的则通过数字经济创新颠覆了行业规则，通过产业间的互补交融，开拓出一个全新的产业。与此相反的是，也有不少企业，通过简单照搬别人的数字经济，尤其是把国外最新出现的数字经济移植到国内，却没有取得相应的效果，这不能不引发我们的思考：数字经济究竟如何发挥作用，我们应该如何进行数字经济创新？有人把数字经济看作企业竞争的最高形态，它不仅是企业得以持续经营的基础条件，也是改变行业竞争规则和格局的重要因素。一方面，在任何一个行业中，产业链都在不断细分、拆解、重构、融合，甚至与其他行业交织、渗透，这必然会对企业原有的数字经济提出创新的要求；另一方面，中国市场环境差异性大，并且在金融危机后产生了剧烈的变化，这就需要中国企业进行的数字经济创新必须建立在深刻洞察中国产业经济和消费市场特点的基础上，在进行数字经济构建和创新时不能照搬国外已有的数字经济，而应更多地关注企业如何预见中国商业环境的变化并进行有效的调整和创新。

当前，数字经济的发展趋势不可阻挡，在国家战略层面，发展数字经济更是促进消费的重要途径。探索数字经济的发展模式，找到数字经济与传统经济的结合点，推动传统产业的发展，是发展数字经济的应有之义。数字经济对生产生活产生两方面的重要的影响：一方面是提高效率，另一方面是促进创新，而这两方面影响都需要以产业为依托，进而影响生产生活的方方面面。首先，信息通信技术与传统产业相融合，提升了传统产业的效率；其次，科技进步催生了大量新兴产业，这些产业以数字化为特征，丰富了现有的产业结构。在这一背景下，三大产业之间相互渗透、相互包含、融合发展进一步得到促进，由此，以信息通信技术为基础的智能制造产业在数字经济下得以与传统产业更好融合并进行产业创新。

因此，本书以产业融合视角下的数字经济对智能制造产业驱动研究为题，基于数字经济进行理论构想，在认清全球数字经济发展趋势和我国数字经济发展现状的基础上，将我国数字经济基础产业与制造业的产业融合作为研究重点，通过评价数字经济基础产业与制造业产业融合的实际情况，利用实证的分析方法，研究数字经济基础产业提升制造业产业绩效、促进制造业产业结构水平的效应，期望为我国建立分工合理、优势互补、相互促进的产业发展体系提供依据。同时为政府制定出更加科学合理的产业政策，建设和发展数字经济，促进我国经济可持续发展建言献策。

二、研究意义

在各国积极制定各类数字经济战略和政策的背景下，数字经济广泛渗透与应用于经济社会的各个领域，产业发展进入新的阶段。本书基于产业层面，重点研究我国数字经济基础产业与制造业的产业融合规律，在数字经济的视角下结合技术经济范式框架和产业融合理论，系统构筑制造业同数字经济基础产业融合的理论框架，定量研究产业融合效果，具有重要的理论与现实意义。

（一）理论意义

本书研究基于数字经济这一前沿视角，在结合技术经济范式和产业融合理论的基础上，系统建立传统制造业同数字经济基础产业的产业融合理论模型，深入系统地分析数字经济基础产业与制造业的产业融合规律和现状，定量研究数字经济基础产业对提升制造业产业绩效、促进制造业产业结构升级的效果，有利于在数字经济前沿背景下，推动数字经济基础产业与制造业的产业融合理论的丰富与发展，弥补该领域的研究空白。

（二）实践意义

在数字经济的背景下，认识数字经济基础产业与制造业的产业融合规律和融合现状，定量研究产业融合效果，具有三方面的实践意义。第一，通过对数字经济基础产业同制造业产业融合的理论与现象的研究，可为建立优势互补、分工合理的产业结构和相互促进的产业体系提供研究支撑；

第二，未来几年是我国深化改革，加快转变经济发展方式的攻坚期，在全球数字经济趋势下，如何引导数字经济基础产业与其他产业顺利融合与成功融合，尤其是与传统制造业的顺利融合，对于我国制造业能否实现跨越式发展和带动本国经济转型发展均具有重要意义；第三，数字经济基础产业与制造业的产业融合作为前沿的经济现象，其发展过程必然伴随诸多问题与挑战，本书期望通过研究，能够为应对产业融合带来的挑战提供科学的测度参考，为政府部门及行业管理机构制定政策提供参考依据。

第二节　国内外研究现状

西方学者普遍认为，产业融合是在数字技术和计算机硬件发展到一定程度下催生出来的新经济现象，并在各个不同阶段呈现出不同的特征，引起了学界、业界和政府的广泛关注。20 世纪 40 年代，人类社会发明了电子计算机和集成电路，极大提高了信息和知识的存储能力，为数字技术的发展创造了基础。20 世纪 50 年代，数字信息技术开始逐渐向其他领域扩散。20 世纪 70 年代，随着人类社会创造了大规模集成电路和微型处理器，同时在软件领域取得了突破性成果，为数字技术在其他领域更加广泛与深入地扩散与应用创造了物质基础。此时，产业融合现象在数字技术的催化下开始萌芽，一方面，信息产业、通信产业、软件业等部门出现融合创造了新产业，即数字经济基础产业的出现；另一方面，数字经济基础产业与其他产业部门开始融合，提高了其他产业部门的数字化水平。20 世纪 80 年代，伴随新的数字技术——互联网技术的日趋成熟，数字技术特征出现了新的变化，产业融合现象也随之出现新特征。20 世纪 90 年代，大数据、云计算等关键性数字技术发展迅猛，进一步促进了数字经济基础产业对其他产业部门的外溢效应，产业融合成为数字经济时代对产业结构调整和演化要求背景下的必然产物，本书对基于数字经济背景下的产业融合研究进行了梳理。

一、国外研究现状

1977 年，日本 NEC 公司在“计算机和通信”的基础上，首次大胆预言了产业融合的到来。NEC 提出，随着大规模集成电路和半导体核心技术的发展，计算机的处理愈加分散，通信趋向于数字化和网络化发展。随着信息的数字化和计算机硬件的发展，两者将出现技术融合。

1978 年，麻省理工学院（MIT）媒体实验室的 Negrouponte 首次提出了基于融合视角的理论分析，使用三个交叉且具有重合部分的圆来表示计算机领域、广播业和印刷业三个独立产业间的技术融合，提出产业交集将成为创新最活跃、成长性最强的领域。伴随数字技术进步和技术融合，不同媒体形式，如照片、音乐、文件、视像等之间的互联性和互换性增强，出现数字融合现象，在数字融合技术的支撑下，出现电信业、广播电视业和出版业的产业融合（胡汉辉等，2003）。上述思想的创造性为产业融合理论的出现和发展做出了重要贡献，而产业融合作为数字技术发展条件下催生的新经济现象，开始进入学界视野。哈佛大学 Oettinger 等学者研究了通信技术与计算机技术的融合，认为两者的技术融合产生了产业间竞争现象，并创造“Compunications”的概念来描述计算机业、通信业的融合现象。法国作家 Nora 和 Mince 提出“Telemetriqu”来描述数字融合的发展趋势（Mueller，1996）。

1980 年，美国哥伦比亚广播公司主席 William Paley 在广播界的年会上提出新闻信息传播领域的融合给产业带来的挑战。1983 年，传播学者 Ithiel De Sola Pool 在《自由的科技》一书中创造了“传播形态聚合”概念，认为数字技术进步是产生传播形态聚合的原因。新闻、戏剧和谈话等将具有数字化传播趋势，数字技术将融合所有传播形态为同一体系。技术变革会将所有形式的媒体融合到一起（Ithiel De Sola Pool，1983）。1994 年，全球范围内第一次关于产业融合的学术论坛在哈佛大学商学院举行，主题为冲突的世界：计算机、电信以及消费电子学。本次研讨会既汇聚了上述领域的专家学者，也吸引了 INTEL、PHILIP、IMB 等计算机整机、芯片领域厂商。三年后，为进一步探讨产业融合现象与产业管制政策，于加州大学伯克莱分校召开了以在数字技术与管制范式之间搭桥为题的会议。两次会议的成功举办，代表产业融合的概念及现实趋势被学界和业界普遍接受，开始引起社会各界的关注。

英国学者 Sahal（1985）和意大利学者 Dosi（1988）率先基于技术视角，提出产业融合是指技术在其他产业部门中的广泛渗透和应用过程及导致经济活动的创新过程，属于技术融合范畴。OECD（1992）基于产品和产业组织结构的角度，提出产业融合是基于产品功能的变化，表示该产品供给方组织结构的边界模糊现象。

1997 年，欧洲委员会出版了绿皮书（Green Paper on the Convergence of the Telecommunications, Media, and Information Technology Sectors, and the Implications for Regulation），第一次全面研究产业融合问题，提出产业融合将影响欧洲甚至全球的经济战略，该书的出版对产业融合研究领域产生深远影响。该书基于产业联盟、网络技术平台、市场和服务角度，深入系统地分析了产业融合现象，提出通信业、广播电视业、出版业及一些数字经济基础产业之间的融合并不是简单的技术融合，而是一种有关产业结构、商业业务模式、服务甚至整个经济社会运行模式的新融合，即产业融合。该书认为数字技术催化下的产业融合是促进就业和经济增长的有效驱动力，也将对世界经济格局产生深远影响。同时该书提出，产业融合也存在潜在的现实阻力，一方面受到来自技术和市场发展方面的约束，另一方面受到传统政府管制的限制。并针对上述问题提出了适应产业融合的政策和法律法规建议及对政府管制的改革措施的建议。在该书的影响下，欧盟各国及澳大利亚等国家纷纷出台了有关促进产业融合的政策文件。

同时，国外的学术界也掀起了针对产业融合领域的研究高潮，学者们基于不同视角，发表了大量有关产业融合的学术成果。其中较有代表性的成果有，Yoffie（1997）基于技术融合的角度，提出产业融合本质上是采用数字技术后，原本各自独立的产品组合及基于数字技术的企业融合，并提出 CHESS 模型，从创新组合（Creative Combination）、水平解决方案

(Horizontal Solutions)、外部性和标准设定（Externalities and Standards)、范围经济、规模经济和捆绑（Scale、Scope、Bundling)，以及系统聚焦过程(System - focused Progress）五个维度来解释数字融合的复杂。该模型主要适用于在位企业和创业公司。他认为，企业实现融合的前提是采用新技术及新的发展战略，因此，也必将促进数字技术的广泛需求和应用。Mueller(1997）提出数字技术改变了信息结构，通过数字化处理信息的采集、处理、传输和存储过程，从本质上改变了获取信息的时间、空间及获取成本，即信息需求方可在任何时间和地点获取信息。数字融合意味着原本各自独立的电视、电话及计算机网络将被共同的网络所取代，对传统的产品及服务的配置形式造成深刻影响。同时，数字融合也包含原来各自独立的广播电视网、电信网和互联网的网络融合及产品、服务、业务模式方面的融合。

Greenstein 和 Khanna（1997）从产业主体的竞争与合作关系视角提出，产业融合是一种为促进产业发展而产生的产业边界消失或收缩的新经济现象。新的企业竞合关系则是产业融合的产物。Alfonso 和 Salvatore（1998）首次研究了产业融合阶段，提出产业融合需要经历技术融合、业务和管理融合以及市场融合三个过程。Colin（1998）基于技术、产业、服务和政策四个维度，描述了传媒业和通信业的产业融合，并提出了融合的两个特征：第一，世界从有限变为无限；第二，技术融合实现了交互式多媒体服务。

Ono 和 Aoki（1998）首创了三维的产业融合理论框架，对电信业、广播和电视业、出版业的产业融合基础、融合过程及融合发展方向进行分析。该框架构建传输方式、信息平台、带宽要求三个维度对信息服务进行划分，利用维度与象限间的发展变化表示信息产业的融合过程，如图 1 - 1 所示。其中，X 轴用来描述同一信息源的不同传输方式。X + 轴意味着信息发起方在不考虑接收对象的性质和数量，发出公开的信息，而信息内容需要在法律的监管下，广播电视业、互联网、印刷业和出版业等归属此类。X - 轴表示采用交互性质的信息传输形式，信息具有私密性质，既存在信息发送方也存在信息反馈方，固定电话归属此类。Y 轴描述带宽要求，能够反映网络传输信息的能力。Y + 轴表示高水平的带宽要求，Y - 轴表示低水平的带宽要求。从产业发展趋势来看，均表现出明显的 Y - 向 Y + 的发展趋势。Z 轴表示信息传输平台的属性。Z + 轴表示通用平台，如互联网等新兴的传播媒介，可通过多种形式传播信息，Z - 轴表示专用平台，如广播电视业、出版业、印刷业的信息发送平台。该理论框架基于技术融合视角，对特定产业的产业融合基础、融合过程及融合发展方向进行了分析，能够揭示特定产业与数字产业的融合本质及产业融合的发展趋势，一是在数字技术的应用下，信息的传输平台存在由专用平台向通用平台进化的趋势；二是随着信息内容的丰富和数据规模的增长，信息传输过程中对带宽的要求越来越高。以上研究成果说明，随着技术融合的深化，技术标准趋向统一，数字技术通用化，导致信息平台的通用化和较高的带宽需求，最终达到产品融合、服务融合和产业融合的阶段。

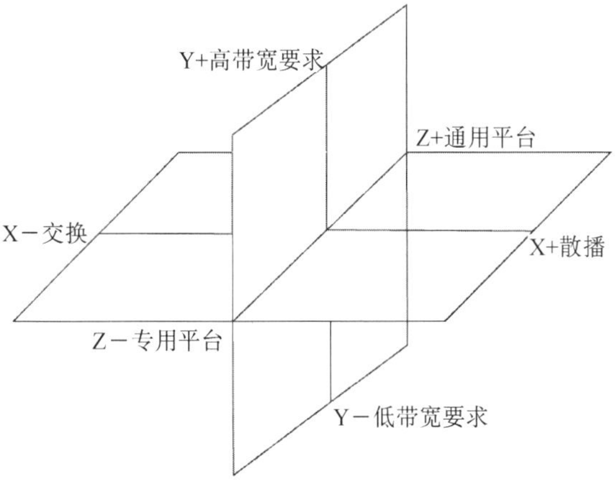

图 1-1　产业融合的三维理论模型

2000 年，澳大利亚政府信息办公室将产业融合的研究范围扩展至服务部门，该办公室出版的《澳大利亚的融合报告》（The Australian Convergence Review）对产业融合进行了细致的定义，探究了产业融合特征，并提出产业融合是数字渗透对服务部门的重构，认为产业融合本质是不同服务的传递在结构间的转换，传统的服务模式基于物理或模拟技术为本土市场提供具有标准化性质的产品或服务，从而形成具有水平、垂直一体的企业结构模式。融合背景下的服务模式则基于数字技术和网络技术为国际市场提供定制化产品和服务。平台间是一种垂直分割状态。同时报告提出产业融合的三个特征：第一，产业融合不仅产生于电信业和广播业之间，也产生于所有知识密集型和交易密集型的服务部门之间，如通信业、教育业、金融业和医疗卫生领域。第二，产业融合的本质是结构变革，最显著的现象是产业结构变革。第三，产业融合的驱动因素是追求利益，技术进步是实现产业融合的前提条件但不是驱动力。

Malhotra（2001）的研究突破了产业融合仅存在于服务部门的局限性，将产业融合的定义进一步扩展为：当两个或两个以上各自独立的产业内的企业成为直接的竞争对手时，意味着产业融合的出现。该研究同时从供给侧和需求侧两个维度对产业融合进行解释，提出产业融合是在供给侧的机构融合和需求侧的功能融合的共同作用下产生的。供给侧的机构融合是指两个产业的产品间具有某种联系而导致企业生产及销售跨产业产品的融合过程。需求侧的功能融合是指需求方判定两个产业的产品间存在互补性或替代性的融合过程。

Pennings. J. M 和 Puranam. P（2001）的研究开始触及新产业，他们主要的贡献有三方面：一是将研究目标锁定在数字技术融合催生的新产业——数字成像产业上；二是首次提出了市场融合的观点，并对需求侧与供给侧的融合进行了区分；三是为市场活动主体应对产业融合变化提出了战略建议。

日本学者植草益（2001）拓宽了产业融合的研究范围，在丰富产业融合理论研究方面做出了较大贡献。他提出产业融合不仅发生在数字经济基础产业内部，还发生于存在经济管制的服务业领域，如金融业、能源业和交通运输业，并预言产业融合在制造业领域也将得到进一步的发展。他发现，数字技术融合和政府放松管制，降低了产业间壁垒并改变了原有产业中企业间的竞争行为和合作关系。产业融合既会导致企业竞争的激化，也为企业创造了巨大机遇。产业融合并不是日本特有的经济现象，而是在数字技术推动下，全球经济发展的必然趋势。

植草益的理论框架如图 1－2 所示，描述电信（电话）业与邮政业间的产业融合，电信（电话）业与信息服务业的融合，电信（电话）业与广播、报纸、电影和出版业的融合，以及因互联网产生的信息通信业等新融合产业。上述产业在发生产业融合前均为相互独立的产业，在技术创新的基础上，创造了小圆内表示的新合并产业（植草益将该产业部门称为“数字信息通信产业”）。同时，原有传统产业并没有因融合而消失，仍旧独立存在，体现在两圆之间的领域，表示融合只进行一部分。而近些年，信息通信产业几乎与圆内所有产业均发生了融合现象（植草益将其称为“全面融合”）。这意味着信息通信领域的技术创新和随之产生的产业融合对其他产业部门也产生了较大影响，例如，第一产业领域的农产、渔业和水产，第二产业领域的制造业（包含信息通信器材）、采矿业、建筑业，第三产业领域的金融业、教育业、医疗、研究、保险、图书馆等行业，并引起经济社会产业结构的调整与变革。植草益认为，不同产业部门几乎都注重信

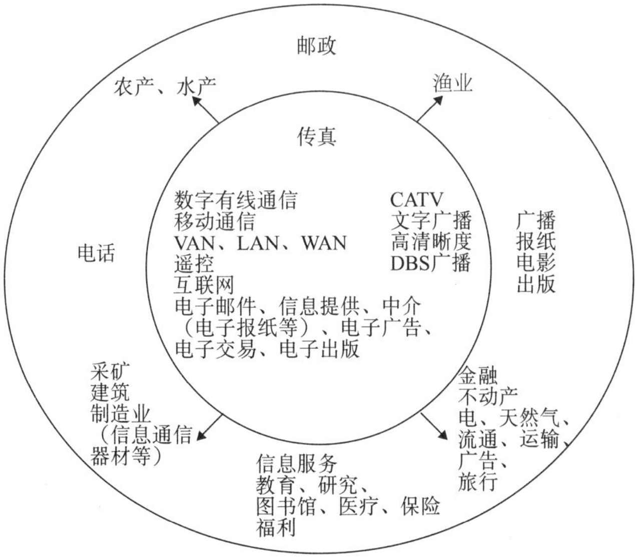

图 1－2　信息通信业的产业融合及 IT 革命的影响

息技术领域的投资活动，并对国民经济的发展产生了显著的正向影响。这种“新经济”，将在相当长的时间内对全球经济产生重大影响。

Nils Stieglitz（2002）基于技术和产品的层面构建产业融合类型的分析框架，研究具有代表性。他以技术和产品为出发点将产业融合分为四类：技术互补型、技术替代型、产品互补型、产品替代型，并从七个维度对分类进行细化分析。从创新的角度分析，除技术替代型属于过程创新外，另外三种产业融合类型都是产品创新；从技术机会角度看，技术替代型产业融合和产品互补型产业融合的技术机会都较高，而技术互补型和产品替代型的技术机会较低。在累积程度方面，分别从技术和需求两个维度分析，其中，技术互补型和产品替代型融合的技术累积程度较高，而技术替代型和产品互补型的技术累积程度较低。在需求累积方面，则与技术累积效果不同，与产品相关的融合类别，不论是替代型还是互补型，需求累积都处于较高水平，而技术替代型和技术互补型的需求累积程度都较低。从市场准入门槛角度分析，技术替代型融合与产品互补型融合所面临的新进入者威胁程度都较高，而技术互补型与产品替代型受到的威胁程度相对较低。从企业战略维度考虑，四种产业融合的特征出现明显分化。技术替代型融合类别中，已存在企业会采取多样性战略，而新企业则会采取集中战略；技术互补型融合类别中，已存在企业会采取多样性战略，而新企业会采取集中战略；产品替代型融合类别中，新老企业均会采取集中和多样性的战略；产品互补型融合类别中，新老企业仅采取集中一种战略。在联盟维度，学者从两个角度进行分析，技术替代型融合会选择垂直型联盟方向，而其他三种产业融合类别均会采取水平型联盟方向，在联盟动力方面，技术替代型融合会选择知识创新，而其他三种产业融合类别均以知识使用作为联盟的动力。根据目前产业融合的发展情况，他指出理论的现实支撑，如机械工具产业属于技术替代型产业融合，个人数字助理属于技术互补型产业融合，PC 和电视产业融合属于产品替代型融合，互联网产业属于产品互补型融合，基于上述分析框架，他提出产业融合对产业结构进化及企业发展战略均存在深刻影响，而产业融合的类别不同决定产业结构进化及企业发展战略方向的不同。

Lind（2005）梳理了研究市场产业的理论框架和分析方法，基于新古典主义经济学、产业组织学、资源基础理论及反垄断理论，利用市场营销和政府统计分类方法，提供了基于产业技术周期和产品生命周期的产业融合研究框架，提出“融合无处不在，融合是分离的市场间的一种汇合和合并，跨市场和产业边界进入壁垒的消除”，是发生在技术创新条件下对产业界限的重新定义。

Curran（2011）在对产业融合领域一些经典研究成果进行梳理的基础上，创造了产业融合演化过程的理论框架，提出产业融合需要经历的前两个演化过程是科研融合与技术融合，在经过市场融合的演化过程后，最后达到产业融合阶段。该研究不仅涉及科学技术和数字技术领域，更将研究视角拓展至产业结构、市场的供给侧和需求侧及政策制度框架等内容。该模型涵盖了数字经济基础产业与制造业的产业融合的前提要素，范畴涵盖科研、技术经济范式、产业结构、制度框架和经济社会各个方面，为研究数字经济背景下的产业融合提供了理论基础。

二、国内研究现状

中国学者对产业融合的思考与研究起步较晚，始于20世纪90年代。近年来，产业融合研究逐渐升温，研究视角不断扩展，研究深度也不断增强。

国内最早进行产业融合研究的学者是于刃刚教授（1997、2004、2006），其提出技术进步催生了三个产业之间的产业融合现象，第二产业与第三产业间的融合主要表现为第三产业向第二产业的渗透，融合速度不断加快。于教授提出了三阶段产业融合过程：产业处于独立分立状态为第一阶段；独立产业由分立状态向融合演化的过程为第二阶段；实现产业融合为第三阶段。他还提出促进产业融合从第一阶段向第二阶段演化的本质是，首先，由于技术创新在分立产业间的渗透创造了技术融合，有效降低了独立产业间的产业壁垒，并创造了不同产业间的共同技术基础；其次，产业融合催生了产品与服务的相似或相同的性质；最后，在政策管制不断放松的背景下，不同产业间的企业产生了新的竞争与合作关系，产生了替代竞争。第二阶段向第三阶段演化的质变是原本界限分明的产业界限模糊化甚至消失的过程。该阶段出现两方面的显著变化：一方面表现为不同产业企业间的传统竞争机制与协同关系的改变；另一方面是原产业边界开始模糊甚至消失，最终重构产业界限。2006 年，于刃刚等学者对产业融合的内涵、原因、趋势及政策进行了全面、系统的研究，提出了产业融合对产业分类、产业结构、规制理论和政策机制的影响机理。该研究突破了信息通信产业的视角局限性，将研究范围扩大至信息产业、能源产业、物流产业和金融业，视野宽广，材料丰富，进一步证明产业融合已经随着数字技术扩散至其他产业领域。

首位将数字经济引入国内的学者姜奇平（1999）大胆提出产业融合是工业经济和信息经济的分水岭，是工业经济和信息经济分化的关键标志，是以分工为特征的工业革命的对立面，他还提出亚当·斯密的分工理论不能作为新的信息经济理论基础，应该构建以产业融合为基础的经济学理论框架。姜奇平认为信息社会的生产方式是一种直接的模式，价值产生于生产和消费的物质流转路径的缩短和中间环节的减少，价值源自生产环节和消费环节的融合。姜奇平对融合本质的深刻洞察，具有启发性，跳出了古典经济学的价值机制和资源配置分析框架的局限性，为在新经济形态下的理论研究提供了新的视角，但是其结论在进行科学、严谨的论证方面略显不足。

张磊教授于 2001 年出版的《产业融合与互联网管制》是国内研究产业融合领域的最早专著之一。该书通过对产业融合现象的分析，重点研究在该现象下的互联网的管制政策。张磊提出了产业融合的三个驱动力，分别是技术条件（包含软件技术、数字通信技术等）、管理创新和政府管制的放松。数字融合能够发生在广播电视业、电信业和出版业的产业边界的基础是建设网络基础设施。该书从产品的视角，提出替代型融合和互补型融合的产业融合分类标准，并探究了融合的经济效应，提出市场结构将产生由纵向结构至横向结构的变革，同时对管制政策产生影响。张磊的贡献在于通过对互联网管制实证研究的基础上，提出了非对称的适度的管制模式，以及机构融合和政策融合相结合的双融合政策建议，上述研究成果具有一定的创新性和影响力。

黄建富（2001）在论文《产业融合：中国发展新经济的战略选择》中提出，现代产业划分在一定程度上具有模糊化的趋势，例如，新兴的信息产业既具有服务性，又具有生产性，难以按传统的产业划分标准分类，他认为经济社会的生产方式向产业融合方向演化。其首次以制造业作为研究视角，借鉴美国的发展经验，即美国传统企业已经开始利用信息技术实施具有一定规模的企业劳动生产率改进，结果是美国制造业企业的劳动生产率也因此较欧洲和日本企业的同等指标高出 20%。黄建富提出信息将对我国的国民经济发展产生很强的带动作用，应用信息的经济效应及对经济结构的影响作用十分显著。信息技术对我国传统产业结构，企业成本、市场结构及管理制度带来深远影响。

周振华（2002、2003、2004）认为应该通过信息化的发展进程研究产业融合，该问题是当今经济理论研究的前沿课题。周振华教授在三年内发表 12 篇论文对产业融合问题进行了系统、全面的研究，他认为信息化对产业经济的本质影响表现在产业融合，能够引发产业结构的革命性影响。信息化的演变过程能够推动整个产业经济产生三个根本性变革：第一，以物质流导向到信息流导向的变革；第二，核心技术从工业技术向信息技术的变革；第三，基础设施从物流运输平台向信息传输平台的变革。促成上述变革的本质是生产力的变革——从工业生产力变革为信息生产力。从市场结构视角，提出产业融合使传统的纵向一体化的市场结构变革为以传输、包装、处理、终端和内容形式的横向水平市场结构。从产品和服务视角，认为产业融合促进了新产品、新服务和新市场的出现，例如，在已产生融合的部门，如广播电视、电信和出版等行业，创造了新产品和新市场，新的发展空间吸引更多新参与者的加入，创造了新的就业，促进了人力资本要素的演化，改变了原产业的竞争规则与资源整合方式。从市场行为与市场绩效视角，提出产业融合导致结构变异，否定了哈佛学派的“结构—行为—绩效”的分析范式，认为在产业融合的新变化下，芝加哥学派撇清市场行为与市场结构间的必然联系的分析方法，是进行产业组织方式、市场行为和市场绩效的有关研究的合适框架。产业融合在新领域的渗透演化，最终将对产业关联度、产业绩效、产业结构、产业组织和产业布局产生根本性变革。

马健（2002、2006）对西方学者在产业融合领域的研究成果进行了梳理，给出了产业融合的概念，并提出产业融合是不同产业在技术、业务和市场的融合，信息产业能够改造传统产业并为其带来新的生机，产业融合与产业结构升级存在着必然的联系。他以模仿行为经济学为理论框架，分析产业融合带动产业结构升级的传导机制，即产业融合对产业结构转换和升级的带动作用是在利益的驱使下，在人的模仿行为影响下促成同一产业部门内或不同产业部门间的企业的模仿扩散过程。马健提出了产业融合的效应：第一，促进传统产业的创新；第二，提升传统产业绩效水平；第三，促进产业结构水平的转换及升级，并提高国家整体产业的竞争力。马健通过对产业融合技术基础和基础研究、资源的非自由流动性约束及产业管制政策三个方面的研究，发现上述问题是关系产业融合质量、层次和水平的关键制约要素。此外，马健建立了产业融合的识别准则和衡量方法，在修正的 Bass 模型基础上，创新与发展了产业融合需求增长模型，估计了信息产业创新产品的需求增长状况与趋势，得出产业融合下需求增长的一般性规律及融合厂商的成长效应、路径和基本规律。

朱瑞博（2003）基于青木昌彦的模块化理论，提出价值模块是产业融合的载体，技术创新、放松管制和开拓性的观念创新仅实现了个别产业的融合，而非产业融合的本质。在信息的数码化前提下，产业融合通过具有通用界面标准的模块载体才能真正实现，其中价值模块研发、重用和整合是产业融合、产业结构的三个关键环节。朱瑞博认为产业融合引起了产业结构变革，同时将改善产业绩效。

陈柳钦在 2006—2009 年间发表了 20 篇有关产业融合领域的学术成果，

主要研究视角从产业融合的形成机制、发展激励机制、演进方式和效应方面着手，提出产业融合的形成来自四个方面：第一，产业融合的内部驱动力表现为技术创新及形成的技术融合；第二，产业融合的外部驱动力来自管制政策的松弛；第三，产业融合的企业激励机制来自企业竞合压力的变化及追求范围经济；第四，全球经济一体化和跨国公司的发展也对产业融合产生巨大的推动力。他认为产业有三种演进方式：第一，通过技术渗透与技术融合创造新产业；第二，通过产业互补与产业延伸实现产业融合；第三，产业内部的重组与整合。他提出由于产业融合具有创新性优化效应、竞争性结构效应、组织性结构效应、竞争性能力效应、消费性能力效应和区域效应，因而是一种有效提高产业竞争力和劳动生产率的新型产业组织模式。

胡金星2007年发表的博士论文《产业融合的内在机制研究》，在深入研究产业融合的内涵、产业融合的过程和产业融合的机制基础上，首次突破了技术、产业边界、产品、产业链或价值链等单视角的局限性，利用自组织理论构建产业融合内在机制的研究框架，将产业融合演化过程作为整体系统来看，深入研究产业融合的演化本质，以及促进产业融合发展的动力机制、激励机制和障碍机制的内在规律。他提出产业融合的产生背景是技术变革和模块化分工，在开放性的产业系统、突破传统产业系统的线性关系和系统要素的非线性作用的条件下，以非线性协同和竞争为基本动力，内生性的激励为共生原理、竞争优势、协同效应、网络效应和羊群效应，逐渐克服企业供给能力、消费需求和制度等障碍因素形成的。在产业融合演化过程的研究中，在传统定性研究方法的基础上，构建数学模型，对演化过程数理研究和定量分析，并利用数值模拟统计软件对结果进行检验。首次利用熵理论探讨产业融合识别问题，为深化该领域的研究提供了新的研究工具。

胡永佳（2007、2008）首次将马克思主义经济理论的辩证分析方法引入产业融合理论研究，作为产业融合与分工关系的研究工具，并与古典经济学理论和新古典经济学理论相结合，共同构建了产业融合理论框架，基于宏观与微观层面、逻辑和历史视角、规范与实证的方法，为理解产业融合的实质提供了新视角，即产业融合是不同产业部门间分工关系到同一产业部门内部分工关系的演化过程和变革结果，这种变革不仅没有消灭产业内分工，反而基于分工的多层次特征，进一步扩大和深化了产业内分工，最终实现分工层次的融合。在分工层次扩张规模约束下，各层分工进行扩张的过程均会遭遇反作用力，同时伴随成本约束而无法获得报酬持续递增，在各层次分工达到本层次的扩张极限或者规模不经济时，本层次的分工关系将寻找新层次或者新方式的分工路径，进而完成分工融合过程。胡永佳在此结论基础上得出了产业融合的条件推论和融合度推论。条件推论是产业间不存在资本转换成本且生产要素可以实现完全流动的条件下，如果不同的产业部门间企业成本表现出弱增特征，那么一定带来产业融合的结果。融合度推论是指在不同产业间企业存在成本的弱增特性且生产要素完全自由流动的条件下，不同产业间的融合度与其之间的资本转换成本呈负相关关系。胡永佳认为产业融合可以给经济社会的各个层面带来正效应。微观层面，能够节约交易成本和利用共有资产。中观层面，促成更有效率的新型市场结构。宏观层面，激励产业创新，优化产业结构，实现经济可持续增长。

谢康（2005、2011、2012、2016）基于信息化与工业化融合视角，认为工业化和信息化融合是对我国经济产生深远影响的理论及实践问题，采取工业装备资源和信息资源平衡发展的措施，以技术进步同社会稳定的平衡协调为基本路径，提高工业的技术效率，实现工业经济增长和传统产业结构优化的具有中国特点的新型工业发展。在趋同模型（谢康，2005）和信息化推动工业化发展模型基础上（肖静华等，2006），谢康重点研究了信息化与工业化在进行融合的过程中所涉及的成本与收益问题，并构建了信息化与工业化相互融合过程的技术效率模型。他提出传统工业实施信息化改造；与传统产业由信息技术企业参与投资和运营这两个方面是信息化与工业化融合的具体表现路径。谢康的研究不局限于信息技术对经济增长的贡献，研究关注融合对经济增长的影响。2011 年，在原有研究的基础上，通过对现有理论和实证研究的梳理，谢康构建了新的工业化与信息化融合模型，引入摩擦成本和调整成本，研究重点集中于摩擦成本对融合路径的冲击、调整路径偏离所付出的调整成本和两种调整模式分析。同时从微观的企业层面、中观的产业层面和宏观的社会层面全面分析各自的摩擦成本对两化融合路径的冲击和影响，并估计了由此而导致的信息化路径偏离和工业化路径偏离，并提供解决上述两化路径偏离需要的协调成本和调整成本，为中国工业化与信息化融合实践提供了可供选择的政策分析工具。此外，谢康（2012）基于微观层面，研究了企业 IT 与业务的融合规律：第一，融合路径是从基础层面到业务层面，最后到战略层面；第二，收敛趋势为不平衡到逐步平衡。并通过实证研究发现：第一，信息化与工业化融合水平每增加一个百分点，人均 GDP 可增长 0.06%；第二，两化融合能够实现传统产业划分标准下的第一产业对第二产业或第三产业的产业转移，从而形成第一产业在整体国民经济中占比下降的结果。

郑明高（2010）基于前提、标志、路径和目标四个方面对产业融合内涵进行了深入发掘，提出产业融合的本质是一种新的分工组织形式，通过重新整合的产业间分工变革为一种有序的产业内或企业间的内部分工。结合产业组织和产业集群构成分析问题的理论框架，重点研究了产业融合的一系列动力机制，例如，技术创新、产业发展规律、企业间的竞争与合作关系和追逐利益的本能、市场需求的变化、政府放松管制、全球经济一体化和跨国公司的发展。同时在对演进方式和融合效应进行研究的基础上，提出产业融合能够促进激励产业和市场的竞争力，鼓励产业创新与产业合作竞争模式，拓展产业价值链并创造新的产业价值链增值，提高经济一体化程度。此外，郑明高论证了产业融合与资产属性的关系及相互作用，发现资产通用性水平的提高能够促进产业融合度水平；产业融合程度加深，资产通用性也增强，即产业融合与资产通用性间属于耦联关系。

此外，国内也有一些学者针对某种特定视角对产业融合进行了较为深入的研究，代表性的有：通过信息产业内部的产业融合研究提出新的产业融合分类方法，即产业渗透、产业交叉和产业重组，认为产业融合下的新业态是今后产业发展的新方向，结果表现为既适应市场需求又提高产业效率（胡汉辉和邢华，2003）。聂子龙和李浩（2003）基于企业的微观视角，研究了产业融合对企业发展造成的挑战，如熊彼特提出的创造性破坏同企业保持稳定战略之间的矛盾、广泛竞争同战略统一之间的矛盾、质量要求的一致性同系统的集成式需求之间的矛盾、企业战略同频繁兼并导致企业动荡的矛盾、动态且非可识别的产业环境与战略的传统分析框架的矛盾。李美云（2005）对国外最新的产业融合研究进行了梳理，系统阐述了国外产业融合领域的焦点问题及其研究成果，主要贡献在于厘清产业融合的概念、产业融合在产业演化过程中发挥的作用及其对企业产业策略的效应和政府管制的关系等。余东华（2005）基于产业组织结构的视角进行产业融合研究，提出产业融合的本质是一种产业组织结构变迁，是以技术创新为动力的对传统产业组织形态的突破及创新的动态过程。产业融合通过推动企业改变市场行为促进市场结构的演进，进而推动产业组织结构向合理化及高水平发展，优化组织结构，建立新型产业组织结构。此外，在论证产业融合与产业绩效水平的关系基础上，发现产业融合有利于提高社会的整体福利水平。马晓国等（2006）对江苏信息产业的产业融合及经济增长的关系进行了深入研究，发现信息产业可优化国民经济结构，提出信息产业的融合可加速传统产业的转型升级，能够促进信息技术渗透和扩散范围，提高生产效率，促进产业创新、服务业的发展和企业管理科学化。同时研究了江苏省信息产业对当地经济增长的影响，发现该产业已成为江苏省经济最具活力、增长最快的产业部门，在区域经济的地位突出，对国民经济的直接贡献持续增长，且对 GDP 增长的贡献水平超过同期对 GDP 的直接贡献水平。李林（2008）将研究视角集中于信息化与工业化的两化融合上，核心观点是产业融合是实现信息化和工业化融合的前提条件，工业化为信息化提供基础与载体，信息化则是工业化优化的必要手段，是工业化发展的高级阶段，推动信息化和工业化融合的内在要求是不断深化制造业分工。韩顺法和李向民（2009）的研究视角集中在产品价值构成，在传统产业融合、产业经济系统与生态系统融合、新兴产业与传统产业融合三个方面的产业融合基础上，依据产品价值构成变化，以产业进化理论为基础，对现有产业体系进行了创造性的解构，根据产品的不同类型作为划分新产业体系的标准。单元媛和赵玉林（2012）系统梳理了国外近十年的产业融合类别、途径、驱动、识别、测度和效应，发现基于不同视角，产业融合的分类不同，学界并未得出统一理论；产业融合的途径和驱动力方面，学界基本取得共识；目前产业融合的识别和测度方法尚不完善，将成为产业融合未来的研究热点和研究方向；同时提出产业融合的效应，应随融合时间的演进，有更深入和更广泛的理论揭示。汪芳和潘毛毛（2015）认为信息业与制造业的产业融合是提升制造业产业绩效的格兰杰原因，但存在一定的滞后性。

从上述研究成果可以发现，国内外学者在产业融合领域的研究内容比较广泛，涉及内涵、特征、成因、驱动力、演化过程、发展趋势、产业绩效、产业结构、产业组织、企业竞合关系、管制政策等方面。尤其在数字融合与产业融合的关系、数字技术对产业融合的推动作用方面的研究成果丰富。目前对产业融合领域的研究主要存在两个问题：第一，随着传统技术经济范式向数字技术经济范式的质变，现有文献主要集中在信息技术和信息化的研究，对数字技术经济范式和数字经济背景下的产业融合问题研究不多；第二，现有文献侧重产业融合内涵等方面的定性分析，并未建立数字经济背景下产业融合理论框架，同时缺乏该问题的实证分析。此外，既有研究偏重技术因素对产业融合的作用机制，而在产业融合对经济社会造成的效应方面的研究不足。

第三节 研究主要内容、关键问题以及解决方法

一、研究内容

本书研究遵循“理论分析—现状研究—实证分析—策略研究”的思

路，对研究内容进行了如下安排：

第一章提出研究背景、理论及现实意义、国内外的研究现状、研究思路和方法、研究的重点及难点问题和研究的创新点，对本书的研究进行整体框架规划。第二章是理论研究，在对技术经济范式理论、数字经济理论和产业融合理论分析的基础上，构建数字经济基础产业与制造业产业融合的理论基础，基于全新的经济视角将上述理论统一在一个逻辑框架内。第三章在第二章的理论基础上，基于产业和宏观两个维度对包含我国在内的主要发达国家和发展我国家的数字经济发展现状进行全面、深入的研究，同时与我国的数字经济发展现状进行对比分析，既厘清了全球数字经济的发展形势，也对我国数字经济发展的国际位置进行了较为客观的评价。第四章对全球主要发达国家和发展中国家的数字经济基础产业与制造业的产业正、反向融合度进行测度，同时结合我国数字经济基础产业与制造业的产业正、反向融合度情况进行对比分析，为第三阶段的模型构建和实证分析提供研究基础。第五章在产业融合对制造业产业绩效的影响理论模型的基础上实证分析了产业融合和产业绩效的相关关系和影响程度。第六章构建了全面、客观的产业结构理论模型，并在此基础上实证分析了数字经济基础产业与制造业产业融合和产业结构水平的关系和影响。第七章依据第四、第五和第六章的研究结果，从宏观、中观和微观三个层面系统构建了促进数字经济基础产业与制造业产业融合的策略框架。

二、研究关键问题

1. 基于多元数字经济研究理论，明确数字经济内涵，确定载体产业是进行产业融合研究的基础，研究理论概念的清晰、理论框架和理论模型的构建、研究方法的明确是本书第一个重点。

2. 构建科学的产业融合度量化方法及产业绩效、产业结构水平的计量分析方法，研究数字经济背景下产业融合对传统制造业的促进效应是本书第二个研究重点。

3. 从宏观、中观和微观层面构建全面的促进制造业适应数字经济框架下的产业融合发展策略框架，为进一步推进产业融合的成长和发展提供建议是本书第三个研究重点。

三、研究难点与解决方法

1. 数据统计口径。我国的统计口径与国际的统计口径不同，需要通过文献查阅和实际情况相结合的方法统计研究数据，存在大量的数据处理和计算工作。此外，由于测算投入产出表的工作量巨大，不论国内还是国外均未公布最近六年的投入产出表，因而本书在进行相关问题的分析时，难以体现很强的时效性，只能在探索前沿问题的研究思路和研究方法上做出贡献。

2. 课题属于前沿问题，相关研究尚不成熟。本书探索数字经济现状的评价方法及其对其他产业的促进效应所构建的理论与实证模型或存在未穷尽考虑的重要变量。

3. 选择投入产出法进行产业融合度的测度。虽然这种方法能够在一定程度上对技术融合、业务融合、市场融合甚至组织融合进行测度，尤其对于产业渗透类型的产业融合测度方面具有较好的应用效果，然而最终产品的产出需要通过数字经济基础产业投入来近似表示，在某种程度上低估了数字经济基础产业的产出水平，另外，对于产业交叉和产业重组类型的产业融合较难测度。

第四节 研究思路、方法和创新点

一、研究思路

本书利用理论分析和实证研究相结合的方法探索前沿问题数字经济，基于有限目标的研究，设计的技术路线如图 1－3 所示。

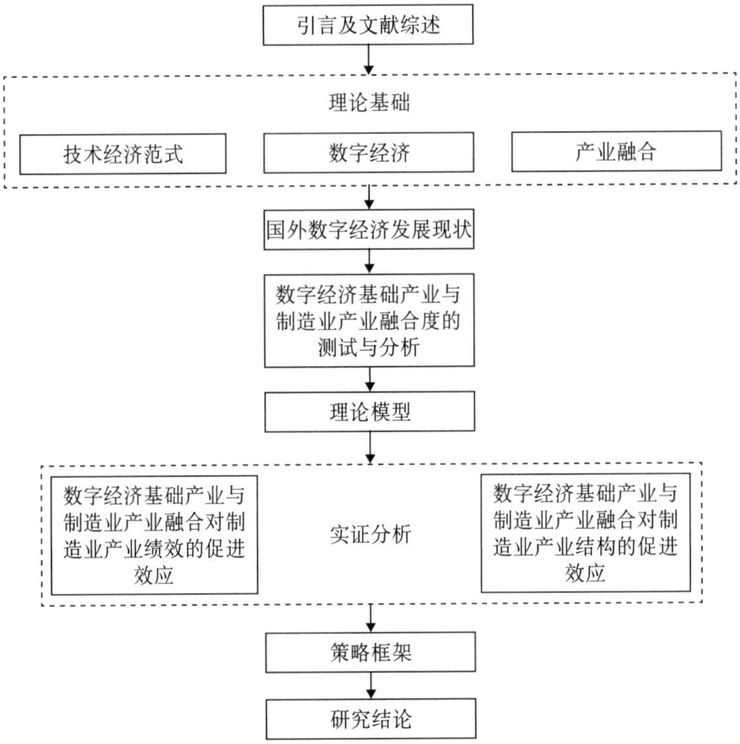

图 1-3　研究思路和研究方法示意

二、研究方法

本书以技术经济范式、数字经济和产业融合等理论为基础，综合运用了比较分析法、计量经济分析、统计学等研究方法。

1. 投入产出法：计算主要发达国家和发展中国家数字经济基础产业与制造业之间的正向融合度和反向融合度。

2. 相关性分析：计算主要发达国家和发展中国家数字经济基础产业与制造业之间的产业关联度。

3. 主成分因子分析：对制造业产业绩效的影响因子进行筛选，简化经济变量，使问题的研究能够集中于关键影响因子上。此外，通过主成分法提取的新变量，组内差异小而组间差异大，从而有利于消除共线性的问题。

4. 面板数据固定效应模型和稳健性分析：实证分析了产业融合对制造业的产业绩效和产业结构水平的促进效应；测度变量对分组产业的产业绩效和产业结构水平的影响，并对基准回归进行稳健性分析。

第二章　研究的理论基础

本章在对国内外研究成果进行梳理与分析的基础上，构建出研究数字经济背景下产业融合的研究理论框架，为全书研究奠定理论基础。

第一节　技术经济范式相关理论

C. 弗里曼（1992）提出技术进步是促成经济格局转换的基本动力。回顾人类经济社会经历的三次产业革命，历次都是技术创新引起产业变革，一方面促进新兴产业的形成，另一方面通过新技术主导产业的应用，引起传统产业的更新转型。数字技术革命同样遵循熊彼特提出的“破坏性创新”理念，也将引起企业、产业、宏观经济等领域的一系列变化。

一、范式

范式（Paradigm）的概念最早出现在1962年，被美国科学哲学家托马斯·库恩用来描述科学理论的内在规律和模式，是被共同成员广泛接受和使用的概念、技术、研究方法和价值等要素的集合范畴，其本质为一种得到公认的理论体系。

二、技术经济范式

1982年，多西在范式概念的基础上，首次提出“技术范式”的概念并进行技术创新的研究，他认为技术范式是一种解决既定技术经济问题的模式，研究了技术创新带来的新机会及利用新机会的技术路线。1986年，弗里曼和佩雷斯进一步提出“技术经济范式”的概念，用来描述技术广泛渗透和应用于经济系统后，对微观企业和宏观产业产生的影响，并将特定类型的技术进步定义为技术经济模式进步，并于 1992 年建立起技术进步在微观的企业行为、中观的产业结构变动和宏观的经济体系转换中所起作用的全面理论框架，创造了技术创新与经济格局变迁研究的方法论。

C. 弗里曼等（1992）将技术创新分为增量创新、基本创新、新技术体系变革和技术经济模式变革四类，用以描述其对经济格局变迁的不同影响程度。增量创新可改进生产要素的使用效率。基本创新产生于产品、工艺及组织的创新。新技术体系的变革是指能够对经济领域产生深远影响，并引起新部门出现的技术创新，在该阶段，往往还存在管理创新和组织创新。上述三个阶段代表技术进步对经济格局产生的量变到局部质变阶段。第四个阶段技术经济模式变革给经济格局带来的变革是全面质变。C. 弗里曼认为该阶段的技术进步效果对整个经济活动都产生重要影响。该阶段的特征是，技术进步具有在整个经济中的渗透效应，不仅重构原有产品、服务和产业范围，而且能够直接或间接地影响几近经济的各个领域，在新的经济格局下，产品、技术创新、机构创新和管理创新产生新的融合，大部分甚至全部经济潜在生产率出现跃迁并在经济社会中创造不同寻常的投资和利润机会。显然，技术经济范式突破了技术范式的单纯技术变革轨迹，技术经济范式是革命性的技术创新，影响远超技术范畴本身，需要通盘考虑微观经济和宏观经济层面的作用。

图 2-1 表示技术经济范式的核心概念。在产业和技术框架下，Logistic S 曲线代表技术创新的生命周期。规则创新与技术创新的开端并不明确，萌芽期与旧的技术经济范式存在重叠期。随着技术在经济领域的扩散与应用，参与主体才会建立起有效利用创新的潜在优势经验，在时间的沉淀下，经验变为通识。技术经济范式成为利用新潜能创造财富的最佳手段，在国家和国际两个层面上重新塑造产业边界、制度框架和经济空间。随着技术经济范式扩散，将引起产业革命和经济社会变革，新的产业模式与旧模式的更替（含技术基础、产业结构、产业组织和产业规模等），上

述变革能够引起经济社会生产力、生产方式及其结构方面的跨越（陈筠泉和殷登祥，2000）。然而，在此过程中，无法忽视旧范式对新范式的作用力。每一次新的技术革命往往基于旧范式已经建立的技术、思想、标准、习惯和惯例的框架。因此，新范式的建立需要经历漫长的发展时期，建立新产业及新范式的时间大约需要50年。前二三十年为导入期，特征表现为不同经济发展水平的国家和地区间新旧产业的“去耦”，以及新旧经济制度框架的“去耦”。该时期主要出现以下几个经济现象：第一，社会的两极分化，穷者越穷，富者越富；第二，旧范式的衰落和新范式的崛起；第三，新技术广泛应用，构建的新基础设施创造外部推动力；第四，金融资本出于短期利益的考虑，大量涌入生产资本。因此，导入期的末期会出现由技术引起的金融泡沫，直至泡沫的破裂宣告导入期过程的结束。当技术经济模式变革对经济格局产生完全质变时期，政府开始遏制过热的金融资本，并开展扶持市场发展的政策措施，虚拟资本开始转向实体资本，新技术经济范式获得有利的发展条件，开启了扩张的黄金时期。该时期的作用时间会持续二三十年，增长斜率较导入期放缓，然而是稳定和平衡性的繁荣，能够充分发挥经济潜在能力创造财富，并广泛地影响经济社会。该时期的主要特征为高水平的生产力、较高的就业水平和生活水平、市场由寡头垄断。在成熟期，产品和产业革命中均趋向成熟，生产力和利润的增速放缓，市场增长空间有限，新技术创新进入萌芽期，酝酿下一次新的技术经济范式的建立。虽然技术经济模式的变革时间短暂，但技术经济范式在历次产业革命中均扮演了重要角色。新技术经济范式的思维、规范、习惯、法律及共同的认识和相似的成本结构嵌入产业革命中，并构成了制度的一部分，与现有的生产和消费习惯匹配。与现有范式匹配的创新将会创造更多的利润，而不匹配的创新需要调整适应现有范式或者被边缘化。在当前产业革命的创新潜力被耗尽时，原有范式对不匹配的技术创新更加包容，以寻找新的净利润来源，科学和技术保持相对的自主性，为下一次技术经济范式的建立创造有利条件。

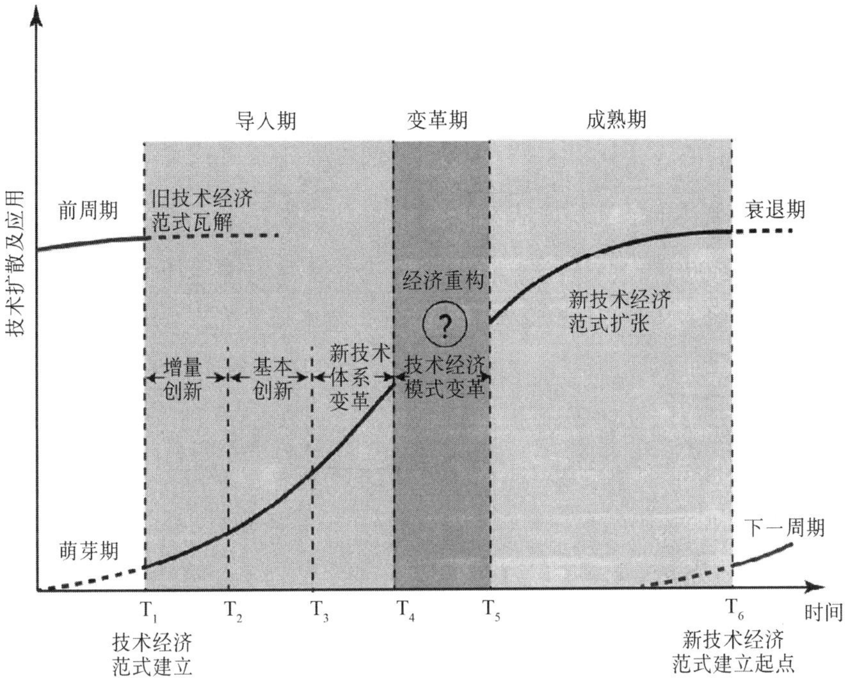

图 2-1 技术经济范式周期

技术扩散及应用的 S 曲线过程的理论基础源自熊彼特的技术创新和制度创新理论。技术经济范式需要历经技术创新、产业变迁、融合应用、制度变革才能逐步发展成为经济社会主导的技术经济范式，最终引起经济格局的变革。因此，技术经济范式并不是单纯的技术创新和技术赶超，而是需要经过长期的基础设施投资、产业融合与变迁、制度改革积累，成为近些年研究技术创新与经济发展的前沿理论。

三、数字技术经济范式

数字技术经济范式由数据要素和数字技术共同催生，在社会资本再结构化、网络基础组织形式和技术经济秩序框架下逐步形成。该范式的建立与应用过程，同传统的技术经济范式过程类似，遵循 Logistic S 曲线和 Great Surge（Carlota Perez，2007）。在主导的技术创新条件下，数字技术革命在经济社会历经导入期、应用期、成熟期和衰退期，总周期完成需要

45—60 年，在导入期，主要通过基础设施建设推动数字化建设；在应用期，首先发生于供给侧，提高数字技术的扩散和应用规模，然后通过需求侧实施和应用数字技术，进一步巩固数字技术经济范式；在成熟期，数字技术经济范式对经济和社会产生重塑的作用力，对产业运行模式、产业结构、产业绩效和产业组织形态具有深远影响，最终形成新的经济社会格局。在整个周期中，数字技术经济范式具有其特定的技术创新、基础设施、产业结构、组织形态和制度特征。数字技术经济范式的建立始于 20 世纪 70 年代，标志是微处理器芯片的诞生，为数字技术演变为通用技术创造了条件，在经历以计算机、互联网为特征的导入期后，进入变革期——导入期和成熟期之间的时期，新的数字技术经济范式受到旧的技术经济范式模式的阻碍，同时新的数字技术经济范式又对旧的技术经济范式造成冲击，技术泡沫经历膨胀与破灭，即发生于 2000 年的互联网技术泡沫破灭。该时期是数字资源向数字产品和数字服务转换的转折点，此时，金融资本、产业资本和数字资本结合得更加紧密，数字化发展策略从供给端转向需求端，数字技术与传统产业的融合不断深化，并最终引起新的产业变革，成为推动传统产业优化升级的主导动能。

与传统技术经济范式不同的是，数字技术经济范式是传统技术经济范式的质变。数字技术经济范式推动人类发展由原子加工过程转变为信息加工处理过程（Nicholas Negroponte，1995）。数字技术经济范式改变了信息的基本结构和信息获取成本，突破了获取信息的时间、空间局限性（Mueller，2002），开发了采集、处理、传输、存储信息的设备和产品，实现独立产品的组合（Yoffie，1997），形成了经济部门对数字技术的广泛应用和需求，通过与其他要素的组合，极大地促进了生产力的进步与发展。数字技术产业革命下的新技术对宏观、微观经济结构和运行模式产生实质性变革，数字技术经济范式就是在变革后形成的全新经济格局。该范式的核心要素是数据，新技术是以计算机和互联网为代表的数字技术。与传统的依靠便捷高效的能源以生产更加丰富的物质产品的物质能量型技术经济范式相比，数字技术经济范式为人类提供了强大的数字整合平台——互联网，能够通过前所未有的技术手段解决生产—供给—消费各环节产生的各类信息的收集、处理、传输、存储等问题，进而变革了传统的、物质能量型的技术经济范式并使之进化为数字技术经济范式。

弗里曼和佩雷斯预见性地提出“新的技术经济范式”的概念来描述数字技术对现有技术经济范式的彻底改造。他们认为在廉价微电子仪器广泛使用和计算机、电信应用的前提下，之前原材料和能源的密集型生产的发展路径难以为继。新经济体系的发展建立在电信基础设施的基础上，经济增长受到信息、通信和电子部门的约束。

因此，数字技术经济范式对技术经济范式的替代，不仅是概念使用的改变，更体现本质的变化，体现了数字技术对经济的重塑作用。第一，数据成为最重要的经济要素，数字信号较模拟信号更加清晰、逼真、成本低，为信息的创造、传输和使用创造更加有利的时间和空间条件，实现人类社会从原了到比特的进阶。第二，新技术即数字技术成为经济的通用技术，具有强烈的渗透性和网络化特征。第三，产业层面的重塑作用，一方面，数字技术经济范式催生了新的产业——数字经济基础产业，即实现了数字经济基础产业化；另一方面，数字技术经济范式改造传统技术和产业，实现产业数字化，带动并释放传统产业的动能倍增效应。第四，重塑经济往来手段，数字技术的强大整合性，使得社会经济活动依赖数字技术完成。第五，创造新的经济活动内容，数字经济基础产业成为经济主导产业，该产业涉及的数字产品和数字服务具有新的产品特征与形态。第六，建立新的经济规则和制度。因此，数字技术经济范式重塑经济社会，创造了新的经济增长规则、制度和模式，带动人类社会从工业经济进入数字经济。

四、技术经济范式和产业革命

迄今为止，人类社会共经历了四次影响深远的技术经济范式，以及随之创造的产业革命和经济变迁。历次革命性技术经济范式的创新和变迁均遵循熊彼特提出的“破坏性创新过程”，形成各个领域，如投入、产品、产业、制度和经济的新变迁。表 2 - 1 按照新技术创造的产业革命先后顺

表 2－1 技术经济范式、产业革命与经济变迁

产业革命和经济变迁			新技术和新产业		技术经济范式		
产业革命	时间	经济变迁	新技术	新产业	新范式的突破	微观结构影响：企业层面	宏观结构影响：产业层面
蒸汽革命	18 世纪中叶到 19 世纪中叶	农业经济向工业经济变迁	蒸汽动力技术；机械制造技术	纺织业、机械制造业、海陆运输业	突破了手工生产的局限性	企业规模较小；合伙制	农业为主体的产业结构外，开始出现新产业
电力革命	19 世纪下半叶到 20 世纪初	工业经济形成	电力技术；电磁通信技术	电力运输、钢铁、电话、电报	突破了前一范式的生产局限性	出现垄断业；规模扩大；股份制	三次产业结构形成，工业取代农业成为主体产业
能源革命	20 世纪初到 70 年代	后工业经济形成	廉价能源（石油为主体）投入技术；大规模制造技术	石化工业、汽车制造业、消费电器、无线电产品与电视产品	突破了前一范式的生产局限性	出现跨产业和跨行业的垄断企业；规模继续扩大；组织结构复杂；跨国公司	第一产业比重下降，第二产业结构调整，第三产业占比最大
数字革命	20 世纪 70 年代开始	工业经济向数字经济变迁	微电子技术；ICT 技术；计算机辅助生物技术；新材料技术	微电子产业、ICT 产业、控制仪表、交通通信、自控设备	打破传统要素有限供给约束；突破要素时间和空间局限	出现数字垄断；组织结构扁平化、网络化、虚拟化；数字经济基础产业领域企业发展迅猛	第一产业比重继续下降，传统制造业数字化改造，第三产业比重继续上升，跨多部门的数字经济基础产业成为国民经济的重要部门

序，从经济社会的三个重要层面进行了梳理，包含技术经济范式发生的时间，较旧范式的进步，技术创新、创造的新产业和产业革命对宏、微观经济结构的影响及带来的经济变迁。

从表 2 - 1 中可以发现几个结论：

第一，历次的技术经济范式都体现革命性技术创新带来的社会新财富的增长和经济潜力的释放，成为未来经济的主导力量。新技术提供的增长潜力，优化生产结构，提升生产率和质量水平，对生产和生活方式产生深刻影响，变革经济社会的组织及管理方式，并在相当长的时期内对各层面的经济结构，经济运行模式、产业组织形态、微观主体活动造成全面影响，实现产业革命和新经济格局。

第二，历次的技术经济范式并不意味着单一的技术范式，其形成与完善需要伴随关键技术创新、新生产结构、新产业结构及新制度环境的匹配。新技术催生的产业革命代表了技术经济范式的开端，在新的生产、产业和制度融合应用的过程中，进一步完善新技术并促进了新产业的崛起。

第三，技术经济范式变迁的速度加快。由蒸汽动力技术主导的技术经济范式历时 100—200 年的时间才完成从理论到技术再到产业运用的过程。而以电力技术和能源技术为主导的技术经济范式完成同一周期的时间大大缩短。而数字技术更是在信息存储、处理、传输等方面的技术创新基础上提高更多领域的分工速度，进一步缩短周期。

第四，前三次技术经济范式的主要突破都在于扩展了前一范式的生产空间，而数字技术经济范式则不仅拓展了前一范式的生产空间，更是打破了传统生产要素有限供给对增长的约束，突破了要素在时间和空间的局限性。在此过程中，通过分离了生产者与传统制造生产过程之间的必然联系而变革了传统物质生产与价值实现之间的联系，各经济单元与经济部门通过创新获得金融价值，造成物质生产和金融价值、实体经济和虚拟经济的分离。上述结论体现了数字技术经济范式与传统技术经济范式的本质差异，由数字技术经济引发的经济社会从工业经济向数字经济的格局变革，为数字经济从上述价值分离的差额中获取价值创造条件。

第二节 数字经济相关理论

Zysman 和 Newman（2006）提出数字革命能够克服以往历次产业革命的不足与约束，重塑与深刻影响着当今世界经济格局。数字技术使数字要素化和产业化，经由渗透与应用于经济社会的各个领域，推动工业经济向数字经济的转变。

一、数字经济的发展脉络和趋势

数字经济由信息经济发展而来，是信息经济发展的高级阶段。20 世纪中叶，微电子技术和集成电路水平的提升，加上信息存储基础设施的突破，即第二代晶体管电子计算机的发明，极大提高了信息和知识的存储能力。20 世纪 50 年代，数字技术扩散至其他领域，在其他产业的应用与融合过程中，对产业结构和经济社会发展产生了深远影响。彼得·格鲁克将其称为信息经济，丹尼尔·贝尔将其称为超工业社会。1962 年，马克卢普基于 50 年代的数字技术背景，正式提出了信息经济的概念，将向市场提供信息产品或信息服务的企业视为重要的经济部门，提出“第一信息部门”的概念。该概念的使用伴随数字技术在经济社会的渗透被逐步认可，概念的内涵也随之不断丰富。20 世纪七八十年代，在集成电路规模化、出现微型处理器等条件下，数字技术与其他产业部门的融合进入加速阶段，新现象的出现进一步丰富了信息部门的内涵。因此，在 1987 年，马克·波拉特提出了“第二信息部门”的概念，认为除了直接向市场提供信息产品和服务的第一信息部门，同时存在把信息劳务和资本仅作为投入，并不直接进入市场的第二信息部门，将信息部门的外延进一步延伸至融合了信息产品和服务的其他经济部门。此时，数字经济与其他经济部门出现融合趋势，进一步深化对经济社会的影响。同年，对信息经济的理论研究更加丰富，除理论概念的创新，并建立了信息经济的测算体系。经济学者波拉特 1977 年撰写《信息经济》一书，基于会计方法建立信息经济测算模型，定义了主要信息部门和次要信息部门，发现十年前美国46%的国民经济活动与信息活动相关，信息活动创造的相关就业人数接近50%。该研究表明在工业经济时代，信息已经成为重要的生产要素，能够促进生产力的进步与发展。信息经济的研究开始受到重视。20世纪八九十年代，互联网技术日益成熟，生成了全球范围的海量数据，对原有基于分散的终端进行数据处理的能力提出了极大挑战，促使数字技术新特征的发展。20世纪末，大数据、云计算等新兴数字技术发展迅猛，带动数字技术从信息产业外溢，在促进传统产业数字化的同时，也催生了新的产业和新的经济运行模式。数字化产业和产业数字化现象超越了之前学者提出的“第一信息部门”和“第二信息部门”范畴，尼葛洛庞帝基于上述背景，预见性地在其出版的《数字化生存》一书中，提出“数字化”。1996年有数字经济之父称呼的Don Tap Scott在《数字经济：网络智能时代的希望与威胁》一书中提出数字经济概念，预见性地提出美国信息高速公路普及之后将出现新的经济体制，宣告数字经济时代的到来。1998年、1999年、2000年美国商务部连续三年出版了名为《浮现中的数字经济》和《数字经济》的研究报告。进入21世纪，数字经济的概念不断传播，被广泛接受和使用。OECD的相关研究报告开始使用数字经济展望取代了之前的通信展望、互联网经济展望和ICT展望。信息经济概念到数字经济概念的使用变化上，体现数字经济的发展演化过程，在数字技术在经济部门更加广泛的渗透、应用及融合的背景下，数字经济将以更广泛、更深入、更高级的方式为经济社会的发展带来更为深刻的变革。

二、数字经济的内涵

对数字经济内涵的分析为构建数字经济背景下产业融合研究的理论框架，实证产业融合效果提供理论依据。数字经济的概念自1996年由Don Tap Scott首次提出以来，一直受到学界和政府的关注。尤其在数字经济被写入党的十九大报告，提出要促进数字经济等新兴产业的蓬勃发展以后，数字经济更是成为学界广泛关注的理论焦点。许多学者都基于不同的理论视角和关注点就数字经济内涵提出自己的观点，这些观点主要可以归纳为三类：第一类，从狭义范围上将数字经济定义为一个经济部门，即信息通信产业（Kling 和 Lamb，1999；Cohen、de Long 和 Zysman，2000）；第二类，从技术融合、数字技术经济范式对经济社会影响的角度定义数字经济的内涵，认为数字经济是基于互联网基础设施，通信技术和计算机技术的技术融合，强调数字经济发展的驱动力是由信息技术、计算机技术和通信技术产生的技术融合提供的，融合过程导致组织变革和经济社会的广泛变革（Brent R. Moulton，1999；Neal Lane，1999）；第三类，从广义的经济形态角度研究数字经济的内涵，对数字经济的理解突破了数字技术和电子商务的局限性，而将其定义为一种新的经济形态（Paul Miller 和 James Wilsdon，2001；Beomsoo Kim 2002），数字信息技术在经济社会的应用既产生了社会经济效应也产生了社会非经济影响（Bartel，2007；Atkinson 和 Mckay，2007；OECD，2008），为经济社会带来前所未有的革命（Warschauer，2003）。

基于现有学者的研究，本书对数字经济得出以下判断：首先，数字经济已经超越了信息通信产业范畴。虽然数字技术进步使信息通信产业崛起，并迅速发展成为经济社会最活跃、成长速度最快的战略新兴部门，但数字技术已经成为渗透经济各领域的通用技术，数字经济基础产业与其他产业部门的融合将对整个经济社会产生变革，提升全要素生产率，创造新的经济增长空间，重塑整个经济形态，因此不应单纯将数字经济等同于信息通信产业。其次，数字经济应由两大部门构成：第一，数字经济基础产业化是数字经济基础产业群（狭义数字经济），即数字经济基础产业。由于数字经济产生时间相对较晚，对其基础产业群，学术界还未形成统一的划分标准。为更好地对数字经济产业融合效果进行测算，需要明确数字经济的基础产业群，本书依据数字经济的定义和 OECD 的划分标准，将数字经济基础产业界定为单一产出数字产品或者数字服务的产业，包括软件业、IT 服务业、电信业、半导体业、计算机及其外围设备、网络设备、电子和仪器、媒体和娱乐产业（包括消费电子如电视、音箱和游戏）。第二，产业数字化是数字经济的融合部门，即通过应用数字技术，或同数字经济基础产业融合，而为其他产业部门带来的产出增加和生产效率提升的部分，上述部门的新增产出同样是数字经济的重要组成部分（见图2－2）。最后，数字经济是继农业经济、工业经济之后的经济社会历经跨越式变迁而形成的新经济形态，促成生产要素、基础设施、组织模式、主导产业、经济特征、经济制度和经济运行规律等方面的重大变革。因此，需要拓展对数字经济认识的边界及视野，全面和科学地考察数字经济对经济社会造成的革命性、系统性及全局性影响。

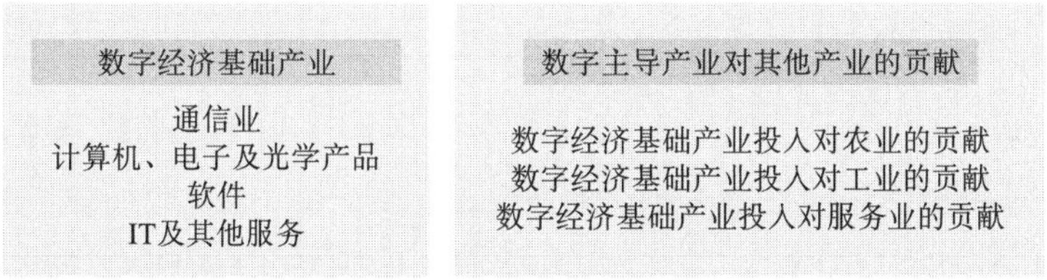

图2－2　数字经济的构成

三、数字经济的特征

（一）数据成为新的生产要素

历次经济形态的变迁必然伴随着新生产要素的出现。农业经济时期出现的新生产要素是土地和劳动，工业经济时期出现的新生产要素是资本和技术要素，而数字经济时期催生的新生产要素是数据（见表2－2）。一方面，数据成为经济活动的基础要素。较传统的模拟信号相比，数字经济下的数字信号为信息的产生、传输及使用创造了极具优势的条件，经由数字经济的基础设施连接，社会经济活动的主体广泛参与到数字经济活动中，成为数据创造和使用的主体，其进行的各项交易、经营、组织和管理等经济活动及经济活动创造的经济成果如商品、货币、服务等逐渐从原子化演变到数字化，数据也渗入经济社会的方方面面。另一方面，数据成为经济活动可持续发展的关键要素。数据迅猛增长，每两年翻一番，成为经济社会基础性的战略资源。数据要素具备的各种独特禀赋，如易于共享、复制简单，可实现无限供给，突破了传统要素的供给约束条件，为经济的可持续增长和发展奠定了基础，成为数字经济时期的关键生产要素。

表 2-2　　经济形态及其对应的生产要素

经济形态	产出函数	生产要素
农业经济	$Y=F_1(A_1,L,T)$	A_1：农业经济水平下的技术进步；L：劳动；T：土地
工业经济	$Y=F_2(A_2,K,L,T)$	A_2：工业经济水平下的技术进步；L：劳动；T：土地
数字经济	$Y=F_3(A_3,D,K,L,T)$	A_3：数字经济水平下的技术进步；L：劳动；T：土地

（二）数字经济基础产业成为新的基础产业

每一次技术经济范式引起产业革命和经济变迁时，会产生新的主导产业，这些产业成为经济中创新最活跃的部门，在促进自身快速成长的同时，通过外溢效应引领其他部门的变革与发展，成为新经济形态下的基础产业。在数字经济背景下，数字经济基础产业则成为这类基础性产业的代表。第一，数字产品与服务凝结着创造性的劳动和科学技术，并经由新技术与劳动的改造和积累创造为经济社会中的新产品与新服务内容，在经济运行过程中，反过来进一步促进技术进步与知识积累，催生新的产品、服务和产品需求，吸引大量新企业持续加入，企业数量的增长引起旧产业结构的调整，巩固新兴主导产业的发展。数字经济基础产业在数字技术进步的带动下，经过早期快速成长壮大，目前已发展为一国经济的战略支撑部门。世界主要国家自 1987 年以来，数字经济基础产业占国民经济总量的比重不断提升。尤其近些年，数字经济基础产业增长速度与 GDP 的增长速度保持一致，甚至增速超过 GDP 的增长速度。第二，数字经济基础产业的产出转化成其他产业部门的生产要素，从而提高其他产业和部门的生产效率、产品和服务质量，促进其他产业和部门的改造升级。

（三）数字技术推动的产业融合是经济发展的新驱动力

随着数字技术的不断进步与发展，一方面，形成以信息通信产业为核心的相关数字产业交互融合的数字经济基础产业；另一方面，数字经济推进跨部门融合、跨产业融合，并广泛拓展至商业、生产、消费、公共治理等领域，最终形成数字化农业、数字化工业、数字化服务业，实现产业融合数字化。以上两部分产业融合，极大促进效率的提升和产出的增长，全面拓展人类认知和增长空间，成为推动经济社会发展的主要驱动力。从经济社会的几次变迁历程来看，新经济形态下的先导部门在国民经济总量中的占比总体呈现下降趋势，而先导部门与其他部门的产业融合是拉动经济的主要动力。在蒸汽革命期间，英国的纺织业和纺织智能制造产业等新兴产业成为当时国家的先导产业，产业产值占国内生产总值的比例超过40%。在能源革命期间，美国的石化工业成为当时国家的新兴主导产业，该产业产值占国内生产总值的比例下降约至20%。世界经济进入数字革命期间，世界主要国家的数字经济基础产业等先导产业占国民经济总量的比重仅为6%左右。数字经济背景下，产业融合对经济发展的贡献程度持续提高和深化。一方面，数字技术持续深化对传统产业的渗透，数字经济基础产业持续加大对传统产业的投入，催生一系列经济新模式和新业态。另一方面，传统产业的数字化速度不断提升，数字技术促进传统产业的效率水平和产出水平不断提高，数字技术经济范式持续改造传统产业，提供经济发展新动能。

四、数字经济成为世界经济发展的新趋势

（一）数字经济是世界经济发展的新阶段

数字技术促使数字要素化和数字产业化，重构经济社会的物质基础，人类经济社会正沿着技术革新、产业重构、融合应用和制度改造的路径，逐步完成工业经济向数字经济形态的演化转变，数字经济代表世界经济发展的下一个新阶段。从生产力和技术经济范式发展的过程来看，蒸汽革命突破了手工产生的局限性，促进世界经济从农业经济向工业经济的变迁；电力革命突破了前一范式的物质局限性，工业取代农业成为宏观经济的主导产业，世界经济形成工业经济格局；能源革命提供的廉价能源和大规模制造技术再次突破了前一范式的物质局限，宏观经济中第二产业结构开始调整，第三产业成为三产中占国民经济比重最大的部分，世界经济进入后

工业经济时代。后工业经济时代的显著特征是环境与资源约束增强，人口红利消失，世界经济的产业结构转型升级需求迫切。而数字经济成为化解上述难题的有效途径。

第一，数字技术经济范式的出现，打破了传统生产要素有限供给对增长的约束，突破了要素在时间和空间上的局限性。在此过程中，通过分离生产者与传统制造生产过程之间的必然联系而变革了传统物质生产与价值实现之间的联系，各经济单元与经济部门通过创新获得金融价值，造成物质生产和金融价值、实体经济和虚拟经济的分离，为数字经济从上述价值分离的差额中获取价值创造条件，促成世界经济从工业经济向数字经济的格局变革。

第二，数字经济扩展新的经济发展空间。一方面，数字技术创新带来的社会新财富的增长和经济潜力的释放，成为未来经济的主导力量。另一方面，新技术提供的增长潜力，优化生产结构，提升生产率和质量水平，对生产和生活方式产生深刻影响，变革经济社会的组织及管理方式，并在相当长的时期内对各层面的经济结构、经济运行模式、产业组织形态、微观主体活动造成全面影响，实现产业革命和新经济格局。

第三，数字经济有利于推动世界经济从高投入、高能耗、高污染的传统发展模式转向高效、节能、低碳的集约型模式，促进产业绩效提升和产业结构优化，进而为整个经济社会可持续发展提供坚实保障，成为世界经济发展的新趋势。

（二）数字经济为世界经济运行带来新变化

从经济运行成本角度看，第一，信息获取的成本实现大幅下降。数字经济改变了获取信息的传统方式，各国积极采取的提速降费政策，极大降低了经济活动主体获取信息的成本。第二，匹配资源的成本大幅下降。数字经济通过解决信息不对称的关键性问题，大幅降低搜寻资源、签订契约和实施监督的成本。第三，实现专用性资本成本的大幅下降。数字经济能够有效解决企业专用型资产，如固定资产、人力资本等不适用其他用途的经济性问题。第四，使制度性交易成本的降低成为可能。数字经济能够为降低因遵循世界各国政府的制度、规章等方面付出的成本提供可行手段。

从经济运行效率角度看，第一，专业化分工程度的加深促进运行效率的提高。专业化分工程度取决于专业化引起的效率改进和交易费用。数字经济将传统经济形态中的企业内部分工以“众包”的形式外包给其他经济主体，推进专业化分工的精细化和精准化，深化模块分工、生产分工、产品分工和产业分工，降低交易成本，提高运行效率。第二，提高经济主体间的协同生产水平促进运行效率。数字经济将分散的生产主体联系起来，通过协同配合完成单一主体没有能力完成的经济活动，或者实现活动的经济性。第三，提高供需的匹配程度提升运行效率。数字经济带来的信息传输的迅速、便捷、高效和低成本特性，有助于信息在供给侧和需求侧的传递，提高供需的匹配程度。

从经济运行形态角度看，第一，数字化的基础设施成为经济发展的新支撑。一方面，数字网络向高速、移动、泛在的方向发展，如不断更新换代的高速光纤网、无线宽带网，5G 及超宽带技术的研究进一步提高了未来网络基础设施水平，越来越多的各种终端和设备接入网络。另一方面，数字网络与实体网络如传统的铁路网、公路网和电网等逐步融合，构成综合的物联网基础设施，促进整个经济活动的网络化和数字化，提升经济运行的效率和智能化水平，构成经济发展的新的重要基础设施。第二，数字技术经济范式形成，加速对经济形态的重构，推进人类社会进入数字经济时代。数字技术经济范式下，经济活动逐步从产品的物质制造转向产品与服务的数字处理等活动，数字化活动在经济和就业上所占的比重不断提高。数字经济基础产业和数字技术与其他产业和其他部门深度融合，推动传统产业的技术进步和产业革新，颠覆了传统产业的发展理念、市场模式、组织形态、管理和制度模式，促进新业态的兴起和发展，重塑经济结构。

五、数字经济背景下的产业变革

（一）产业组织的变革

数字经济使经济活动的组织方式发生了根本性变革，主要体现在几个方面：一是产业的组织方式由传统的垂直分工演变为网络化、平台化分工。经济活动从竞争机制向共赢共生的生态化机制转变。在工业经济时代，处于垂直分工体系下的市场主体从产业链上游购买原材料，将制成品出售给产业链下游，经济活动的主要目标是基于竞争机制，从竞争对手及上下游产业链中争夺更多利润。在数字经济时代，产业平台成为配置与协调资源的基本组织，成为创造产业价值、聚集产业价值的核心。产业平台通过整合产品及服务的供给方，协调主体间的交易和竞争，创造共同价值，建立共赢共生的生态化产业系统。该生态系统包含所有的产业层次和商业功能，对产业组织的性质、功能及组织间关系进行重构。二是催生平台化的新产业组织形态，提升新产业平台的吸引力，同时提高传统产业竞争力，共同发展新的产业平台化组织形态。不论是新兴平台产业还是传统转型产业，通过打造平台化的生态系统，提高产业竞争力和平台吸引力的同时，还促进了这种产业组织形态的演化发展。三是产业主体的生产、管理和市场组织模式也发生变革。产品生产由大规模标准化组织模式向满足个性化需求为导向的弹性生产组织模式演化；管理和市场组织模式由工业经济时代的纵向一体化和寡头、垄断竞争方式向网络化和平台化的共赢共生的生态系统方式演化。

（二）产业发展方向的变革

数字经济不断从网络空间向经济的实体空间扩展边界，突破地理空间和物理空间的约束，网络空间实现产业化，并推动传统产业数字化演化过程，产业发展的新方向出现虚实结合的特征。一方面，信息产业、通信产业、互联网行业不断融合，从深度和广度上大规模向实体经济扩展，由上述行业融合而成的数字经济基础产业已经发展成为经济社会的基础产业。另一方面，传统产业也加快从实体向虚拟的产业布局，调整产业结构，促进传统产业的转型升级。例如，传统制造业企业推动企业的数字化建设，或通过搭建平台化的生态系统，拓展新的发展空间；或对设计、生产、工艺、制造、营销、管理模式进行数字化改造，有效提升制造业效率，培育新的竞争力。

（三）传统制造业在数字经济下的产业变革

数字经济基础产业与制造业的融合是随着技术创新、产业变革和社会进步逐步发展起来的，是工业经济演化到更高级阶段，即数字经济的结果。数字经济基础产业与制造业的融合是由一系列驱动因素相互作用产生的结果，上述驱动因素主要表现为科技进步和技术创新对产品和服务的影响，并通过其间的替代效应与互补效应实现。

数字经济对制造业的产业变革作用主要分三个阶段：第一个阶段，通过计算机提供数据管理和文字处理等简单服务；第二个阶段，数字经济开始向制造业渗透，并能够提供中等水平的服务，如电子邮件、办公软件、文件存储和企业数据库等；第三个阶段，数字技术在制造业的泛在性渗透，制造业经济活动主体广泛使用数字技术，推动传统制造业的数字化改造。例如，企业拥有宽带基础设施、拥有企业网站和首页、企业使用数字工具和参与数字经济活动的水平提升、企业资源计划软件使用的提升、对云计算服务的投资与利用。

数字技术经济范式对制造业的产业变革作用呈现“自下而上，由表及里”的路径，逐步普及数字化生产、平台化协同、个性化定制等新的产业融合模式。在路径规律方面，一是通过产业链下游的消费品行业向产业链上游的原材料、设备等行业扩张；二是从制造企业外围的营销和服务环节向制造企业内部的研发、设计、制造、工艺、加工等内部环节扩张。在新的产业融合模式方面，一是数字化生产。依托持续完善和丰富的数字基础设施，通过大数据、云计算和人工智能高级数字技术，实现生产流程的数字化改造。二是平台化协同。通过数字经济催生的新平台和传统制造业构建平台化生态系统，促进制造业活动主体在研发、设计、制造、工艺、加工和供应链环节的协同发展，充分利用比较优势，节约资源、降低成本、提高效率。三是个性化定制。在数字经济背景下，制造业面临从大规模、标准化生产模式向小批量、个性化、灵活的弹性生产模式转变，满足市场个性化定制需求。传统制造业在数字经济的催化下，已经在提升效率和提高灵活性等方面实现突破，未来还将持续深化制造业的数字化、平台化、生态化发展，提高传统产业的竞争力。

第三节　产业融合相关理论

一、产业融合的内涵

学界对产业融合问题的研究已经持续40年，然而因研究视角的不同，对产业融合内涵的定义也有所不同，本书对国内外学者的研究成果进行梳理发现，学者对于产业融合内涵的理解主要存在以下几类主要观点：

第一，基于技术融合和数字融合的视角，认为产业融合是由于技术融合和数字融合引起的产业边界模糊化。Negrouponte（1978）使用三个交叉且具有重合部分的圆来表示计算机领域、广播业和印刷业三个独立产业间的技术融合，提出产业交集将成为创新最活跃、成长性最强的领域。Ithiel De Sola Pool（1983）在《自由的科技》一书中创造了“传播形态聚合”概念，认为数字技术进步是产生传播形态聚合的原因。新闻、戏剧和谈话等将具有数字化传播趋势……数字技术将融合所有传播形态为同一体系。技术变革会将所有形式的媒体融合到一起（Rich Gordon，1994）。英国学者Sahal（1985）及意大利学者Dosi（1988）透过技术融合角度，认为产业融合属于技术范畴，是通用技术在不同产业部门的渗透和应用过程及导致经济活动的创新过程，属于技术融合范畴。哈佛大学Oettinger等学者研究了通信技术与计算机技术的融合，认为两者的技术融合产生了产业间竞争现象，创造“Compunications”的概念来描述计算机业、通信业的融合现象。法国作家Nora和Mince提出“Telemetriqu”来描述数字融合的发展趋势（Mueller，1997）。Yoffie（1997）基于技术融合的角度，提出产业融合本质上是采用数字技术后，原本各自独立的产品组合及基于数字技术的企业融合，并提出CHESS模型，从五个维度来解释数字融合的复杂。Mueller（1997）提出数字技术改变了信息结构，通过数字化处理信息的采集、处理、传输和存储过程，从本质上改变了获取信息的时间、空间及获取成本，即信息需求方可在任何时间和地点获取信息。数字融合意味着原本各自独立的电视、电话及计算机网络将被共同的网络所取代，对传统的产品及服务的配置形式产生深刻影响。同时，数字融合也包含原来各自独立的广播电视网、电信网和互联网的网络融合及产品、服务、业务模式方面的融合。Raghuram（2000）认为产业融合的本质是数字技术实现新旧通信服务（包括声音、图像和数据）的多渠道共同传输。Bally（2005）认为，技术融合既出现在信息产业也出现在其他产业领域，并对传统产业边界产生了深刻影响，将其融合为新环境下相互竞争与成长的技术过程。周振华（2002）基于对广播电视业、出版业和电信业出现的产业融合现象的研究，发现产业融合现象是信息技术（以互联网技术为代表）作用于产业经济后的必然结果。产业融合既不是原本存在的现象，也不是与产业分立现象同时并存的。产业融合是产业分立状态经发展和演化后的产物，标志着原本界限分明的产业边界的模糊化的动态发展趋势。胡汉辉和邢华（2003）认为伴随数字技术进步，多元化的媒体内容之间的互联性和互换性增强，如图片、音乐、文档、视频等媒体内容之间出现的数字技术融合现象，在融合后的通用技术基础上，电信业、广播电视业和出版业率先出现了产业融合现象。马健（2002）在进行产业融合研究时，考虑了政府管制因素，认为产业融合的两个前提是技术进步和政府放松管制，进而在产业边界处产生了技术融合，推动传统产品的特征、企业间竞争与合作关系和市场需求的变化，从而引起产业边界的模糊化甚至最终构建起新的产业界限。詹浩勇（2004）提出产业融合建立于经济同技术的有机联系，通过技术革新，主要是互联网技术的发展，使具有数字融合基础的产业壁垒降低和竞合关系加强的优化过程。Lind（2005）在技术生命周期的理论框架下提出，产业融合是在技术变革的条件下导致产业边界的重新界定，“融合无处不在，融合是分离的市场间的一种汇合和合并，跨市场和产业边界进入壁垒的消除”。

第二，基于产业组织视角，认为产业融合是随着产业边界的模糊化使原本独立的产业和企业之间出现新的竞争与合作关系的过程。Greenstein 和

Khanna（1997）认为产业融合是一种为促进产业发展而产生的产业边界消失或收缩的新经济现象。新的企业竞合关系则是产业融合的产物。Malhotra（2001）的研究将产业融合的定义进一步扩展为，当两个或两个以上各自独立的产业内的企业成为直接的竞争对手时，意味着产业融合的出现。植草益（2001）提出数字技术融合和政府放松管制，降低了产业间壁垒并改变了原有产业企业的竞争与合作关系，共同推动了产业融合的发展进程。李美云（2008）提出产业融合是与产业分化相对的另一种产业发展范式，原本独立的产业相互交叉、渗透，引起传统产业边界模糊化甚至消失的现象，产业间企业产生直接竞争关系。

第三，基于产业融合演化过程视角，认为产业融合需要先后经历产品融合、业务融合、市场融合等一系列融合过程，最终实现产业融合阶段。欧洲委员会出版的绿皮书（1997）将产业融合定义为产业联盟、网络技术平台、市场和服务维度的融合。Alfonso 和 Salvatore（1998）认为产业融合需要经历技术融合、业务及管理融合和市场融合之后，达到产业融合阶段。Ono 和 Aoki（1998）通过信息的传播方式、信息的传输平台和带宽三个维度的产业融合理论框架，提出随着技术融合的深化，技术标准趋向统一，数字技术通用化，导致信息平台的通用化和较高的带宽需求，最终达到产品融合、服务融合和产业融合的阶段。Curran（2011）通过创造的产业融合过程理论框架模型，指出产业融合的过程需要经历四个阶段，分别是科学研究融合、技术融合、市场融合和产业融合。该研究不仅涉及科学技术和数字技术领域，更将研究视角拓展至产业结构、市场的供给侧和需求侧及政策制度框架等内容。

第四，基于产业进化发展的视角，认为产业融合是产业间或产业内不同行业的交叉和渗透，形成新产业的过程。卢东斌（2001）提出产业融合是高新技术及高新产业作用在传统产业之上，将两种或两种以上的产业融合一体，逐渐形成的新产业。岭言（2001）认为产业融合发展是高新技术及其产业作用于传统产业，使超过两个的原本独立产业融合发育，成长为新的产业。产业融合不是原本独立产业的简单相加，而是通过产业融合，焕发新的产业活力。聂子龙和李浩（2003）提出，产业融合是同一产业内的不同行业或不同产业的互相交叉、互相渗透，最终融为一体，逐步形成新产业的动态发展过程。在此过程中还伴随原有产业的萎缩、退化甚至消失的现象。何立胜（2006）给产业融合的定义是，以技术创新和制度创新为前提条件，同一产业内的不同行业或者不同产业，经过互相交叉和渗透而逐渐融为一体，创造出新产业的动态过程。胡金星（2007）提出产业融合的产生背景是技术变革和模块化分工，在开放性的产业系统、突破传统产业系统的线性关系和系统要素的非线性作用的条件下，以非线性协同和竞争的为基本动力，内生性的激励为共生原理、竞争优势、协同效应、网络效应和羊群效应，逐渐克服企业供给能力、消费需求和制度等障碍因素形成的新兴产业的过程。

基于现有学者的研究，本书对产业融合的认识是一个动态演化发展过程，数字融合是内部驱动，管制放松是外部驱动，在两者的共同作用下，先后引起同一产业内不同行业间或不同产业间产品融合、业务融合、管理融合和市场融合，变革原有企业的竞争与合作关系，并最终导致的产业界限模糊，直至重塑产业边界的动态发展过程。

二、产业融合的类别

学者基于不同的研究视角，对产业融合进行了多种分类，研究范围十分广泛，主要的视角为产品、技术、市场、产业、制度、系统、融合程度和融合过程。

基于产品层面，学者将产业融合分为互补型融合和替代型融合（Greenstein 和 Tarun，1997；张磊，2001；Stieglitz，2003）、结合型融合（周振华，2004）。互补型融合是指若干具有互补功能的独立产品，在同一标准束或者集合条件下发生高度兼容性整合并进入同一系统中的过程（见图 2－3）。其中，独立产品的联合使用是产业融合的关键，根据融合的程度有强弱之分。替代型融合是指不同产业中具有相似功能或者特征的独立产品，在同一标准束或者集合条件下具备替代特征，或者基于消费者角度，消费者愿意把不同产业中具有相似功能或者特征的独立产品作为替代品使用的融合情况（见图 2－4）。结合型融合是一种完全意义上的融合，是指原本各自独立的产品通过功能渗透过程，整合为一体而创造出新产品的融合（见图 2－5）。三种融合类别的区别是：前两种融合并未消除原本各自独立产品的独立性，仅是经由同一标准束或者集合条件形成了产品的互补性或替代性；后一种融合则实现了完全融合，原本独立产品经由同一标准束或者集合条件融合为新的产品。

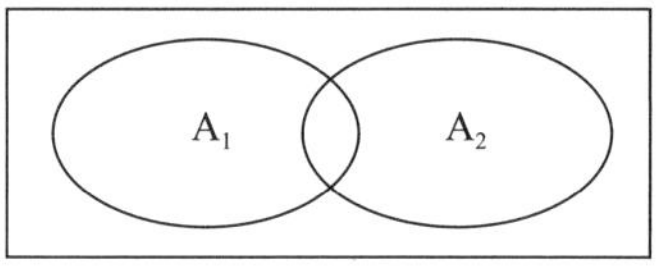

图 2－3　替代型融合

注：方框代表标准元件束；圆形代表独立产品；A_1、A_2 代表独立产品类别。

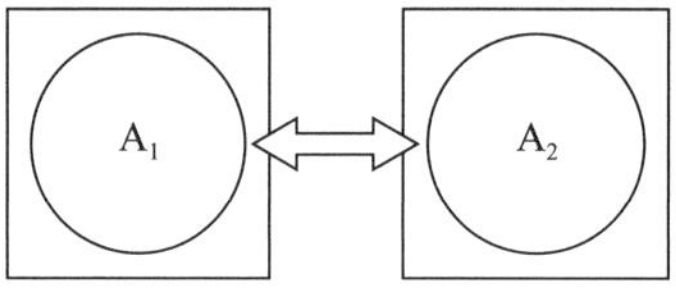

图 2－4　互补型融合

注：方框代表标准元件束；圆形代表独立产品；A_1、A_2 代表独立产品类别。

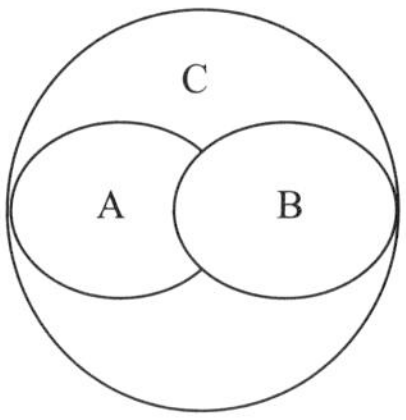

图 2－5　结合型融合

注：方框代表标准元件束；圆形代表独立产品；A、B、C 代表产品类别。

基于技术层面，学者将产业融合分为技术互补型和技术替代型（Greenstein 和 Tarun，1997；张磊，2001；Stieglitz，2003）。技术替代型融合是指新技术取代旧技术，使原本独立的产品间具有联系和相关性，并催生新的产业。技术互补型融合是新旧技术的整合效果比各自独立使用时效果好，整合后的技术催生新的产业。Stieglitz（2002）从技术和产品层面构建产业融合类别分析框架，以技术和产品为出发点将产业融合分为四类：技术互补型、技术替代型、产品互补型、产品替代型，从创新类型、技术机会、累积程度、新进入者威胁、公司策略、联盟情况和案例七个维度对产业融合类型进行了深刻分析，如表2-3所示。

表2-3 产业融合的类型

市场融合类型	技术替代	技术互补	产品替代	产品互补
创新的主要类型	过程创新	产品创新	产品创新	产品创新
技术机会	高	低	低	高
累积 —技术 —需求	 低 低	 高 低	 高 高	 低 高
新进入者的威胁	高	低	低	高
公司策略	多技术（现有企业） 集中（新进入者）	多样化（现有企业） 集中（新进入者）	集中 多样化	集中
联盟 —方向 —动力	 垂直 知识创造	 水平 知识使用	 水平 知识使用	 水平 知识使用
案例	机器工具产业	个人数字协助	个人电脑 和电视	互联网 （PC，线上服务）

数据来源：Stieglitz. Industry dynamic and types of market convergence. Paper to be present at the DRUID summer conference, 2002.

基于产业层面，学者将产业融合分为产业渗透、产业交叉和产业重组三类（厉无畏，2002；胡汉辉和邢华，2003；马健，2005），如图2-6所示。产业渗透发生于传统产业和高技术产业的产业边界。随着高技术产业的成长，高技术的渗透性和倍增性使其能够无摩擦渗透到传统产业，提高传统产业生产效率。产业交叉发生于高技术产业的产业链延伸处，通过产业间延伸和功能互补实现产业融合。其过程为技术、业务和市场融合后的产业边界交叉，最终导致产业边界模糊。胡汉辉等（2003）提出产业交叉是部分合并，并非完全融合，原有产业仍旧存在，只是产业结构出现了新的模式。产业重组发生在产业内不同行业间或具有紧密联系的产业间，通过重新整合后的产品及服务满足市场的新需求，产业重组形成了产业新业态，提高产业效率，代表产业新的发展方向。聂子龙和李浩（2003）在上述分类的基础上，增加了第四类新产业取代传统产业的融合，提出新旧产业不是混合物，而是化合物，具有区别新旧产业的独立特性，电子商务则是这类融合的代表。

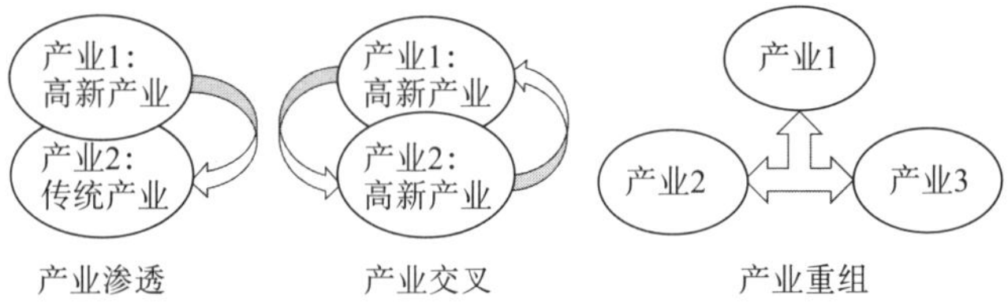

图 2-6　产业融合的方式（箭头表示技术方向）

基于市场层面，学者将产业融合分为供给融合和需求融合两类。M. Pennings 和 Puranam（2001）利用 2×2 矩阵将产业融合分为供给互补型融合、供给替代型融合、需求互补型融合及需求替代型融合（见表 2-4）。Malhotra（2002）将产业融合分为供给驱动型融合（高机构与低功能融合）、需求驱动型融合（低机构与高功能融合）、纯融合（高机构与高功能融合），也有学者提出供给侧是技术融合，利用通用技术提供不同产品和服务；需求侧是产品融合，利用不同技术提供替代品或互补品。

表 2-4　基于市场角度的产业融合类别

	替代型	互补型
供给侧	供给替代型融合	供给互补型融合
需求侧	需求替代型融合	需求互补型融合

基于融合过程层面，学者将产业融合分为三个阶段，分别是技术融合、产品和业务融合以及市场融合（马健，2002；李美云，2008）。技术

融合属于产业融合的萌芽阶段，也是促进产业融合发展的关键基础，主要体现在通用技术实现不同产业间或同一产业内不同行业间的联结方面。业务融合是指企业的生产、业务、管理和组织流程的调整融合。市场融合则是实现产业融合的最终目标（见图2-7）。

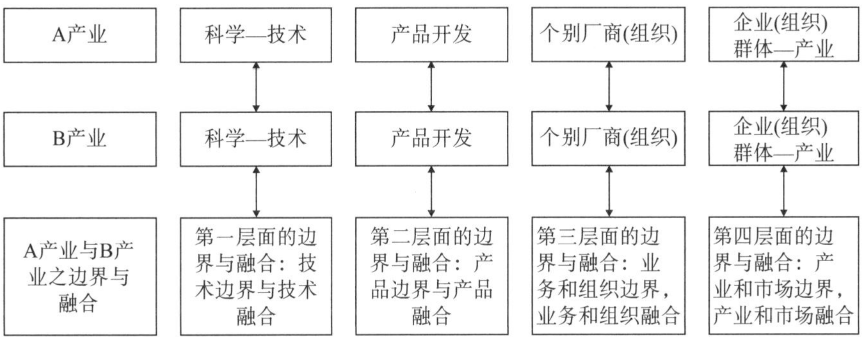

图2-7 产业融合类型

基于融合程度层面，学者提出产业融合分为完全融合、部分融合（植草益，2001；厉无畏，2002）和虚假融合（马健，2005）。完全融合指两个及两个以上产业经过融合创造出一个新的产业，导致原有产业的衰落和消失。部分融合指原有产业间的部分交叉重叠，融合后的新产业与原产业形成替代互补关系。虚假融合指仅发生在产业边界内，出现了产品融合形态，但既未创造大量的市场需求，也未形成新的替代互补关系的融合过程。Geradin（2001）将产业融合分为不完全融合（多效用模式融合、特殊协作融合）和完全融合（跨产业融合）。

基于制度层面，学者将产业融合分为宏观层面的制度融合和微观层面的标准融合（胡金星，2007）。微观层面的标准融合指不同产业内的企业共同遵守的通用标准，实现标准的统一。标准融合的表现层面主要在技术融合和产品设计。宏观层次的制度融合包含产业管制政策和产业管理机构两个层面，其中产业管制政策融合指不同产业在市场活动中遵守相似的产业管制政策。产业管理机构融合指在产业管制政策融合的框架下，对现有监管机制的改革实现监管机构趋向统一的变革。

从系统论层面，学者将产业融合分为结构融合和功能融合（魏宏森和曾国屏，1995）。结构融合是实现产业融合的标志，是不同产业构成要素间的流动打破了原产业内要素的相对稳定的联结方式，并整合为由多产业要素构成的新的稳态联结方式的过程。功能融合指不同产业通过竞争与合作而导致的功能趋同过程，具体表现为技术、产品、企业、市场和制度等多方面的功能融合。

三、产业融合的效应

产业融合在催生新行业的同时，改变了微观层面企业的竞争与合作关系，产生了中观层面中产业绩效、产业结构、产业发展空间、创业创新等领域的反馈效应，促进了宏观层面就业和经济增长。本书以产业层面的反馈效应为框架，对产业融合的效应进行了梳理。

（一）降低成本，改善产业绩效

第一，产业融合过程产生的通用资源可以节约动态和静态成本。一方面，产业融合促进通用资源的充分使用，降低静态成本；另一方面，通用技术的融合促进资源的投入产出效率，扩张生产可能性边界，降低动态成本。Banker、Chang 和 Majumdar（1998）研究证明拥有共同的基础设施资源，导致被检验企业的单位平均成本减少。第二，产业融合过程造成了企业对市场的替代，从而降低内生交易成本和外生交易成本。一方面，产业融合缩短了生产迂回链条，缩短生产和消费之间的距离，同时可以提高价格、质量的透明度和流程控制力，改善产业间的交易效率，使企业内分工的交易成本显著低于市场分工的交易成本；另一方面，由于产业融合缩短了中间环节的迂回链条，从而降低中间交易成本。第三，产业融合过程中，共同技术的扩散提高了融合产业的技术水平、管理能力，降低了产业间要素生产效率的非均衡度，促进了产业间的配合度与协调度，提升了整体产业绩效。

（二）产业结构升级效应

第一，基于产品结构和行业结构角度，产业融合表现在数字技术对传统产业的渗透，提高了传统产业的生产效率，而生产效率的提升表现为产出水平的提升或新产品和服务的出现及增长。第二，基于产业结构角度，产业融合过程既创造了高利润、高效率的新产业的成长和发展，又导致无竞争力的旧产业的衰落或消亡。在发展的过程中，生产要素从低效率产业流向高效率产业，不断强化新产业的地位和作用，必然实现经济社会整体产业结构的优化升级。第三，基于资源禀赋结构，产业融合的前提是数字技术和信息数据等资源要素在传统产业的应用，意味着资源禀赋结构的优化。林毅夫等认为产业结构的升级是经济发展过程的内生变量，是经济中资源禀赋变化的结果。因此，资源禀赋结构的优化会引起产业结构的优化升级。第四，基于资源优化配置角度，一方面，产业融合过程中，必然出现不同产业间存在通用资源的现象，有效降低了成本，促进资源由高效率产业向低效率产业、从高效率企业向低效率企业的流动，提高资源配置效率；另一方面，产业融合过程中对新兴资源和增量资源的使用，推动了产业结构优化升级。例如，数字技术和数据资源由传统产业中非资源或非重要资源转变为核心资源，推动产业融合，促进更大范围的资源优化配置，推动产业结构升级。

（三）产业发展空间效应

第一，产业融合促进了新产品和新服务，从供给的角度看，扩展了产业的供给市场容量，吸引更多的市场参与者进入，促进新兴产业的出现与成长，扩展产业发展空间；从需求的角度看，新产品和新服务能够更好地满足消费者多样化的需求，引领未来需求发展趋势，提高产业竞争力。第二，产业融合将原本独立的产业价值链实现部分或完全融合，创造出新的产业价值链。新产业价值链与原产业链相比，具有更大的附加值和利润空间，提高产业的竞争力，为产业发展创造空间。第三，上述两点产生的产业竞争力对促进产业融合具有反作用力。提高产业竞争力，可以使产业内企业获取更多市场份额和资源积累，为推动产业进一步发展创造了物质基础。

（四）产业创新优化效应

第一，技术创新效应。新技术在产业间的持续广泛应用，建立了产业间的共同技术基础，为产业改变结构布局，实现从一个产业向另一个产业的过渡创造条件，从而实现产业创新。第二，竞争合作效应。产业融合改变了传统的竞争规则与竞争环境，企业需要进行竞争与合作关系的战略调整以适应新环境和规则，保持竞争优势。第三，组织创新效应。一方面，产业融合促使市场机构随着企业之间的竞合关系的变动不断调整并趋于合理，实现组织竞争结构效应；另一方面，产业融合必将引起企业组织之间和企业组织内部的调整与创新，实现组织结构创新效应。第四，市场结构创新效应。产业融合将会导致市场结构的深刻变革。一方面，产业融合创造的市场机会将吸引新企业的进入，增加产业内的企业数量，降低产业的市场集中度；另一方面，随着需求趋势的转变，标准化的大批量生产逐渐被个性化的订制品替代，企业需要由规模经济战略调整至范围经济战略，推动企业间并购等行为，减少产业内的企业数量，增加产业的市场集中度。产业融合过程在上述看似矛盾的运动过程中，实现规模报酬与竞争活力的平衡，创造新的有效竞争的市场结构。在技术创新效应、竞争合作效应、组织创新效应和市场结构创新效应的共同作用下，实现产业的创新效应。

（五）区域效应

产业融合突破传统区域边界，加强区域之间从生产要素市场、产品市场到政策制度之间的联系。第一，产业融合促进区域间的贸易与竞争活动，提高区域间资源的流动与配置效率，从而带动区域的贸易效应和竞争效应。第二，产业融合有利于企业组织突破原有区域之间的壁垒，增加企业组织的区域联系水平。第三，产业融合能够改善区域原有的空间二元结构，扩展中心区域的扩散与极化效应。第四，产业融合有利于构建通用的区域经济制度框架，降低区域制度造成的障碍。

四、价值链理论

价值链理论最早是由哈佛商学院教授迈克尔·波特（Michael E.

Porter）在其所著的《竞争优势》中第一次提出，并进行了比较详细的阐述。

价值链理论的主要含义是：每一个企业都是在设计、生产、销售、发送和辅助其产品中进行种种活动的集合体，每一种活动都可以增加价值，并且这些活动可以用一个价值链来表示，如图 2－8 所示。企业的价值活动可以分成基本活动和辅助活动两大类。基本活动是直接创造价值并且将价值传递给顾客的行为，主要包括内部后勤、生产作业、外部后勤、市场营销、售后服务。辅助活动则不直接创造价值，但是它为基本活动提供条件并且提高基本活动的绩效水平。它主要包括采购、研发、人力资源管理和企业基础设施。

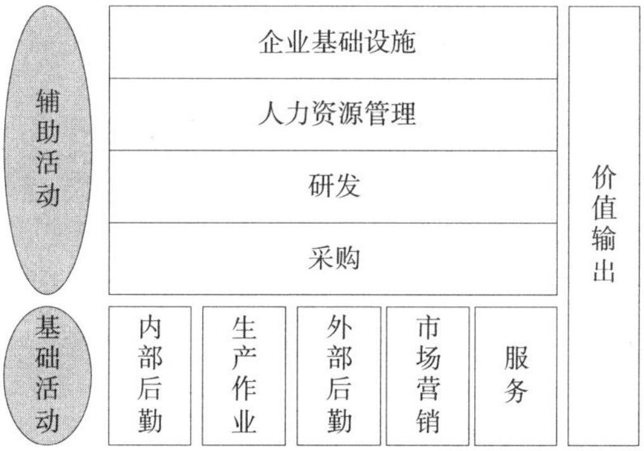

图 2－8　波特价值链

价值链在经济活动中是无处不在的，上下游关联的企业与企业之间存在行业价值链，企业内部各业务单元的联系构成了企业的价值链，企业内部各业务单元之间也存在着价值链联结。需要指出的是，企业的各项价值活动并不是孤立的，它们虽然互不相同，但是又互相依存互相关联，价值链上的每一项价值活动都会对企业最终能够实现多大的价值造成影响。而企业所生产的产品和服务就是由整条价值链所创造，其产品及服务的竞争力实际上也体现了整条价值链各个环节的竞争力，也就是企业竞争力。因此，企业与企业的竞争就不单单是某个环节的竞争，而是整个价值链的竞争。

价值链理论提出以来，至今已经有20多年，也获得了一定的发展，如彼得·海恩斯（Peter Hines）从反方向对价值链进行了重新定义，认为它是“集成物料价值的运输线”；也有学者杰弗里·雷波特（Jefferey F. Rayport）和约翰·司维奥克拉（John J. Sviokla）共同提出过“虚拟价值链”的概念；随着全球一体化与跨国经营全球化的到来，波特也开始提出全球价值链理论，并成为研究跨国生产经营活动的开展和利益分配的有效分析工具。不过，尽管价值链理论的外延不断扩大，但是其理论的内涵始终离不开“价值创造”这一核心观念。

五、开放式创新理论

开放式创新理论最初由亨利·切萨布鲁夫提出，他认为企业或组织在进行创新的过程中，可以利用内部和外部两条市场通道将企业内、外有价值的创新资源集中起来创造价值，同时建立相应的内部机制分享所创造价值的一部分。企业内部的创新可以通过外部渠道实现市场化，同样，外部的技术也可以被企业接受及采用。在开放式创新模式下，企业的技术创新是一个开放的、非线性的活动过程，创新可以跨越企业的传统边界，不再完全依靠自身的力量。开放的本质是外部创新资源的获取和利用，强调企业对内外创新资源的有效整合。开放式创新基于具有不同知识资源应用逻辑的知识景观，它不仅把创新的目标寄托在传统的产品经营上，还积极通过外部的合作研发、技术许可、委托研究、技术并购、战略联盟或者风险投资等方式，经济有效地获得适合本企业经营业务的创新资源，以降低获得技术创新的成本和风险，提高企业的经营绩效。

总体来说，开放式创新有以下几方面的优势：一是降低企业的研发成本，缩短产品开发的周期，提高企业自身的竞争力；二是使资源重新得到优化配置和合理安排，提高资源的使用效率，增加企业的效益；三是加快创新速度，提高创新成功率，迅速占领市场，提高企业的影响力；四是降低创新风险成本，提高创新成功率。开放式创新区别于传统的封闭式创新，后者的特点就是所有的研发创意、产品设计、生产、营销、售后服务都在企业内部自身的运营系统中得以完成。在 20 世纪有很多企业通过封闭式创新获得了良好的发展，但是在知识经济时代，信息的流动速度加快、知识员工的数量骤增、员工的流动性加强、风险投资的蓬勃发展、知识在产品价值网络中的广泛分布、外部创新资源的可用性、学术机构研究能力和研究质量的提高以及不断增强的外部供应商的能力等因素的出现使企业仅仅依靠内部的资源进行高成本的创新活动难以适应快速发展的市场需求以及日益激烈的企业竞争。因此，源于内外创新资源整合的开放式创新，成为企业提升竞争力的必然选择。

第三章　数字经济的发展现状

当前，全球经济复苏乏力，全球主要经济体纷纷将数字经济视为拉动经济发展的新动能，在各自数字经济基础产业发展现状的基础上，分别出台各自的数字经济发展战略，试图通过发展数字经济，为传统产业注入新的活力，促进经济增长和提高国际竞争力。从宏观层面看，区域的经济活动不断数字化，未来未及时发展数字经济的区域将面临被边缘化的风险；从微观层面看，数字技术不断向其他产业领域扩张，世界主要国家均制定相关的产业政策，鼓励数字技术在传统产业领域的应用向广度和深度拓展。

第一节　数字经济驱动产业发展现状

数字经济基础产业是数字经济建设与发展的基石，本节主要分析该产业的发展趋势和结构特征，重点关注四个方面：第一，数字经济基础产业部门的情况；第二，数字贸易的情况，其中包含数字货物贸易和数字服务贸易；第三，数字经济基础产业部门的产业附加值情况；第四，数字经济基础产业对创新发挥的作用。通过对上述领域的观察，对数字经济基础产业得出如下认识：一是数字经济基础产业的增长驱动来自软件产业与 IT 服务，上述两个子产业在数字经济基础产业中占有的产业附加值比重较高。近年来，在需求、创新和竞争的共同驱动下，数字基础设施和服务增长迅猛。二是数字货物贸易和数字服务贸易占各国贸易总额比重持续上升。全球数字货物和数字服务的出口集中于少数几个国家，其中，中国、美国、德国和日本四个国家占据了全球数字货物出口的45%。三是美国数字经济基础产业附加值占总附加值比重最高；中国数字产品与服务出口的显著增长，同中国大规模数字中间品的进口相匹配，这部分主要体现在加工领域。中国数字经济基础产业的附加值水平有待进一步提升。四是数字经济基础产业部门的就业状况已从经济危机中恢复，并自2013年起实现增长。五是数字经济基础产业是促进创新的关键动能，在数字经济的背景下，数字经济基础产业承担驱动经济增长和创新的基础设施角色。

一、数字经济基础产业发展现状

（一）数字经济基础产业产出情况

本书对世界主要发达国家和发展中国家2000—2015年的数字经济基础产业的三个关键产出指标进行对比分析，包含总产出、产业增长率和数字经济基础产业占GDP的比重情况。基于研究目标，选择的样本国家范围是主要发达国家中的美国、英国、法国、德国、欧盟28国和日本，主要发展中国家选择金砖五国中的中国、俄罗斯、印度、巴西和南非。由于数据的可得性，各指标的样本国家略有不同。数字经济基础产业产出值如图3-1所示。

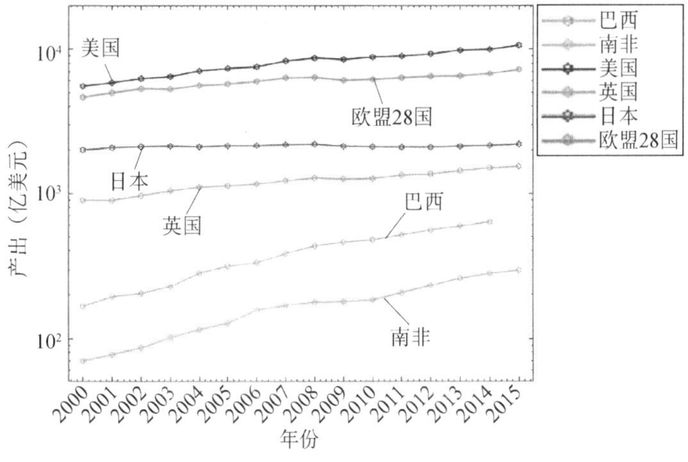

图3-1　2000—2015年数字经济基础产业产出值

数据来源：OECD. National Accounts Database; Eurostat. National Accounts Statistics and National Sources, December 2017.

由于国家之间的差异较大，为了便于观察，图 3－1 采用指数坐标轴。世界主要发达国家和主要发展中国家的数字经济基础产业产出分为三个层次，第一梯队是美国和欧盟 28 国，两个经济体的数字经济基础产业产出水平遥遥领先，在 2015 年，美国和欧盟 28 国的数字经济基础产业产出值分别达到 1.1 万亿美元和 7246 亿美元。第二梯队是日本和英国，2015 年日本和英国的数字经济基础产业产出值分别达到 2190 亿美元和 1632 亿美元。两个国家数字经济基础产业的产出水平呈现平稳向好态势，然而受金融危机影响，英国在金融危机之后的数字经济基础产业产出增长水平较其之前水平有所减缓。第三梯队是发展中国家，数字经济基础产业的产出值从量级上来看，与发达国家存在较大差距。以巴西和南非为例，2015 年，南非的数字经济基础产业产出值仅为 296 亿美元，巴西 2014 年的数字经济基础产业产出值为 426 亿美元。但是，发展中国家的数字经济基础产业增长势头迅猛，处于加速发展时期。因此，关于全球数字经济基础产业的发展趋势可以得到三个结论：第一，不论是主要发达国家还是主要发展中国家，其数字经济基础产业产出值均呈现增长态势；第二，从边际角度来看，主要发展中国家数字经济基础产业的产出值增速快于发达国家；第三，在发达国家中，处于第一梯队的国家的数字经济基础产业的产出值增速快于第二梯队国家相同产业的产出水平。

2001—2015 年世界主要国家数字经济基础产业增长率波动较大，如图 3－2 所示。为发现世界数字经济基础产业的发展规律，本书将 2001—2015 年这 15 年期间分为三个时段，第一个时段是 2001—2007 年，为后互联网泡沫时段；第二个时段是 2008—2009 年，为金融危机影响时段；第三个时段是 2010 年至今，为后金融危机时段。观察图 3－2 发现，自 2000 年互联网泡沫破灭之后，世界主要国家数字经济基础产业均出现企稳回升态势，但主要发达国家与主要发展中国家的增长态势出现分化，2001 年，发达国家数字经济基础产业的增速均低于 10%，而发展中国家数字经济基础产业增长势头迅猛，南非和巴西的增速均超过 10%，其中巴西的增速达到 16.37，是美国增速的近 3 倍。2001—2007 年，即从互联网泡沫破灭到全球金融危机之前，世界主要国家（既包含发达国家也包含发展中国家）数字经济基础产业的发展均保持良好势头，实现正增长。2008—2009 年，世界主要国家数字经济基础产业的增长均出现大幅下滑，可见该产业受到金融危机不小的冲击。2010 年至今，世界主要国家（既包含发达国家也包含发展中国家）数字经济基础产业再次实现正增长，数字经济基础产业表现出良好的活力与弹性，然而从 2015 年的数据观察，目前数字经济基础产业增长较金融危机之前仍然存在差距，说明数字经济基础产业还未从金融危机的影响中完全恢复，尤其那些受金融危机影响最深的重灾区，产业的产出增长更为缓慢。

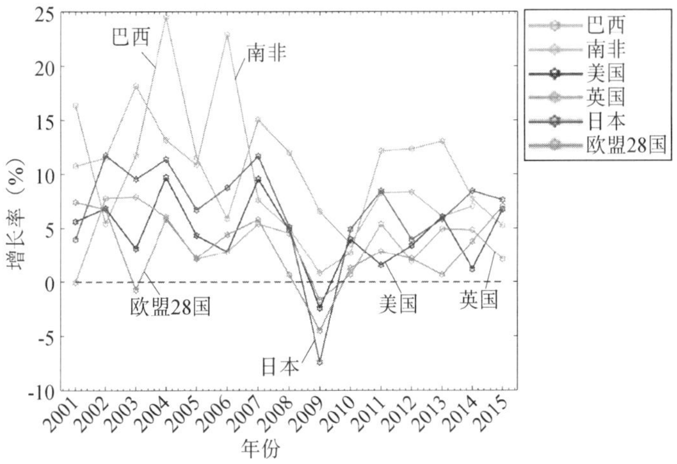

图 3-2 2001—2015 年数字经济基础产业增长率

数据来源：OECD. National Accounts Database; Eurostat. National Accounts Statistics and National Sources, December 2017.

从数字经济基础产业占国家 GDP 的比重来看，数字经济基础产业目前已经成为世界主要国家的基础性产业，在国家经济中占有重要地位，如图 3-3 所示。2001—2015 年世界主要国家数字经济基础产业占 GDP 的比重呈现三个特征：第一，世界主要发达国家数字经济基础产业占国家 GDP 的比重保持稳定，表明数字经济基础产业增长与 GDP 的增长同步进行，融合度较好，呈现一致性规律，数字经济基础产业对国家经济增长提供了稳定的支撑；第二，部分发展中国家数字经济基础产业占国家GDP的比重出现波动，但总体水平较高，说明数字经济基础产业已经成为支撑该国经济增长的主要驱动力，应该积极制定各项数字经济基础产业的产业政策，进一步释放数字经济基础产业对经济增长的贡献潜力，但需警惕引起产业波动的因素对国家经济增长的影响；第三，巴西数字经济基础产业占国家GDP的比重自2009年之后逐年下降，一方面，受巴西近些年整体经济状况不景气拖累，由于国际大宗商品价格的下降，国际经济状况对依赖出口的巴西经济打击较大；另一方面，巴西将本国拉动经济增长的投资政策向公路、港口、铁路等基础设施建设领域倾斜。

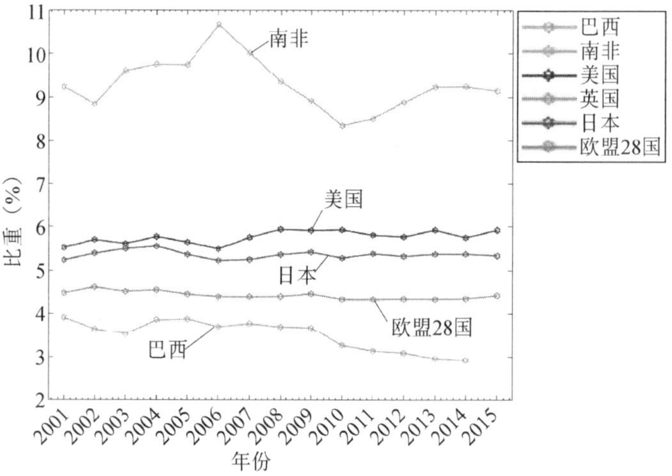

图3-3　2001—2015年数字经济基础产业占GDP比重

数据来源：OECD. National Accounts Database；Eurostat. National Accounts Statistics and National Sources，December 2017.

（二）数字经济基础产业投资状况

数字经济基础产业领域的投资额是带动本产业增长和拉动经济增长的重要指标，美国对数字经济基础产业的投资非常重视，投资水平远超其他发达国家，如图3-4所示。一方面，表现在投资额的绝对值较高，2001—2015年，美国数字经济基础产业的投资额从未低于2500亿美元，2015年的投资额达 38. 5 万亿美元，是英国（固定资本形成为 3. 29 万亿美元）的近 12 倍，是德国（固定资本形成为 2. 61 万亿美元）的近 15 倍，是法国（固定资本形成为 4. 35 万亿美元）的近 9 倍。另一方面，美国对数字经济基础产业的投资一直维持增长态势，即使受到互联网泡沫和金融危机的冲击，美国对该领域的投资在危机后出现反弹，并持续增加投资额。其他发达国家在数字经济基础产业的投资基本保持稳定，为各国数字经济基础产业的发展奠定了良好的基础，其中，英国、德国和法国对数字经济基础产业的投资量级基本在同一水平，日本的投资量级约为其他国家的一倍。中国对数字经济基础产业投资额的统计较晚，自 2003 年开始才有数据，投资初期的规模水平较低，比英国、德国和法国的规模略高一些。但是中国注重对数字经济基础产业领域的投资，自 2003 年起，中国在该领域的投资额进入高速增长期，为中国数字经济基础产业在过去的十几年内取得的飞速发展提供了物质保障，同时充足的投资也为数字经济基础产业和国家经济未来的持续发展与增长注入强劲动力。

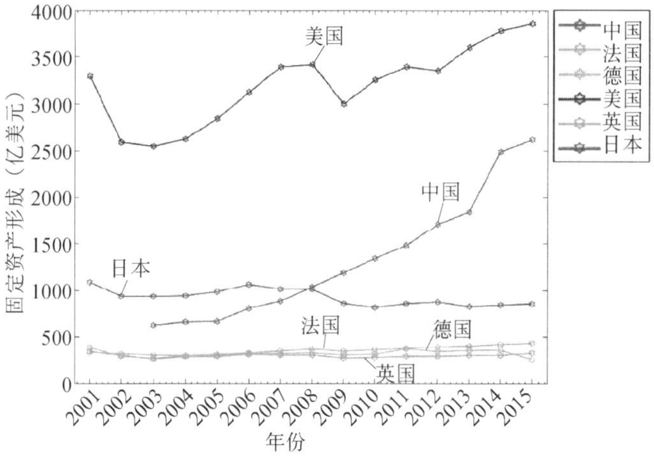

图 3-4　2001—2015 年数字经济基础产业的固定资本形成

数据来源：OECD. Annual National Accounts（SNA）Database；Eurostat. National Accounts Statistics and National Sources，February 2017.

通过观察数字经济基础产业固定资本形成占固定资本形成总量的比重

发现（见图3－5），该指标并未形成类似之前研究数据呈现的显著规律，各个国家数字经济基础产业固定资本形成占固定资本形成总量的比重情况不尽相同，以2015年为例，比重从高到低依次为美国10.83%、日本8.3%、法国8.29%、英国6.79%、德国5.37%、中国3.08%，造成差异的原因主要在于每个国家专业化分工差异及其所处的商业周期的阶段不同。此外，2001—2015年，数字经济基础产业固定资本形成占固定资本形成总量的比重下降的原因主要有两个：一是IT和通信设备价格的快速下降，导致该部分投资下滑；二是软件的增加，持续增长的商业数字支出比例并未实现资本化。从美国数据来看，1/3的数字领域商业支出并未实现资本化，数字经济基础产业本身占资本化支出的40%（OECD，2014c）。该现象同时可反映出数字经济基础产业内部结构及投资结构的调整。

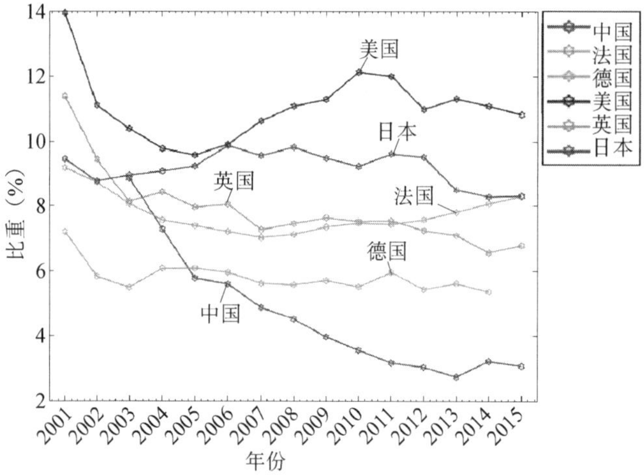

图3－5　2001—2015年数字经济基础产业固定资本形成占固定资本形成总量的比重

数据来源：OECD. Annual National Accounts（SNA）Database；Eurostat. National Accounts Statistics and National Sources，December 2017.

（三）数字贸易情况

1. 数字货物贸易

2001—2015年的贸易数据表明全球数字货物出口额持续增长，如

图 3－6 所示。由于不同国家之间指标的差异较大，为方便研究，图 3－6 采用指数坐标。中国在数字货物出口领域占据绝对优势。自 2003 年起，中国数字货物贸易出口额跃升为世界数字货物贸易中的第一份额，除 2009 年受到金融危机影响，数字货物贸易出口绝对值出现小幅下滑外，自 2001 年至 2015 年，中国的数字货物贸易出口额一直保持增长态势，但增长速度以金融危机为分水岭，金融危机之前的数字货物贸易出口额增长速度快于金融危机之后的增速。发达国家数字货物贸易规模处于中等水平，代表国家为美国、德国和日本。2015 年，美国数字货物贸易出口额为 1949 亿美元，德国数字货物贸易总额为 1116 亿美元，日本数字货物贸易总额为 876 亿美元。其他发达国家，如英国和法国的数字货物贸易出口额水平非常低，2015 年英国数字货物贸易出口额为 344 亿美元，不足中国数字货物贸易出口额的一成。而发展中国家中的其他金砖四国与中国数字货物贸易出口额之间的差距更加显著，存在 2—3 个量级的出口额差距。

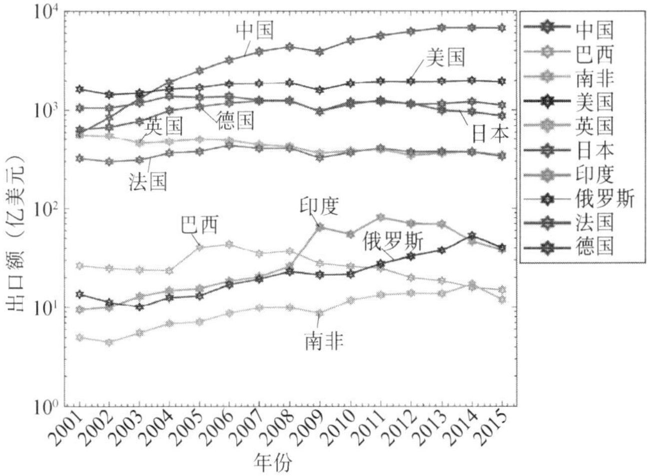

图 3－6　2001—2015 年数字货物出口额

数据来源：OECD. Bilateral Trade Database by Industry and End－use Category（BTDIxE），http：//oe. cd/btd，December 2017.

中国数字货物出口额占本国数字货物出口总额的比重在全球处于领先地位，在经历了 2001—2005 年的增长积累之后，目前中国数字货物出口额占本国数字货物出口总额的比重基本稳定在30%左右的水平，说明目前数字货物贸易在中国出口贸易中占有举足轻重的地位。日本、英国数字货物出口额占本国数字货物出口总额的比重近15年来持续下降，一方面由于数字货物价格的下降，另一方面也由于中国在该领域占有比较优势，发达国家在竞争中未能保持原有的市场机会与市场份额。目前，英国、法国和德国数字货物出口额占本国数字货物出口总额的比重水平相当。美国数字货物出口额占本国数字货物出口总额的比重经历2001年至2012年的持续下滑后，目前比重水平稳定在6.3%左右，说明美国在数字产品领域具备比较优势，为数字产品的出口提供支撑。发展中国家，如其他金砖四国数字货物出口额占本国数字货物出口总额的比重处于较低水平，在国际市场上分量不足，各国数字产品缺乏比较优势基础（见图3－7）。

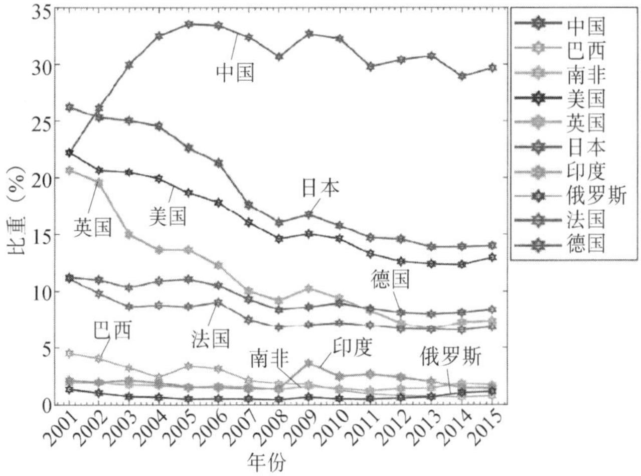

图3－7 2001—2015年数字货物出口额占本国数字货物出口总额的比重

数据来源：OECD. Bilateral Trade Database by Industry and End－use Category（BTDIxE），http：//oe. cd/btd，December 2017.

中国数字货物贸易在全球数字货物贸易中占有绝对的优势及领先地位，中国数字货物出口额占全球数字货物出口总额的比重自2001年以来持续攀升，该比重由2001年的5.73%增长至2015年的28.21%，数字货物出口额翻了三番，2015 年中国数字货物贸易出口额达 6752 亿美元。发达国家数字货物贸易在世界数字货物贸易中占据一定份额，但总体规模呈现下降趋势，一方面由于中国数字货物贸易的比较优势，占据了更大的市场份额；另一方面由于美国和日本将一些数字货物贸易通过外包的方式进行了转移。2015 年，主要发达国家数字货物贸易出口额由高到低分别为美国 1949 亿美元、德国 1116 亿美元、日本 876 亿美元、英国 344 亿美元、法国 337 亿美元。在主要发达国家中，美国、德国和日本数字货物贸易对世界贡献比较大。金砖五国中的其他四国的数字货物贸易在全球数字货物贸易占比较低，2015 年主要发展中国家数字货物贸易出口额由高到低分别为俄罗斯 4 亿美元、印度 3.8 亿美元、巴西 1.5 亿美元、南非 1.2 亿美元。从世界数字货物贸易总体情况观察，2015 年数字货物贸易出口额较 2001 年增长约为 104%，发展迅猛（见图 3－8）。

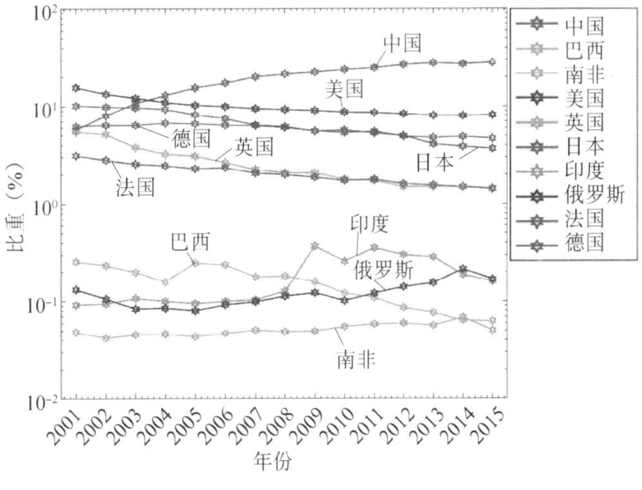

图 3－8　2001—2015 年数字货物出口额占全球数字货物出口总额的比重

数据来源：OECD. Bilateral Trade Database by Industry and End－use Category（BTDIxE），http：//oe. cd/btd，December 2017.

从图 3－9 中可以看出，数字货物的生产和出口较为集中，由少数经济体完成，全球最主要的数字货物贸易生产和出口国是中国、美国、德国和日本，上述四个国家 2015 年数字货物出口额占全球数字货物出口总额的比重高达45%。

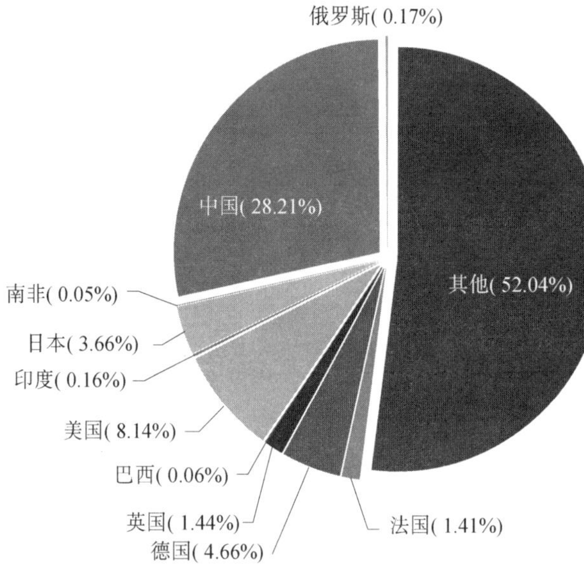

图3-9　2015年各国数字货物出口额占全球数字货物出口总额的比重

数据来源：OECD. Bilateral Trade Database by Industry and End-use Category (BTDIxE), http://oe.cd/btd, December 2017.

2. 数字服务贸易

通过观察2001—2015年数字服务贸易出口额绝对值，全球数字服务贸易出口额也持续增长，虽然绝对值与数字货物贸易出口额存在一定差距，但全球数字服务贸易的增速远快于国际数字货物贸易的增速。然而数字服务贸易出口与数字货物贸易出口的显著变化在于印度、中国和日本三个国家。从图3-10可以发现，印度在数字服务贸易出口领域占据绝对优势，自2001年起，印度数字服务贸易出口额保持快速增长，在2009年受全球金融危机影响出现一个小幅下滑，之后继续保持快速增长态势，2015年，印度数字服务贸易出口额达到550亿美元。美国和中国数字服务贸易出口额都保持增长态势，但中国在数字服务贸易出口领域，与美国、印度出口规模存在一定差距，2015年中国数字服务贸易出口额为250亿美元，不到印度数字服务贸易出口额的一半，接近美国当年数字服务贸易出口额的七成，自 2013 年起，中国数字服务贸易出口额增速加快，与美国、印度之间的规模差距不断缩小。2015 年，主要发达国家数字服务贸易出口额由高到低分别为美国 359 亿美元、德国 283 亿美元、英国 242 亿美元、法国 166 亿美元、日本 33 亿美元。其他金砖国家数字服务贸易出口额增长缓慢，规模有限，在全球数字服务贸易出口中所占比重较低，分量不足。从全球数字服务贸易总体情况观察，2015 年数字服务贸易出口额较 2005 年增长约为 243%，数字服务贸易发展迅猛。

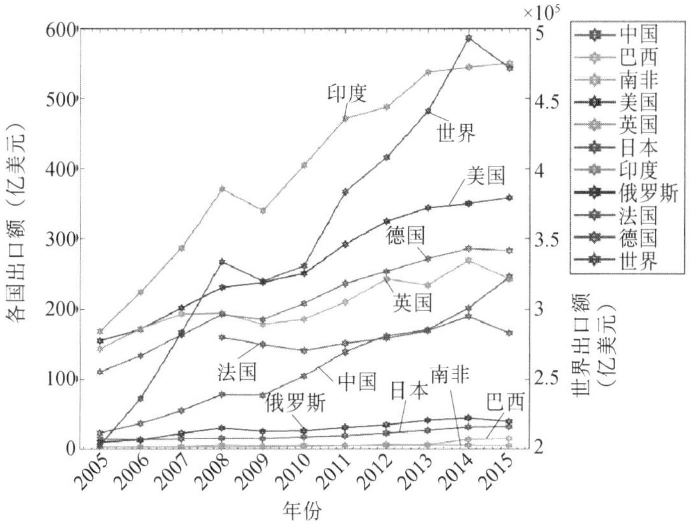

图 3－10　2005—2015 年数字服务贸易出口额

数据来源：UNCTAD. UNCTAD Stat，December 2017.

根据图 3－11 的分析，可以得到如下结论：第一，印度在数字服务出口额占本国服务出口贸易总额的比重方面独树一帜，在 10 年的时间序列内，比重超过 30%，说明印度数字服务产业已经成为该国的主导产业。第二，不论是发达国家还是发展中国家，数字服务产业出口额占本国服务出口贸易总额的比重在近 10 年内基本保持稳定，比例维持在 2%—12%，2015 年上述图例国家中，产业出口占本国服务出口贸易总额的比重由高到低分别为中国 11.3%、俄罗斯 7.68%、英国 7.05%、美国 4.78%、巴西

4.65%、南非3.80%、日本2%。发展中国家的发展势头较发达国家更为强劲。第三，在上述国家中（除印度），中国表现较为突出，数字服务产业出口额占本国服务出口贸易总额的比重由2005年的2.96%增长到2015年的11.3%，说明数字服务业在中国动能较高，具备进一步发展的潜能。此外，从更加广泛的意义上观察，中国数字产品与服务贸易的趋势同中间品贸易（即在生产过程中使用的产品和服务）密切相关。中国数字产品与服务出口的显著增长，与中国大规模数字中间品的进口相匹配，这部分主要体现在加工领域。

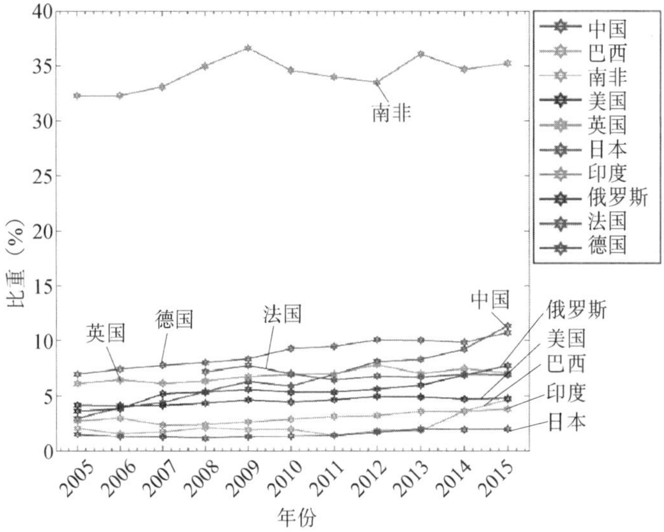

图3-11　2005—2015年数字服务出口额占本国服务出口贸易总额的比重

数据来源：UNCTAD. UNCTAD Stat，December 2017.

从各国数字服务出口结构来看，计算机领域的服务均占各国数字服务出口的最大份额，是各国数字服务贸易的重点。如图3-12所示，除美国外，各国在信息领域的数字服务出口额均不高。俄罗斯和法国在电信领域的数字服务贸易较为活跃，其次是美国、印度和巴西。日本和德国电信服务领域的数字服务贸易在本国数字服务贸易结构中的占比最低。

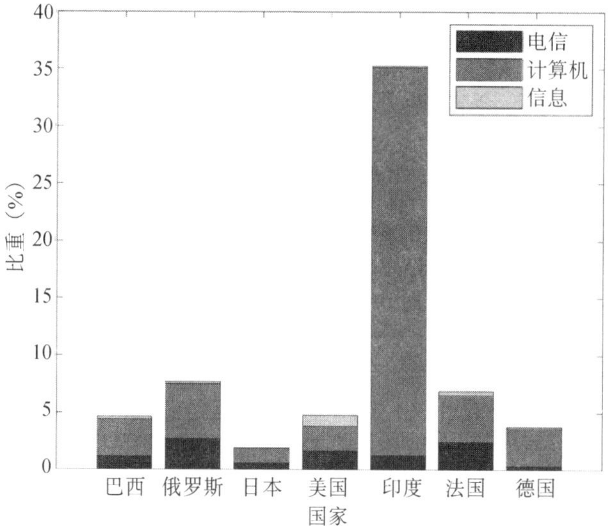

图 3－12 2015 年数字服务各子产业出口额占本国服务出口额比重

数据来源：UNCTAD. UNCTAD Stat，December 2017.

印度数字服务贸易在全球数字服务贸易中占有绝对的优势及领先地位，印度数字服务出口额占全球数字服务出口总额的比重自 2005 年至 2015 年呈现稳步攀升趋势，2015 年实现数字服务贸易出口额 550 亿美元，数字服务贸易已经超过金融危机前水平。发达国家数字服务贸易在世界数字服务贸易出口占据一定位置，但总体规模呈现下降趋势，尤其是美国、德国和英国的下降趋势显著。2015 年，主要发达国家数字服务贸易出口额由高到低分别为美国 359 亿美元、德国 283 亿美元、英国 242 亿美元、法国 166 亿美元、日本 33 亿美元。在主要发达国家中，美国、德国、英国和法国的数字服务贸易对世界贡献也比较大。中国数字服务贸易的起点较低，在 2005 年数字服务出口额占全球数字服务出口总额的比重仅为 1.1%，自 2005 年至 2015 年中国数字服务出口额占全球数字服务出口总额的比重增长迅猛，2015 年中国数字服务出口额占全球数字服务出口总额的比重达 5.2%。金砖五国中的其他四国的数字服务贸易在全球数字服务贸易中占比较低，2015 年主要发展中国家数字服务出口额占全球数字服务出口总额的比重由高到低分别为俄罗斯 0.8%、巴西 0.3%、南非 0.1%（见图 3－13）。

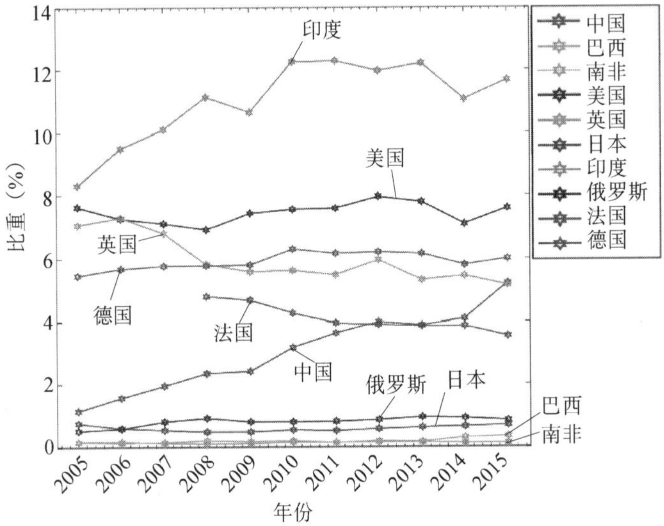

图 3－13　2005—2015 年数字服务出口额占全球数字服务出口总额的比重

数据来源：UNCTAD. UNCTAD Stat，December 2017.

从图 3－14 中可观察发现，数字服务的生产和出口同样较为集中，由少数经济体完成。与数字货物贸易不同的是，数字服务贸易在少数经济体中的分布较为平均。全球最主要的数字服务贸易生产和出口国是印度、美国、德国、中国、英国和法国，上述六个国家 2015 年数字服务出口额占全球数字服务出口总额的比重高达 39%。

（四）数字经济基础产业的产业附加值

如图 3－15 所示，美国数字经济基础产业附加值占总附加值比重最高，其次是法国。其中美国和英国数字部门附加值占总附加值的比重较为稳定，法国、德国和欧盟 28 国的该比重则出现了较大幅度的持续性下滑，日本数字经济基础产业附加值占总附加值比重在受到经济危机的冲击后，自 2007 年至 2010 年出现了一定程度的下滑，目前已经企稳回升，但仍未恢复至经济危机之前水平。此外各国数字部门的发展差距较大，2014 年，数字部门附加值占总附加值的比重由高到低分别为：美国 7.52%、法国 6.81%、英国 6.33%、日本 6.04%、欧盟 28 国 5.68%、德国 5.5%。

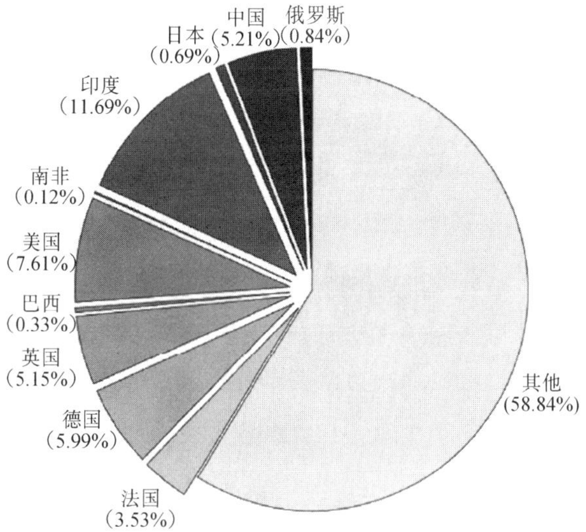

图 3-14　2015 年各国数字服务出口额占全球数字服务出口总额的比重

数据来源：UNCTAD. UNCTAD Stat，December 2017.

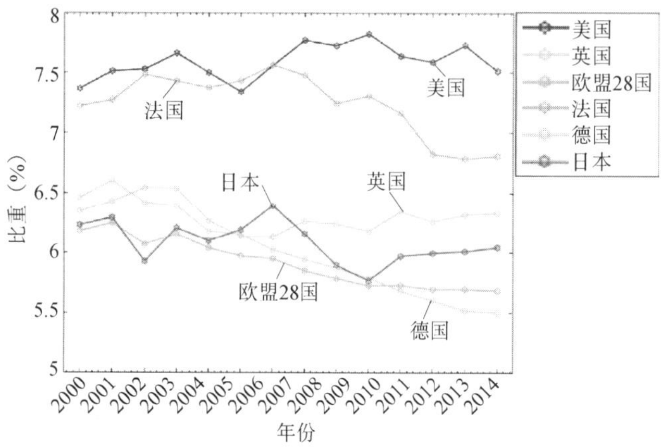

图 3-15　2001—2014 年数字经济基础产业附加值占总附加值比重

数据来源：OECD. National Accounts Database，ISIC Rev. 4；Eurostat. National Accounts Statistics and National Sources，December 2017.

观察数字经济基础产业附加值结构（如图 3-16 所示），在该产业中，IT 及其他服务业份额最大，约占总附加值的 34%，其次是电信业占总附加值的比重为 26%，再次是软件产业占总附加值的 22%，最后是计算机、电子和光学产品约占总附加值的17%，IT及其他服务业的附加值为计算机、电子和光学产品的2倍。此外，不同国家的数字经济基础产业专业化程度差距较大。其中，美国在数字经济基础产业各领域的绝对专业化程度均为最高水平。而德国（2.6%）、英国（2.5%）、法国（2.45%）和欧盟28国（2.37%）在IT及其他信息服务领域的相对专业化程度均高于美国（1.98%），表现出较强的专业化程度。

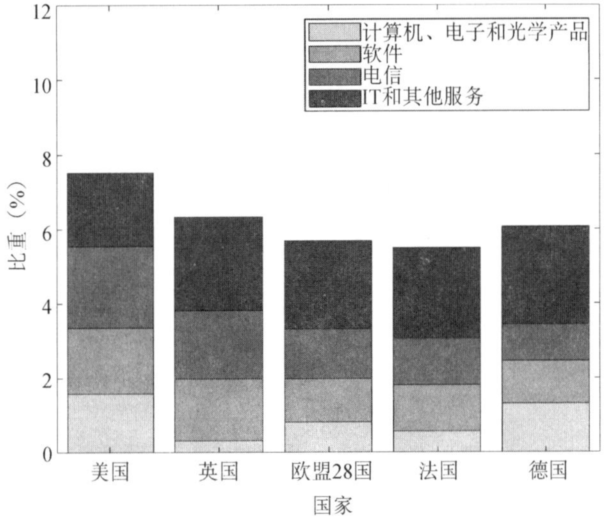

图3-16　2014年数字经济基础产业子产业附加值占总附加值比重

数据来源：OECD. National Accounts Database；Eurostat. National Accounts Statistics and National Sources，December 2017.

中国数字经济基础产业部门附加值远低于其占世界数字产品和服务出口总额的份额，原因在于中国数字产品和服务出口与中国大规模数字中间品的进口相匹配，因此，中国数字产品和服务体现于外国最终需求的附加值远低于其占世界出口总额的份额。而美国和英国的数字经济基础产业部门附加值水平较高的原因在于两国数字产品和数字服务的附加值大部分体现于最终需求产品中。

（五）数字经济基础产业与创新

数字经济基础产业部门的创新活力可通过两个关键指标来衡量，一是研发支出水平的高低，二是数字经济基础产业领域相关专利数量。在现代经济社会的创新活动中，数字经济基础产业部门发挥着关键作用，该部门的市场活动主体在引领各种类型的创新活动的同时，也是上述各类创新成果的主要使用者。因此，上述指标也可作为衡量数字经济未来增长能力的关键指标，用以检验数字经济基础产业在创新活动中发挥的作用。

1. 研发支出

各国对数字经济基础产业部门研发的重视程度和研发投入结构如图 3－17 所示。在主要发达国家中，美国对数字经济基础产业部门研发投入最多，2013 年数字经济基础产业部门的商业研发支出占 GDP 比重为 0.61%，其次是日本，数字经济基础产业部门的商业研发支出占 GDP 比重为 0.57%。德国、法国和英国在数字经济基础产业部门研发投入方面与美国和日本差距较大，分别为 0.25%、0.24% 和 0.16%。中国在数字经济基础产业部门研发投入的力度超过德国、法国和英国等发达国家，在 2013 年数字经济基础产业部门研发指出占 GDP 比重为 0.3%，与美国和日本的投入水平仍旧存在一定差距。

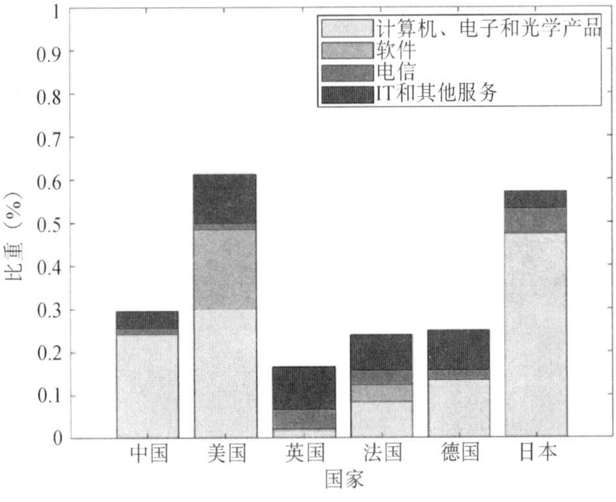

图 3－17　2013 年数字经济基础产业部门的商业研发支出占 GDP 比重

数据来源：OECD ANBERD and RDS Database，December 2017.

如图 3 - 18 所示，各国数字经济基础产业部门的商业研发支出占总商业研发支出的比重均较高，尤其是英国，虽然数字经济基础产业部门的商业研发支出占 GDP 的比重并不高，但在其总研发支出中占有较高份额，说明英国对数字经济基础产业的重视。从研发支出结构上观察，日本对计算机、电子和光学产品领域的研发最为重视，同时美国和中国也非常重视计算机、电子和光学产品领域的研发投入。在软件产业，美国、法国和英国均有研发投入，美国最为重视该领域研发投入。在电信行业，英国、法国和日本的研发投入水平较高，其中英国的研发投入水平高于其他国家。在 IT 和其他服务业领域，图示国家的研发投入均涉足该领域，但英国在该领域的研发投入力度最大，对该领域的未来发展重视程度最高。

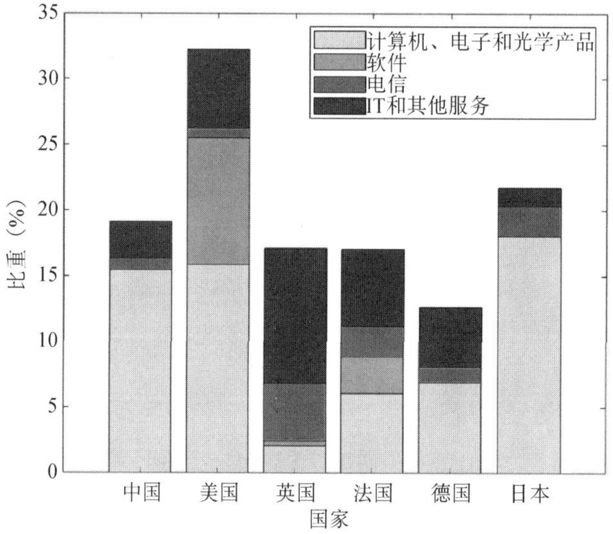

图 3 - 18　2013 年数字经济基础产业部门的商业研发支出占总商业研发支出的比重

数据来源：OECD ANBERD and RDS Database，December 2017.

2. 专利情况

如图 3 - 19 所示，比较数字经济基础产业的专利数量，由于各国数字经济基础产业的专利数量的量级差异较大，因此图中采用指数坐标，发达国家明显高于发展中国家，而在发达国家和发展中国家内，数字经济基础产业的专利情况也存在差异。在发达国家中，日本、美国和欧盟数字经济基础产业的专利数量较大且逐年专利总量较为平稳，英国与第一梯队专利数量差距较大，2013 年的数字经济基础产业的专利数量不到日本的 1/10。在发展中国家中，中国数字经济基础产业的专利数量的绝对值最高，增长迅猛。发展至 2013 年，已经处于世界较为领先水平，其数字经济基础产业的专利总数接近欧盟 28 国总量，但与日本和美国仍存在较大差距，2013 年中国数字经济基础产业的专利数量仅为日本的一半。除中国外，印度数字经济基础产业的专利数量虽然总量有限，但增长迅猛。其他金砖国家数字经济基础产业的专利数量规模占世界比重过低，对未来数字经济基础产业和数字经济的持续发展支撑有限。

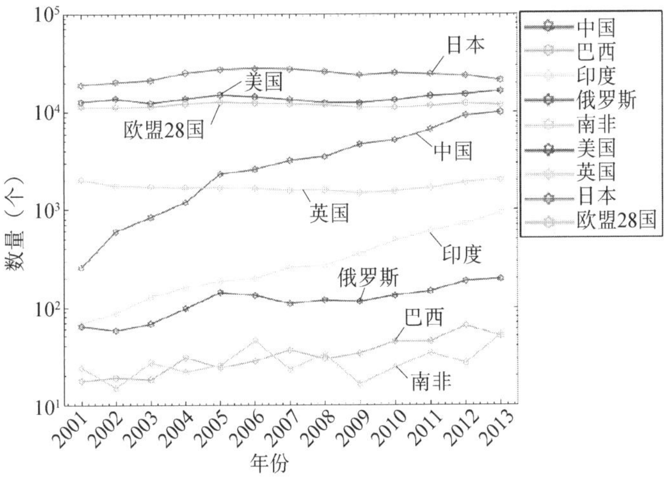

图 3 - 19 2001—2013 年数字经济基础产业的专利数量

数据来源：OECD. Patent Database，www. oecd. org/sti/ipr - statistics，December 2017.

如图 3 - 20 所示，金砖国家数字经济基础产业的专利申请量在近些年突飞猛进，尤其是中国、印度、俄罗斯的数字经济基础产业的专利数量占各国总专利数量的比重均已超过发达国家，为该产业的持续发展奠定良好基础。发达国家也很重视数字经济基础产业的发展，数字经济基础产业的专利数量在总专利数量的比重均超过20%，与金砖国家不同的是，发达国家数字经济基础产业的专利数量在近十几年的时间序列中表现较为平稳。

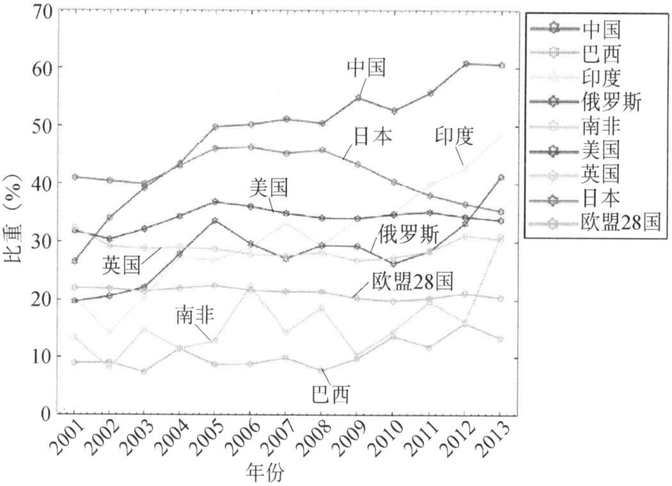

图3-20 2001—2013年数字经济基础产业的专利数量占各国总专利数量的比重

数据来源：OECD. Patent Database，www. oecd. org/sti/ipr - statistics，December 2017.

二、数字经济驱动产业升级与经济发展现状

（一）数字经济基础产业对经济增长的作用

如图3-21所示，数字经济基础产业投资均对各主要发达国家的GDP增长产生一定贡献，但不同国家的数字经济基础产业投资对各国的GDP增长促进作用存在差异。2015年，各国数字经济基础产业投资对GDP增长的贡献由高到低分别为：法国0.25%、美国0.18%、德国0.15%、日本0.11%、英国0.06%。从各国整体情况来看，日本数字经济基础产业投资对本国经济的拉动作用最为显著，超过非数字经济基础产业投资对GDP增长的贡献程度，说明数字经济基础产业已经成为日本经济社会的主导产业，对其他产业和本国经济具有较强的拉动效应，然而日本不论数字经济基础产业还是非数字经济基础产业对GDP增长的促进程度呈现下降趋势，缺乏较为强劲的经济驱动力。德国和法国的数字经济基础产业投资和非数

字经济基础产业投资对 GDP 增长的贡献基本持平。美国和英国的数字经济基础产业投资对 GDP 增长的贡献不及非数字经济基础产业投资对 GDP 增长的贡献，从之前分析可知数字经济基础产业已经成为两国的主导产业，并对经济社会的增长具有显著的拉动作用，但两国经济增长还存在其他动力。

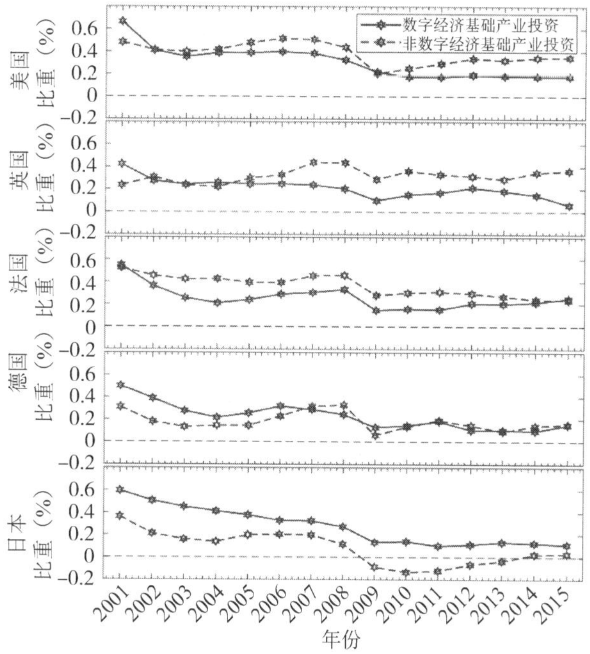

图 3－21　2001—2015 年数字经济基础产业投资与非数字经济基础产业投资对 GDP 增长的贡献

数据来源：OECD. Productivity Database，December 2017.

（二）数字经济基础产业对劳动生产率的作用

观察图 3－22 可发现，数字经济基础产业投资对主要发达国家劳动生产率增长的贡献水平普遍超过其他产业对劳动生产率增长的贡献，但不同国家的数字经济基础产业投资对各国劳动生产率的增长促进作用存在差异。2015 年，各国数字经济基础产业投资对劳动生产率增长的贡献由高到低分别为：法国 0.24%、德国 0.13%、日本 0.12%、美国 0.09%、英国 0.04%。从各国整体情况来看，自金融危机之后，德国、法国、日本和美国数字经济基础产业比其他产业恢复较快，上述国家数字经济基础产业投资对提升该国劳动生产率的作用均超过非数字经济基础产业投资对劳动生产率的贡献程度，说明数字经济基础产业成为推动德国、法国、日本、美国的社会生产力提高的主要驱动力，对其他产业和上述四个国家的经济具有较强的拉动效应。英国数字经济基础产业投资具有稳定地提升该国劳动生产率的作用，但作用大小与其他产业对该国劳动生产率的作用并不稳定。

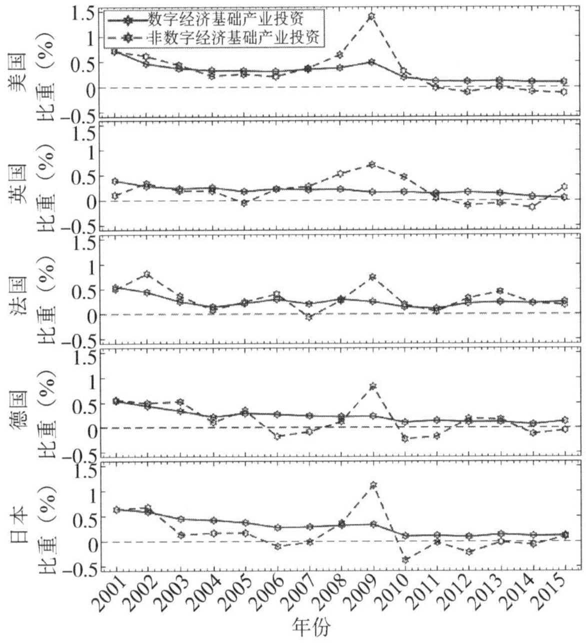

图 3－22　2001—2015 年数字经济基础产业投资对劳动生产率增长的贡献

数据来源；OECD. National Accounts Database，ISICRev4，and National Sources，December 2017.

（三）数字经济基础产业对就业的作用

数字经济基础产业部门对就业增长的贡献并不平均，如图 3－23 所示。自 2000 年互联网泡沫破灭，主要发达国家在 2001 年的数字经济基础产业部门就业人数占总就业人数的比例下滑，在美国、欧盟 28 国和法国数字经济基础产业部门创造的就业人数更是出现了持续四年的下降。世界主要经济体数字经济基础产业部门就业人数在经历了2005年至2008年的增长之后，再次受到金融危机的影响，第二次出现显著下滑。但从图3－23中可发现，主要发达国家数字经济基础产业部门的就业已从经济危机中恢复，各国陆续从2010年开始实现增长，数字经济基础产业部门就业向好发展，各经济体对数字化人才需求平稳增长。2015年，世界主要发达国家数字经济基础产业部门就业情况已经好于金融危机和互联网泡沫之前的就业水平，最新数据表明，数字经济基础产业在经济复苏中扮演重要角色。此外，数字经济基础产业的劳动力成本较低，研发投资收益高，能够通过提供新市场和新技术的溢出效应提高国家整体国际竞争水平。

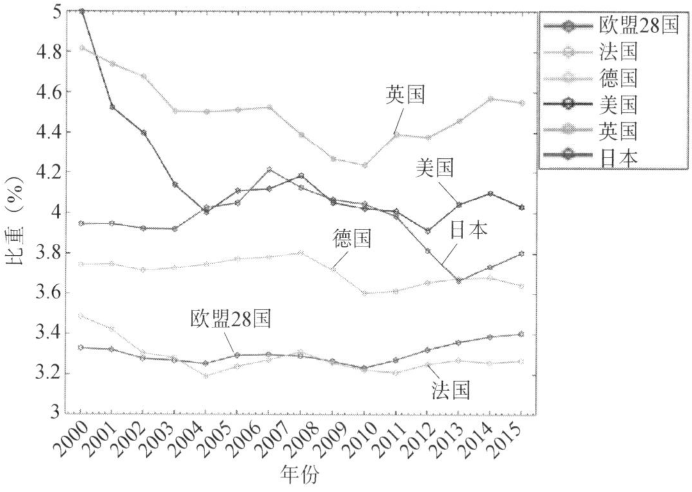

图3－23　2000—2015年数字经济基础产业中就业人口占总就业人口的比重

数据来源：OECD. National Accounts Database，ISICRev4，and National Sources，December 2017.

如图3－24所示，主要发达经济体数字经济基础产业部门的就业结构基本相同，各部门对就业率的贡献水平最高的是IT和其他服务部门，其次是软件业。不同国家电信业以及计算机、电子和光学产品业存在一定差异。美国和英国电信业部门对就业的贡献高于计算机、电子和光学产品业对就业的贡献，欧盟28国的电信业部门对就业的贡献与计算机、电子和光学产品业对就业的贡献基本持平，法国和德国计算机、电子和光学产品业对就业的贡献水平高于电信业部门对就业的贡献，就业率的贡献水平反映了各国数字经济基础产业内部结构的不同。2015 年，主要发达经济体数字经济基础产业部门对就业贡献水平从高到低为：英国 4.55%、美国 4.03%、日本 3.8%、德国 3.64%、欧盟 28 国 3.4%、法国 3.27%。

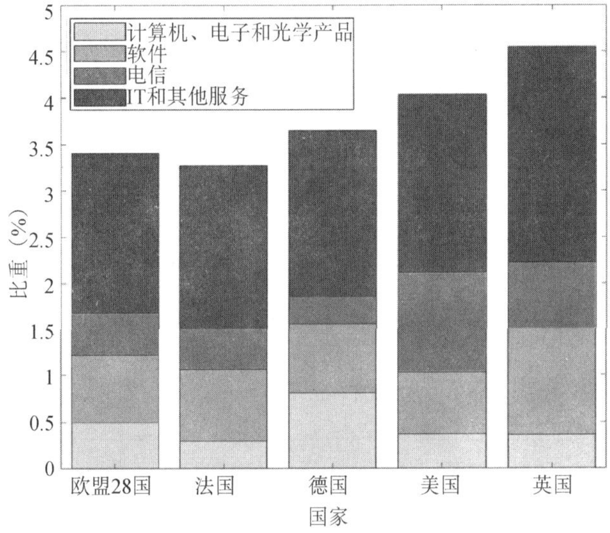

图 3-24　2015 年数字经济基础产业各子产业就业人口占总就业人口的比重

数据来源：OECD. National Accounts Database，ISICRev4，and National Sources，December 2017.

第二节　主要国家的数字经济发展

数字经济成为主要国家提振经济和促进增长的战略发展方向，大部分主要国家已经制定了全面的国家级数字经济发展战略并视发展情况不断进行修订，近期的政策制定更加全面，覆盖领域广泛，从商业创新、生产率增长到公共管理、就业、教育、医疗、老龄化、环境和经济发展。部分国家制定了各项数字经济基础产业政策，目标集中于为经济和社会创造积极发展和增长的条件。在工业领域，侧重数字经济对推动传统制造业的改造升级作用，关注数字经济基础产业与传统制造业的产业融合，具体表现在数字技术融合和业务融合对传统制造业的推动作用，并促进最终产品和市场的融合。在数字技术融合领域，主要国家积极推进数字技术在传统制造业企业的应用，并实现对整个产品生命周期的全覆盖，创造业务融合，通过 PLM 向 ERP、MES 和 CAX 等设计、生产和管理链条拓展应用。在产品融合领域，随着嵌入式数字技术的应用，越来越多的制造业产成品含有数字技术成分，甚至催生出融合后的新产品类型，即数字产品。在产业融合方面，一方面催生了新产业的出现，即数字经济基础产业；另一方面，传统制造业和服务业不断受到数字经济的渗透与应用，推动传统的产业组织模式、产业发展方向等领域的变革。

一、美国数字经济的发展

1946 年，第一台计算机在美国的诞生成为美国开启数字经济的起点，数字经济的发展在美国经历了五个阶段：第一个阶段萌芽期（1946—1960 年），电子技术和计算机技术的出现与发展，带动制造业进入自动化阶段。第二个阶段发展期（1970—1985 年），形成信息集成系统，利用计算机将企业设计、生产和管理信息集成在同一系统中，实现各流程的信息共享与交换。数字技术在其他领域的渗透与应用开始影响产业结构和经济结构，数字经济基础产业逐渐形成并进入发展期。第三个阶段主导期（1985—2000 年），随着数字技术的发展，数字经济基础产业在美国经济中占有的地位持续提升，并成长为美国经济的支柱产业。1999 年 7 月美国发布政府报告《填平数字鸿沟》，旨在弥补数字经济发展的区域差异与不平衡。第四个阶段挫折期（2000—2008 年），受到互联网泡沫和金融危机的冲击，数字经济基础产业的总产值下降。此时，美国数字政策集中在三个方面：第一，提出 FTTH 政策，促进数字经济基础产业的复苏；第二，将宽带技术与应用确立为数字经济基础产业下一阶段的发展重点；第三，推动数字经济基础产业与其他产业的融合，打造新的经济增长点。第五个阶段繁荣期（2008 年至今），数字技术发展到规模商用化临界点，其释放的效率提升效应显著带动了其他产业，促进了数字经济基础产业的高速发展，并带动传统产业的产业融合和新兴产业的发展，数字经济基础产业及其与其他产业的融合效应对 GDP 贡献的乘数效应逐步显现。国家出台一系列促进数字经济基础产业发展和国家级数字经济发展战略的各项政策。第一，构建国家数字经济基础设施。通过立法、制度框架、示范项目和投资标准等方式构建国家数字经济基础设施，促进数字技术在各产业领域的应用。第二，促进数字技术创新。颁布《联邦云计算战略》《支持数字驱动下的技术和政策创新》《大数据研究与发展计划》等政策措施，将数字技术的创新行为从商业层面上升为国家层面，利用创新保持国家竞争力。第三，建设数字政府，提升政府治理效率和能力。美国制定《政府信息开放和可机读的总统行政命令》《开放政府命令》《开放政府合作伙伴》等，明确规定政府机构需要在网站公开发布内部的电子数据集。第四，高度重视网络安全，增加安全战略保障。提出“国际网络空间战略”，将网络与数据视为与国家海、陆、空及外太空权同等重要的国家级基础设施，将网络的空间安全上升为与军事安全和经济安全同等重要的位置。第五，完善数字经济领域的知识产权保护，注重数字技术开发、数字领域的知识产权和专利的保护，保持数字技术对产业结构和经济社会推动的积极性。

二、欧洲国家数字经济的发展

欧洲各国数字经济的发展程度各不相同，因此，数字经济发展分为欧洲整体层面和各国家层面两个方面。欧洲整体层面最主要的发展措施是“欧盟 2020”战略，其目标是通过最大化利用数字经济基础产业对社会和经济的潜能，尤其是互联网领域，培育其成为经济和社会活力的显著驱动力，实现智能的、可持续的包容性增长。该战略包括 132 项“行动”，集中于七个领域：一是实现数字市场化；二是提高数字交互性和数字标准；三是增强线上信任和安全；四是实现所有成员互联网接入的高速和极速；五是增加数字研发和数字创新领域的投资；六是促进数字的识别能力、技能和包容性；七是促进数字经济基础产业对整个欧洲社会的贡献。此外，欧洲还重点关注两个领域的问题：第一，构建安全的网络环境。欧洲网络与信息安全局颁布《国家网络安全评估指南》，构建一系列的数字安全的关键措施，例如，提高网络防御能力、降低网络犯罪、提高网络弹性、保障数字基础设施安全、增加网络安全领域的资源与研发投入。第二，消除数字鸿沟。一方面，提高数字基础设施的普及程度，通过《电子欧洲：创建所有人的信息社会》中的一系列倡议提高宽带接入的泛在程度和速度；另一方面，提高公民数字素养，通过“数字素养计划”，从数字信息、数字交流、数字内容、数字安全和解决数字问题五个方面，提高公民利用数字资源与工具的能力，扩大数字需求，筑建数字经济基础。

各国家层面的数字经济发展侧重点则存在差异。丹麦数字经济发展侧重数字经济基础产业部门的增长及其对私人部门的带动作用。意大利的数字经济发展目标集中在商业领域，通过在商业领域的技术发展和居民数字文化的普及来确保经济和社会的增长。法国发展数字经济着眼于年轻群体，建立更有竞争力的数字经济体，维护和加强社会价值。奥地利的数字经济发展体现在基础设施建设、数字化健康、教育数字化和数字化的泛在性。瑞典的数字经济发展侧重建立数字经济基础产业政策，实现绿色数字化和健康数字化。挪威重点关注数字网络安全问题，注重部门间的数字安全协同配合。相较欧洲其他国家，德国和英国则制定了较为全面的数字经济发展框架。德国数字经济的发展框架包含：第一，大力发展数字基础设施及其安全性，将宽带网络视为战略性基础设施，支撑经济社会发展。促进数字安全产业发展，推广安全的数字基础设施，提高线上的安全性。第二，推动数字技术创新在其他产业领域的应用。一方面，构建两个大数据中心，推动大数据创新在“工业 4.0”、生命科学和医疗健康等领域的应用；另一方面，推动数字经济基础产业与装备制造业产业间合作，推动企业对数字技术应用解决方案的实施。第三，鼓励数字领域投资，如数字经济基础产业、微电子业、信息安全和数字服务领域的投资。第四，推动数字技术对传统产业的改造升级，尤其在汽车、机械制造、钢铁、精密加工、发电、能源和交通等行业应用数字技术提高产业效率和产业竞争力。

第五，增加对潜在数字创新的利用，保障就业和实现经济社会长期增长。英国政府在2009年推出“数字英国”计划，目标为英国主导世界的数字经济时代，推动本国数字基础设施的建设、数字技术和数字经济相关产业的发展。同时将数字经济的发展上升为法律层面，颁布《数字经济2010年大法》和《数字经济法案》，一方面将数字经济上升为政府管理的日常范围，加强监管，同时要求相关监管部门定期向国务大臣汇报英国数字经济的发展情况；另一方面为数字经济的发展提供法律保障，完善数字经济相关产业规则，保护数字经济相关产业的发展。

三、日本数字经济的发展

日本数字经济的发展历史较为久远，最早可追溯至1956年《机械工业振兴临时措施法》制定的一系列振兴数字信息产业政策。此后，日本在数字信息产业方面的政策不断推陈出新，持续推动传统产业的转型升级、创造新业态与新价值，为数字经济的发展打下良好基础。

日本从政策引导和法律保障两个方面对发展数字经济进行顶层设计。第一，四阶段数字经济基础产业政策，引领数字经济发展。第一阶段为1956年至2000年，日本致力于建设和完善数字信息产业领域。第二阶段从2000年至2006年，在此期间，日本统筹数字信息产业对本国整体经济的影响力，数字经济开始初具雏形。2000年，日本为促进数字信息产业的发展，特别成立“IT战略总部”；2001年，日本颁布《e－日本战略》，集中力量投入宽带基础设施建设；2003年，日本制定《e－日本战略Ⅱ》，目标将数字信息技术应用于经济社会其他产业的发展中，主要应用领域为食品、医疗、中小企业金融、行政和就业等；2004年，日本出台《U－日本战略》，建设泛在网络社会，从网络、终端、平台和应用这四个层面构建数字信息技术与经济社会的联系。第三阶段从2006年到2013年，数字经济的发展开始向社会各领域渗透。2006年日本政府出台新的IT改革政策，目标深化IT产业结构改革；2009年日本政府制定《i－日本战略2015》，提出面向数字经济新时代的战略政策，实现数字信息产业在经济社会的普惠性；2011 年，日本颁布《推进 ICT 维新愿景 2.0 版》，目标打造强大的日本数字信息经济，当年日本移动互联网用户占手机用户总量的比例为全球最高；2012 年，日本提出《日本复兴战略》，明确将通过数字信息产业振兴日本经济。第四阶段从 2013 年至今，力图通过数字经济实现日本经济复兴。2013 年，日本将 IT 战略总部升级为内阁的“高度信息通信网络社会推进战略本部”，统筹相关各部门工作，并将数字信息产业应用于区域振兴、资源（主要体现利用卫星通信的海洋宽带）和智慧农业等领域。日本政府的目标是在 2020 年将本国打造成 IT 国度，并成为世界上最先进的 IT 国家。日本经过上述发展战略的制定与实施，其数字经济基础产业取代了类似美国的高速发展，尤其是在数字经济基础产业部门与制造业的产业融合领域，如日本的数码产品、电器产品和家用电脑的数字技术融合和业务融合在全球处于领先地位。

四、主要发展中国家数字经济的发展

一些发展中国家也将数字经济基础产业视为在当前国际环境下增强国家竞争力的关键产业，也纷纷制定各项政策促进本国数字经济的发展，本书选择了具有代表性的三个国家：巴西、墨西哥和哥伦比亚。在过去十年内，巴西的数字经济规模和数字经济的地位都发生了指数级的显著变化。这些变化既表现在数字用户数量、数字经济基础产业附加值、数字产品和服务的出口和就业等指标的增长，也表现在薪酬的增长、ICT 产品和服务的需求增长方面。巴西主要从三个方面构建国家级数字经济发展战略：第一，加强数字经济基础设施建设，保证数字化水平低下地区和人口对数字需求获取的便利性和负担能力。第二，鼓励数字经济基础产业的发展和创新，通过宽带计划强化巴西在数字经济基础产业的表现，集中于通过数字经济基础产业带来的经济与社会发展，完善企业制度，兼具科学元素和技术元素的产品及其引起的创新与竞争。第三，构建支撑未来发展的数字经济战略，调整监管和制度框架以适应未来数字经济的发展，提高现有数字技术的研究水平来提高生产率和创新水平。

墨西哥也制定了全国数字战略，目标是将墨西哥打造成为拉美地区领先的数字化国家，并在 2018 年达到 OECD 国家数字化的平均水平。其战略涉及八个领域：第一，建设数字经济基础设施，如宽带、云计算和超海底光缆；第二，发展数字内容产业，实现基础设施的数字化，领域集中于教育、健康、司法、文化、旅游等产业的数字化；第三，推动数字化设计和制造；第四，促进数字社会发展，如促进数字就业培训和数字技能发展；第五，促进数字经济基础产业的发展；第六，加强数字网络安全和数字化签名，构建国家级战略和数网络安全法律；第七，构建数字政策和法律框架；第八，注重数字经济基础产业生态系统的建设同其他各项措施的协调与整合。此外，墨西哥的战略还致力于鼓励数字经济中的创新和企业家精神，通过数字经济基础产业提高教育质量，利用数字经济推动政府转型。

哥伦比亚通过刺激需求来发展数字部门。当前，许多国家的数字经济政策集中在供给端，因为良好的数字基础设施和服务是鼓励数字技术使用的先决条件，哥伦比亚政府从全局着眼构建整个数字生态体系，在供给侧，积极建设数字基础设施，提供数字服务；在需求侧，提高数字应用水平和数字用户数量。具体措施为：第一，在太平洋和大西洋铺设四条新海底电缆，提高国际联通能力，满足本国日益增长的应用和服务需求。第二，推动国家宽带战略，在全国范围内配置 4G，既在主干网配置基础设施，又建设满足低收入群体和农村地区需求的网络基础设施。第三，建立社区互联网中心，为市民提供培训、互联网联通、拨号服务、互联网使用环境和其他技术支持。第四，资金支持。一方面，为低收入人群提供互联网服务补贴；另一方面，提供可减免的税收政策。对购买笔记本电脑、台式机及智能手机均有一定的补贴，同时对涉及计算机、平板电脑、智能手机和相关零部件的进口关税实行减免。哥伦比亚政府推动该计划旨在通过互联网的应用减少贫困，创造就业，提升生产率和本国竞争力。

五、中国数字经济的发展

目前，中国数字经济发展与欧美等发达国家的数字经济战略具有较强的路径一致性，具体路径表现为先进行数字基础设施建设，再进行数字资源的开发与应用，最后实现经济社会的数字化。在数字贸易领域、固定投资领域以及产业创新与增长层面，中国发展势头良好，均已达到世界较为领先的水平。在数字贸易领域：一是数字货物贸易领域，从国际层面来看，自 2003 年开始，中国数字货物贸易出口额超越日本和美国，占据世界第一的位置，截至 2015 年中国数字货物贸易出口额已达 1.4 万亿美元，是日本的 8 倍，美国的 3.6 倍。但是，中国数字经济基础产业部门附加值远低于其占世界数字产品和服务出口总额的份额，原因在于中国数字产品与服务的出口同中国大规模数字中间品的进口相匹配，因此，中国数字产品和服务体现于外国最终需求的附加值远低于其占世界出口总额的份额。从本国层面来看，中国数字货物贸易出口在经历了 2001—2005 年的增长积累之后，目前中国数字货物出口额占本国数字货物出口总额的比重基本稳定在 30% 左右的水平，说明数字货物贸易在中国出口贸易中占有举足轻重的地位。二是数字服务贸易领域，从国际层面来看，中国自 2001 年开始，数字服务贸易出口取得了长足发展，增速迅猛，目前已成为世界掌握主要数字服务贸易出口的少数几个经济体之一，然而总量与印度和美国存在较大差距。2015 年，中国数字服务贸易出口额为 250 亿美元，不到印度数字服务贸易出口额的一半，不足美国当年数字服务贸易出口额的七成。从本国层面来看，中国数字服务贸易出口额占服务贸易出口总额的比重从 2001 年的 5.59% 增长至 2015 年的 11.3%，中国数字服务贸易出口在我国贸易出口份额中的重要程度显著提升。在固定投资领域：一方面，中国数字经济基础产业的固定资本投资绝对值从 2003 年的 6.3 万亿元增长至 2015 年的 26.2 万亿元，规模增长超过四倍。另一方面，中国数字经济基础产业的固定资本投资额占固定资本投资额总量的比重，由 2003 年的 8.9% 下降至 2015 年的 3.1%，数字经济基础产业投资占固定资本形成总量的比重下降的原因主要有两个，一是 IT 和通信设备价格的快速下降，导致该部分投资额下滑；二是软件的增加，持续增长的商业数字支出比例并未实现资本化。在产业增长与创新领域：中国在数字经济基础产业部门研发投入的力度超过德国、法国和英国等发达国家，为数字经济基础产业部门的持续性增长与发展奠定了良好的基础。在2013年数字经济基础产业部门研发占GDP比重虽然已达0.3%，但是与世界较高水平的美国（0.61%）和日本（0.57%），在该部门的研发投入水平仍旧存在一定差距。从中国在数字经济基础产业部门研发投入结构方面观察，研发投入结构不够平衡，一方面，中国重视计算机、电子和光学产品领域的研发，该领域占中国数字经济基础产业部门总研发投入的比重高达81%；另一方面，中国忽视了软件领域的研发投入，占数字经济基础产业部门总研发投入比重过低，而美国相同指标高达30%。总体来看，中国数字经济发展势头良好，在大部分指标上均处于世界较为领先的水平，在个别指标上甚至超越了发达国家数字经济的水平，然而由于全球数字经济资源与发展较为集中，在一些关键指标上，我国与发达国家仍然存在较大差距，需要学习先进国家的经验，为数字经济的发展创造良好的条件与环境。

第三节　国外数字经济发展经验

世界主要国家的数字经济发展涉及顶层规划、建立行之有效的监管体系、从供给侧和需求侧两方面着手等手段，对我国进一步完善和促进数字经济体系的建立，创造有利于数字经济发展的成熟市场及商业环境，具有重要的启示作用。

一、从政策规划层面大力支持数字经济的发展

制定一系列的政策促进数字经济的发展，并根据实际情况及时调整政策目标。第一，明确数字经济基础产业的政策目标，首先提出建设数字经济基础产业基础设施的相关政策，然后制定数字信息产业的应用战略，最后实施数字信息产业的新价值创造战略。通过一系列的政策引导数字经济发展，从发展数字经济基础产业硬件领域，到构建发展其他产业的数字化基础设施平台，最后发掘数字经济基础产业的新价值、促进实体经济的转

型升级并创造新业态。第二，税制优惠。支持企业对于数字经济基础产业的投资，通过特定信息通信设备即时折旧制度，缩短信息通信设备的法定折旧年限，通过对数字经济基础产业领域的减税政策，激励企业实施数字化的动力。第三，规制改革。例如，日本为了实现数字经济促进经济社会的结构改革目标，政府分别实施了《规制缓和推进计划》《规制缓和推进3年计划》及《规制改革推进3年计划》，一方面放宽在通信领域、网上交易和网上金融服务的有关规制，另一方面加强对用户数字信息安全保护，有效促进经济社会数字化及数字经济的发展。

二、制定相关法律法规促进和保障数字经济基础产业健康发展

出台相关法律措施，一方面，规范数字经济基础产业，放宽对数字经济基础产业的限制，促进数字经济基础产业发展；另一方面，增加数字网络犯罪法律条款，加强数字信息安全的法律监督，为本国发展数字经济创造良好的环境和条件。

三、构建完善的管理机制对数字经济发展提供有效监管和检验

首先，在较高政府层级建立战略级数字经济基础产业管理机制，成员由中央政府主要领导担任，统筹各部门的数字经济相关的协同工作，提高政策的效力和执行力。其次，建立及时有效的数字经济基础产业政策检验机制。在制定各项数字经济基础产业的发展政策后，对政策中的必要措施细化分类，同时依据分类制定每类措施的具体目标，并制定完成计划表，建立PDCA循环检验，通过计划、实施、检查和行动四步完成监管。最后，数字经济基础产业措施和年度目标需要接受数字经济战略评估专家委员会的评估和检验。评估范围不仅从产出方面考虑措施是否达成目标，还需要评价措施产生的成就，充分考虑措施带给社会的经济利益。

四、从供给侧和需求侧两方面着手实现数字经济的可持续增长

在供给侧，可从两个维度着手实现数字经济的可持续增长。第一，既

重视发展数字经济基础产业，也重视数字经济基础产业与其他产业的融合发展。一方面，加大数字经济基础产业投资，并将投资重点集中于物联网、大数据、人工智能等；另一方面，提高数字经济基础产业在经济社会的使用与应用，提高数字业务和数字应用在经济体中的渗透率和覆盖率。通过上述手段促进企业生产率的提高，为创新创造有利条件。第二，促进数字经济相关产业的劳工参与度，提高该产业的劳工素养与水平，以此扩大劳工参与度并提升劳工质量。在需求侧，通过两种途径实现数字经济的可持续增长。第一，创新数字经济相关产业的产品、服务和商业模式，鼓励数字经济基础产业的相关消费，实现产品及服务的创新，并通过新产品及服务来创造新的需求。第二，大力发展数字经济相关产业的产品及服务的出口和海外投资，刺激数字经济相关产业在入境需求方面的应用，以此来刺激本国数字产品和服务的全球需求。

五、构建官产学研合作模式，将科研转化成数字经济生产力

产学研合作模式可以从两个层面展开：一方面，注重数字经济领域的研发投资，提高对数字经济相关产业的预算拨款比例。同时，积极促进政府与学术界、产业界的合作交流，通过一些国立大学实验室及研究机构的企业化运作，有效促进数字技术创新生产要素的结合，并将科技成果转化成数字经济生产力。另一方面，成立产业结构委员会及数字经济委员会，委员会的成员包含官、产、学、研四个领域，例如，相关部门的政府工作人员、数字经济相关产业的企业、数字经济相关产业的用户及消费者、数字经济相关产业科研领域的大学教师和实验室研究员。

第四章　数字经济基础产业与制造业产业融合测度与分析

数字经济从网络空间向实体空间扩展边界，出现了以产业融合为主要特征的演化范式，一方面，形成以信息通信产业为核心的相关数字基础产业交互融合的数字经济基础产业，另一方面，数字经济推进跨部门融合、跨产业融合，并广泛拓展至商业、生产、消费、公共治理等领域，最终形成数字化农业、数字化工业、数字化服务业，实现产业数字化阶段。因此，数字经济的发展必须伴随数字经济基础产业的自身融合及其他产业与数字经济基础产业的产业融合过程。同时，有研究表明，产业融合也成为推动数字经济发展的主引擎。对我国而言，推进数字经济的首要目标应集中于数字经济基础产业与制造业的融合。作为一国经济的支柱产业，制造业体现一国工业发展水平，是国民经济的主导力量及经济转型的重要基础。因此制造业与数字经济基础产业的融合，是体现产业数字化的重要领域，也是数字经济的重要成果。

第一节　产业融合的动力机制

数字经济基础产业的自身融合及其他产业与数字经济基础产业的产业融合取决于产业融合的动力机制，是产业融合内在规律与外在动力共同作用的结果。

一、创新的推动

（一）数字技术创新的推动

数字技术创新是推动产业融合发生和发展的最直接动力。第一，不论是革命性的数字技术创新还是扩散性的数字技术创新在不同产业间均发生广泛的渗透与应用，成为不同产业部门的关键技术和通用技术。一方面，数字技术消除了不同数据信息的形式差异，促使文字、视频、电话、邮政、传真等数据信息的数字化；另一方面，数字技术具备广泛应用于数据信息的收集、处理、存储、传输、收发等环节的基础条件。第二，不论是革命性的数字技术创新还是扩散性的数字技术创新均能实现原有技术、产品和工艺之间的替代性或者关联性，通过在不同产业间的扩散渗透，改变原产业产品的成本函数。一方面，促进不同产业产品数字化，加强了不同数字产品之间的互换性和互联性，实现产品融合；另一方面，创造产品与服务的新技术路线，改变原有市场的需求特征，创造新的经营模式与内容，为产业融合的发展创造空间。第三，数字技术创新提高不同产业间的资产通用性，为实现更加广泛的产业融合创造了物质基础。

（二）组织结构创新的推动

互联网、宽带等数字基础设施的建设为全球市场的连通创造了条件，极大拓宽了企业的市场规模。一方面，市场规模的延伸促进企业从传统的分工模式向跨产业分工模式转变，在降低市场不确定性的同时也降低了因市场不确定性造成的交易成本，如资产专用性向资产通用性的转化。另一方面，交易费用的降低会进一步促进跨产业模块化分工模式的发展。市场规模的扩大和分工方式的演进共同推动企业组织结构的变革和创新，并最终推动产业融合方向的产业变革。

二、产业活动主体的推动

（一）产业活动主体新竞争与合作模式的推动

第一，在数字经济背景下，产业活动主体在变化的环境中意识到进行产业间的合作较独立产业部门间的竞争更具优势，因此产业活动主体将积极突破原有产业分立与产业分工状态，并拓展在同一产业的不同部门及不同产业部门间的融合平台和融合产品，不同产业间的活动主体构建的新竞争与合作模式推动了产业融合组织基础的形成。第二，新的竞争与合作模式，突破了产业之间的条块分割，降低了产业间的进入壁垒，有效减少了交易成本，提高了劳动生产率，培育了新的竞争比较优势。

（二）产业活动主体从追求规模经济向范围经济的转变

在数字经济的背景下，产业活动主体逐渐从规模经济的追求发展到对范围经济的追求。第一，工业经济背景下的标准化大批量生产无法满足数字经济创造的个性化订制品的需求，数字经济设施为消费者个性化和多样化的产品与服务需求提供了基础条件。产业活动主体在需求的推动下进行多产品和多元化经营，就是对范围经济的追求，即通过增加产品和服务种类，引起总经济效益的增加。实现范围经济的关键在于通过通用生产要素的使用降低多种产品及服务的供给成本，结合新的消费内容和消费习惯，创造新的融合产品与融合服务，在业务融合和市场融合的基础上，最终实现产业融合。第二，当产业活动主体内部存在可使用的剩余资源时，由于市场和产业的限制，既不能扩大生产规模，也无法出售剩余资源时，只要存在范围经济和改变成本结构的外部资源，产业活动主体就具备主动进行多元化和多产品的跨产业经营动力，有力推动产业融合的发展。

（三）产业活动主体的全球化发展

一方面，产业活动主体面对竞争环境的复杂性和不稳定性，利用互联网等数字基础设施拓展全球市场，突破地域垄断的局限性，重构市场竞争格局，促进数字经济的发展。另一方面，数字经济基础产业为跨国公司的全球一体化经营活动提供重要支撑，如数字技术对跨国公司研发、投资、生产、加工、贸易等领域的渗透，促使跨国公司的经营战略由产业划分向产业融合转变，成为推动产业融合的主要载体。

三、融合演化规律的推动

随着数字技术向不同产业部门的扩散和应用促进了技术融合，技术融合进一步催生了业务融合和市场融合，导致原有产业边界的模糊化，最终实现产业融合。数字技术创新为不同产业创造了通用的技术基础，形成技术融合。技术融合消除了不同产业部门间的技术壁垒，促使不同产业间的成本、生产、技术边界趋同，并创造具有相似功能的新产品和新服务。不同产业部门以技术融合为导向，重新整合与配置要素、资源和技术，并调整传统业务模式，并发展出适应技术融合的业务融合模式。在技术融合与业务融合的基础上，新产品和新服务对原有市场需求产生替代效应，催生新的市场特征和市场需求，产生市场融合，使融合后的产业能够真正进入其他产业领域的市场空间，完成最终的产业融合过程。

四、市场需求的推动

一方面，技术创新改变了市场需求的特征，带来新的市场需求。数字技术将生产者和消费者以新的方式连接起来，催生数字化产品与服务，实现市场需求从工业经济背景下对物质的占有性需求转变为数字经济背景下的服务性需求，改变了传统产业的市场需求、产品特点、竞争与合作状态和价值创造过程，导致了市场供给侧与需求侧的融合，创造新的市场需求；另一方面，新的市场需求反过来也能够促进产品创新，为产业融合创造了市场空间，促使更大范围的产业融合。学者 Holler 通过构建社会认知模型证明了市场需求与消费者需求对产业融合的推动作用。

五、外部规制环境的推动

如果政府基于某种因素考虑，对产业制定了政策性的准入壁垒，约束了企业跨产业经营和并购等行为，那么即使存在创新推动、产业活动主体的积极参与，存在市场需求的情况下，由于不具备外部环境条件，市场自发启动的产业融合也无法最终完成。学者施蒂格勒提出各国政府的经济性产业管制是造成不同产业部门壁垒和产业边界的主要原因。而政府放松管制，如取消对产业的准入、价格、投资及服务等方面的规制，则能够鼓励产业内的不同行业及原本独立的产业通过技术创新实现的共同技术基础和范围经济能够在产业间相互介入，不同产业部门的企业在新技术带来的溢出效应下，引起原产业的成本函数、市场规模和经济规律的改变，导致原有产业管制规制失去效应，而在融合过程中经历的技术融合、业务融合和市场融合促进了管制的再次放松，最终形成数字经济基础产业内部融合及其与制造业的产业融合。例如，美国政府出台《电信法》，放松对电信产业管制，在开放的环境下，促成了电信业和有线电视业间的产业融合。

第二节　数字经济驱动制造业转型升级的影响机制

一、融合发展机制

（一）重塑组织形态，促进产业链价值分配

由于产业链不同环节的价值分配存在差异，一般上游的研究设计和下游的营销服务价值分配最多，而中间的组装制造环节价值分配最少，因此，制造业产业价值链通常呈“微笑曲线”形态分布。数字经济发展后，形成以数据驱动为主的新型产业链组织模式，重塑产业链价值分配形态、出现分工主体价值增值差异。研发设计主要依靠技术创新，营销服务需要网络营销平台，而组装制造则对生产方式的要求标准更高，数字技术水平和生产机器是否先进对组装制造环节的价值增值空间影响更大。新型数字技术的融入使得制造业产业链价值增值空间和组织形态发生改变。从价值增值空间来看，组装制造环节中劳动和资本密集型所产生的价值增量 ΔV2 要大于研发设计环节知识密集型的价值增量 ΔV1 和营销服务环节知识密集型的价值增值量 ΔV3，即产业链价值分配曲线在数字经济作用下更加平缓，如图 4－1 所示。从组织形态的变革方面来看，数字经济崛起后产业链上各种要素资源的分配方式和产业链组织结构形态都发生改变，企业更趋向于与自身能够协调发展的企业靠拢。

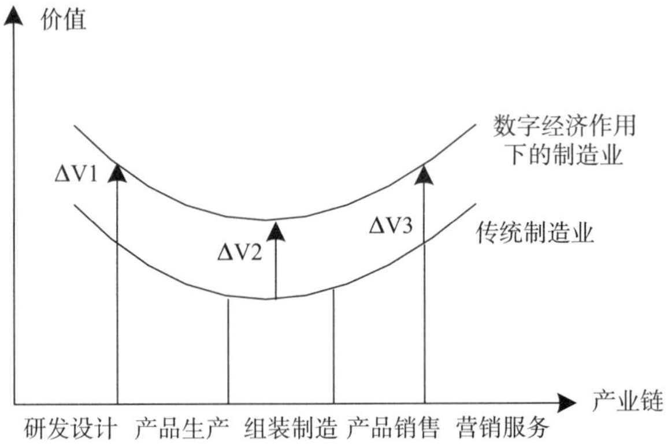

图 4-1　数字经济下制造业产业价值链变化

更加智能化的产业链组织网络有利于深化产业链分工，企业之间为了共同发展，也会从单一的竞争转化为合作与竞争，且同一环节的企业会趋于合作，形成不同环节企业的竞争，对产业价值链升级有促进作用。在价值增加增加与组织内部变革的共同推动下，制造业产业链出现价值分配转移现象，促进其向转型升级方向迈进。

（二）提升分工水平，降低交易成本

随着数字技术的主导地位增强，即使产业链的生产过程逐渐烦琐，但不同环节分工主体间的交易成本反而减少。产业链组织形态发展转变，促使分工主体的组织边界得到延伸，但交易成本在这当中的制约作用仍然存在。为更加一目了然地阐述数字技术下制造业交易成本的变化情况，借鉴Matthews（1986）关于交易成本的研究，结合产业链分工主体间的组织连接方式与产品交换关系，将产业链上交易成本细分为执行成本与组织成本。其中，执行成本指在产品在不同分工主体间进行交换时所形成的诸多成本，如劳动力成本、运输成本等。而组织成本指为完成某一交易所需花费的各种成本，包括时间成本、谈判成本等。数字经济带来的数字新技术发展对这两类成本的影响显著，将数字新技术运用到智能物流，能够优化管理物流安排，有效提升运输效率，使得执行成本下降，但其下降幅度小于组织成本的下降幅度。

产业链组织形态会因为分工水平的提高和交易成本制约力下降而逐渐复杂，不同分工主体间也将形成各类交互信息，当分工主体数增长超过某个特殊临界点后，信息交换量发生爆炸式增加，造成组织成本急剧增加。随着数字新技术的融入，产业链分工主体间更容易实现信息交互，引起产业链的组织成本与执行成本下降，能够有效解除交易成本的强制约作用，模糊产业链分工边界，资源要素在各部分随意流动。制造业企业的产业链将破除地理空间障碍，充分发挥区域比较优势，制造业企业价值增值空间扩宽。

二、产品竞争机制

（一）颠覆研发模式，助力产品质量提升

中国制造的产品质量无法满足消费者对高质量产品的需求是长久以来存在的问题，产品质量无法得到保障也是制约制造业转型升级的一个核心重要因素。数字经济下，数字化生产、智能化制造是制造链质量稳定的新支撑。数字化工厂出现后，产品生产逐渐从标准化向异质化方向发展，数字平台拥有挖掘大量数据能力，并分析数据信息，有效优化生产制造流程，提升产品质量。数字技术带来产品生产环节数字化水平的提升，助推制造业产业从劳动型向数据型转型驱动。

利用数字经济与实体产业组织相融合发展来提升企业间的生产协作水平，能够极大程度降低劳动力成本投入，提升制造业生产效率。数字经济是一种新的经济形态，对传统制造业的生产研发产生影响。在数字化的开放式创新平台支撑下，能够将消费者对产品的特殊需求加入研发设计，这种开放式创新可以帮助公司实现“垂直专业化”，即将战略重点放在核心竞争力上，同时仍为客户提供丰富的功能齐全的产品和解决方案。数字经济下，消费者的需求信息能够快速地以更低的成本传输到制造业企业研发设计部门，进而制造企业能够依靠这些需求信息生产出满足消费者需求的新产品。数字技术带来的技术创新可以改善传统制造流程，缩短新产品的研发周期、减少研发成本、提升研发产品质量，进而推动传统制造业转型

升级。

（二）丰富产品多样化，提升市场竞争力

数字经济下，新型数字技术与传统制造业不断融合，创造出各种各样的新产品，能满足消费者的异质性、个性化需求，进而拥有强大的市场竞争力，逐渐成为推动新兴产业发展的核心动力，使得制造业企业的市场竞争也愈加激烈。在数字技术与制造业企业现有的制造工艺完美融合下，衍生出产品交叉。交叉后的新产品拥有更强的创新力和市场竞争力，这种新兴产品生产方式改变了产业原有的技术壁垒，各分工主体对现有市场有了全面认知，进而开辟出一个全新市场。新兴技术与传统制造业产业的融合过程形成新的产业组织模式，成为加速市场更新换代的催化剂，将重塑制造业产业结构，进而促进制造业得以转型升级。

（三）提升产业链竞争优势，引发消费需求变革

数字经济的快速发展为数字产业化发展赢得特有市场空间，加速新技术与新商业模式的创新涌现，引发消费需求变革。基于数字技术，消费者需求数据在产业链的不同环节层层传递，制造业企业能精准地挖掘消费者行为信息，实现精准营销。在数据的牵引下，消费者需求数据变成“资产”的一部分，融入产业链各环节。企业由生产型制造向服务型制造转换，消费者也获得新角色，从消费者转变为消费商。能够及时地、精准地获取到消费者的不同需求信息，促使制造业产业链的核心竞争优势得到提升。

根据长尾理论，考虑到产品在生产过程中的成本和效率问题，当产品储存场地足够大、销售渠道足够广时，若产品生产成本下降至个人都有能力进行生产时，需求量非常小的产品的市场竞争力足够与主流需求产品相匹敌。因为此时生产商会提供匹配该小部分需求的个性化产品或服务，逐渐积累后规模经济效益将被激发。数字经济驱使商业模式革新，消费者个性需求得到满足，小批量产品的需求量在市场收益份额中的占比得以提升（见图 4－2）。数字经济的发展引起传统制造业产业链的重塑，同时加速了消费者需求变革，在双重作用下制造业转型升级得以实现。

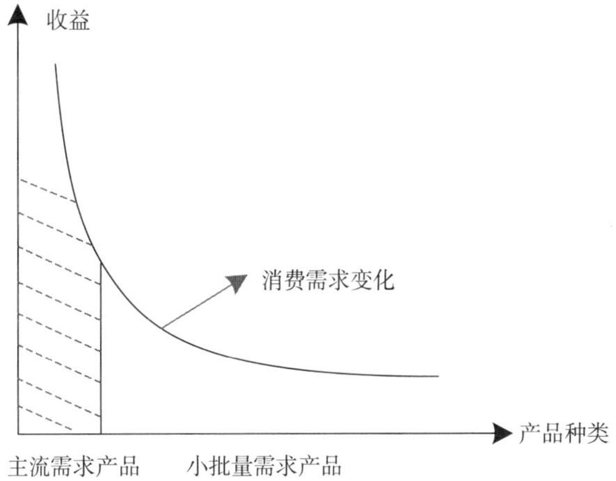

图 4－2　数字经济下的长尾效应变化

三、集群优化机制

（一）推动分工协作，提升生产效率

数据是数字经济时代最关键的生产要素，能有效解决制造业与数字化融合中信息不对称问题，真正显现其对制造业企业生产率的贡献作用。专业化是产业集群最突出的特点之一，制造业企业间联系更加密切，各制造业企业间形成产业集群，并在这个集群中逐渐形成更加精细的分工协作方式，极大增强了企业在生产过程中的柔性专业化。

（二）扩宽集群空间，加深资源共享

数字经济带来的数字技术发展促使产业集群空间不断扩宽，使制造业企业的分工范围解除空间的限制，从单一的地理空间扩宽到无边界的网络空间，在网络空间中制造业企业仍然能构建分工协作体系，增大了产业集聚空间可能带来的规模效应。在数字经济持续发展的趋势下，数字化、智能化等虚拟化的经营方式在制造业企业的发展中逐渐普遍，产业布局与制造业企业的区域战略发展受物理空间的约束被削弱，而制造业企业若要转型升级，需要虚拟化运营软硬件的支撑。制造业企业将实现线下实体空间与线上虚拟空间相结合的经营模式，为制造业企业的经营范围开辟出新道路，产业集群的集聚水平不断提升，制造业企业可选择的资源呈爆发式增长，

所面临的生产要素市场也逐渐增大。

四、创新驱动机制

（一）深度融合创新，驱动制造业升级

新一轮科技革命引发信息技术的爆炸式增长，也为数字经济的萌芽奠定了基础，除了数字技术快速演进外，信息技术加速商业化的特征也是数字经济级数式增长的源泉。与劳动力、资本等资源不同，数字技术作为一种技术资源，推动了新一代信息技术发展，成为制造业升级的重要创新驱动力。数字经济从昙花一现到不断深化演进，靠的不是单一的技术创新或模式创新，而是两者间的融合创新。技术创新为“硬创新”，模式创新为“软创新”，软硬兼施的融合创新，使得制造业企业改变发展目标、资源整合途径、开阔市场空间等手段，不断变革产业价值链流程，为新技术、新产品等寻找新的价值实现空间。

制造业企业在生产经营的各环节都受到融合创新驱动机制的影响。一是在产品的研发设计环节，融入数字技术后，制造业企业技术创新能力得以提升，产品研发的速度和质量也被极大提升。二是在产品的生产环节，企业的生产分工逐渐趋向专业化、精细化，企业的生产逐步从标准化向定制化、个性化方向转变。因此，企业在提升生产效率的同时能够避免传统批量生产模式下引起的产能过剩问题，减少生产成本。三是在产品的营销服务阶段，制造业企业在营销时能够提前掌握消费者的消费偏好、消费习惯等关键需求信息，破解传统市场中存在的信息不对称问题，市场的透明度和公开度被增大，市场中的每个个体都成为监督者。此外，能够有效减少销售过程中可能产生的各种费用问题，提高制造业企业自身效益。

（二）技术与模式融合创新，催生新型创新模式

技术创新与模式创新融合指的是将两者相融合并发挥互动机制，进而增强制造业企业生产经营的多方面能力，全方位提升制造业企业的产品种类及质量。当技术创新与模式创新形成融合创新时，大幅提升数字经济和制造业的融合度，衍生出盈利创新、组织创新、业态创新等全新的创新模

式，形成对制造业转型升级的全新创新驱动。盈利创新模式指的是制造业企业能够通过改变向消费者提供新产品、服务等方式来改变企业自身的收入渠道、成本结构等。其表现形式主要有两种：一是改变价值链的方向，如以消费者的需求为价值链的开端，进行资源的有效整合后，以实现消费者的价值需求，即改变原有的销售途径，增加服务型的解决方案，获得持续性的盈利。二是在原有产品的基础上，通过技术创新技术衍生研发出新产品，如原产品与新产品需要搭配使用，通过此种方式能够增加商品的利润空间，进而促进制造业企业向更具效率的方向转变。组织创新模式指的是企业为整合业务，提升效率，通过垂直整合、开放平台等方式，改变企业各部分关系及其在产业链中的位置和角色。业态创新模式是指企业通过对技术创新的产品或服务二次创新，催生出新业态或对产业进行重新定义。此种模式下，制造业企业能够建立全新的细分产品领域，改变原有产品进行产品结构调整，形成更优化的价格体系。

总体来说，数字经济发展尤其是数字新技术与产业融合发展后，对传统制造业发展产生众多影响。结合上述分析，用图 4－3 来表示数字经济驱动制造业转型升级的影响机制。数字经济通过融合发展机制、产品竞争机制、集群优化机制以及创新驱动机制四方面对制造业转型升级发挥驱动作用。同样地，在四维驱动力间又能通过刺激产品更新、数字新技术、组织形态变革、核心竞争优势转变等引起反馈影响。基于上述相互作用机制，数字经济下传统制造业转型升级成为必然。

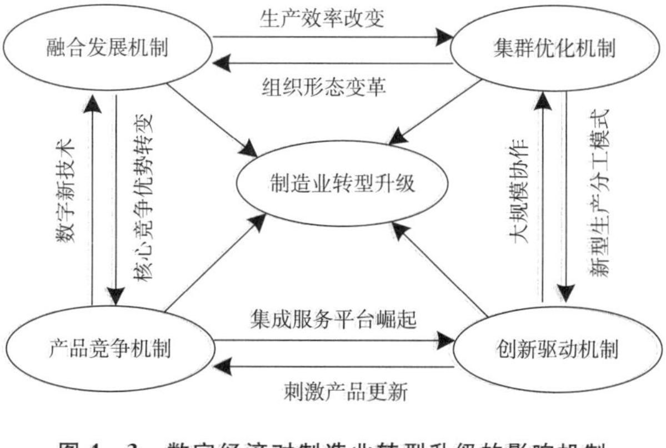

图 4－3　数字经济对制造业转型升级的影响机制

第三节 数字经济下智能制造产业发展动力机制

一、数字经济下智能制造产业发展动力变革

数字经济下智能制造产业的发展面临巨大变革，智能制造产业发展的动力也受到智慧经济的影响而发生深刻的变化，数字经济下智能制造产业的发展动力变革主要体现在两个方面，即数字经济发展提升智能制造产业创新效应和数字经济促进智能制造产业与实体产业深度融合效应。

数字经济发展提升智能制造产业创新效应。科学技术的发展提升数字技术水平，进而提高数字经济创新水平，为智能制造产业的发展营造良好的内外部环境，促进智能制造产业的发展，这一促进作用主要是通过规模经济效应和范围经济效应起作用。一方面，数字经济的发展赋能智能制造产业规模经济效应。这得益于新兴技术的兴起带来的产业产出边际成本的降低，当产业产品的边际成本降低甚至为零时，企业为了获得利润最大化，倾向于选择最大可能生产产品和服务，进而扩大产品或服务的生产规模，带来产业发展的规模经济，同时，产能的扩大还会降低平均生产成本，进一步推动产业规模经济效应的扩大。除此以外，智能制造产业带来的新兴产品以及新技术的使用降低消费者的消费边际成本，也降低了消费者的平均消费成本，进而扩大消费者的消费规模经济效应。另一方面，数字经济的发展赋能智能制造产业范围经济效应。智能制造产业的产品有较大的差异性，数字经济的发展可以扩大智能制造产业产品的影响范围，提高市场占有率，提高智能制造产业产品的用户规模。同时，消费者可以通过网络化平台，直接对消费产品进行定制下单，进一步扩大了智能制造产业产品的用户范围，拓展了智能制造产业的范围经济效应。

数字经济发展促进智能制造产业与实体产业深度融合效应。具体分为两个方面：一方面是产业融合效应。首先，数字技术促进产业深度关联，

科技驱动下与智能制造产业密切相关的部门通过产业链条不断扩展，对前后产业的关联度具有增强效应；数字经济下传统产业的智慧化转型使得传统产业关联度提升，产业的多样化与集聚效应也更加明显。其次，数字技术推进智慧化转型步伐，虽然数字经济下新一代高新技术会使得传统的产业部门面临着巨大的冲击，但是新技术带来冲击的同时还会带来新的发展理念，使得传统产业部门获得新生。同时，数字技术对现有产业造成冲击时还会倒逼技术产业不断优化升级，促进智能制造产业自身的产业结构高级化和合理化。最后，数字技术带动产业深度融合，这不仅指数字技术与传统产业之间的融合，还指使得其他产业之间关联度的提升，产业之间实现跨领域、跨链条、跨时空的融合新倾向。另一方面是与实体经济发展模式相适应效应。具体是指数字经济下的数字技术提高了信息搜集、整合、匹配的效率，降低了市场交易成本。同时，数字技术所具有的数字经济创新的特征可以更好地满足消费者大规模、个性化、多元化的消费需求，催生出新的商业模式。因此，数字经济所带来的智能制造产业与实体经济发展模式相适应效应包含以下几个方面：首先，产品与服务相适应效应，不仅体现在企业产品创新能力的提升，还体现在企业与用户的互动、反馈与参与创新；其次，供需互动适应效应，数字经济下，消费者即是生产者，企业即是消费者，消费者与企业互相调整，不断反馈，进而激发互动适应，促进数字经济下智能制造产业的创新能力。再次，产业组织适应效应，数字经济下，智能制造产业的组织结构面临巨大的变革，不断的变革呈现出不断适应性创新，有利于数字经济与实体经济相结合的融合发展。最后，数字技术治理与行为规范效应，新兴信息技术与实体经济相融合的过程中，数字技术驱动了技术自身治理与行为规范的适应性创新发展，通过新一代信息治理技术的运用，保障了数字经济与实体经济的融合发展。

从上面的分析可以看出，智能制造产业的发展是在数字经济发展的背景下，以经济发展为前提，以消费者的需求为导向，以资本投入为基础，以智能制造产业人才为驱动力，以产业政策为保障，形成了数字经济下智能制造产业发展的动力体系。

二、数字经济下智能制造产业发展动力变革的逻辑和实质

为了探讨数字经济下智能制造产业发展动力变革的逻辑和实质，有必要从政治经济学的视角进行进一步分析。

第一，生产要素变革：数据成为关键生产要素。数字经济下信息通信技术作为最新的技术手段深度融合到人们的日常生产生活之中，由此带来的生产方式变革便默默出现。由于数字经济下新技术的广泛应用，数据成为新的生产要素，几乎一切经济活动均可用数据来度量与储存。首先，数据可以对原有的生产要素进行改造与创造，使之数字化、智能化。以数据信息获取为前提条件的生产活动，依赖消费者和生产者对数据信息获取的便捷程度与多寡。其次，数据对生产资料的提升起到很大的作用。数据优化了生产过程中的信息处理和传送方式，提高了产品的生产效率。最后，数据拓展了劳动对象的范围。基于信息技术的特性，可以将消费者的需求习惯、主体偏好甚至拓展的人文资源作为关键战略要素融入到产品的生产过程当中。同时，数据作为一种关键的生产要素被投入到生产的过程之中，因此，数字经济下智能制造产业的发展动力变革之一便是数据作为新的生产要素融入到生产过程之中。

第二，产品价值生产：企业与消费者协同创造。传统的产品生产模式是企业进行生产，消费者进行消费，但是，在数字经济下产品的价值生产出现了显著的变化。首先是生产者对消费者需求的反应更加快速。产品投放到市场中需要及时接收到市场的反馈，数字经济下数字技术的应用可以缩短反馈时间，及时改进商品。其次是消费者参与产品的生产过程。对于产品的特性与发展方向，消费者可以在企业设立的交流平台上进行发言，而企业根据消费者的反馈设计出迎合大部分消费者的消费产品，精准对接消费人群，实现企业与消费者协同创造产品。从某种意义上来说，企业变成了消费者，消费者变成了企业，企业与消费者之间的界限进一步模糊，实现企业与消费者协同创造产品的价值。

第三，流通数据化跟踪：及时反馈跟踪市场需求。数字经济下产品的

流通过程也体现了数据化，即抓住商品流通过程的方方面面并将其数据化，及时反馈跟踪市场需求。一个显著的例子是如今的快递行业的发展，快递行业作为运输行业，要想实现快递又好又快运输，及时跟踪快递产品市场的需求是提高精准服务不可缺少的。在流通过程中将产品市场的变化进行数据化跟踪，及时反馈跟踪市场需求是数字经济下智能制造产业发展动力变革的又一表现。

第四，社会关系改进：人的解放与全面发展。数字经济下技术的进步也带来了社会关系的改进，即人的解放与全面发展。首先，数字经济下生产力的发展使得生产的流程得到优化，人可以从繁重的劳动中解放出来。其次，技术会对劳动力形成替代，造成一定的人口失业，但这种失业只是暂时的、不可持续的，最终人将适应新的技术，应用新的更复杂的工作技能，人的智力、思维能力将得到提高。最后，人的闲暇也将促进人追求高级活动，从而实现人的解放与全面发展。

第四节 产业融合的测度方法

目前，学界对于产业融合还未形成完整的产业融合度评价指标体系和测度方法。主要原因有三个：一是产业融合是一种新的经济现象，其发展还处于不成熟状态。二是产业融合过程复杂，其包含的技术融合、业务融合和市场融合等阶段均有各自的特殊属性和内容。因此，产业融合度的测算体系需要包含上述各阶段的分指标体系和测度，并在此基础上建立产业融合的整体指标体系和测度。目前学界仅在技术融合的测度方面有一些实证成果，以不同产业部门的技术融合度近似代表整个产业的融合度。三是产业融合度的部分衡量指标在数据搜集过程中存在一些实际困难。在目前国内外的产业融合度的研究中，主要存在以下几种测度方法。

一、赫芬达尔指数法

该指数是衡量多元化融合度的指标，1998 年由 Gambardela 和 Torrisi 首次利用该指标进行电子信息产业领域技术融合度的测度，选取电子信息产业内各行业的专利数量数据对产业内不同行业间的技术融合度进行分析。用 X 代表电子信息产业的技术专利总数量，用 X_i 代表电子信息产业内各行业的技术专利数量，用 i 代表具有不同技术的行业数，引入赫芬达尔指数（HHI）表示技术融合度。其表达式为：

$$HHI = \sum \left(\frac{X_i}{X}\right)^2$$

其中，i=1，2，…，n，HHI 值的范围在 0 至 1 之间。HHI 值越小，代表技术融合程度越高；反之，HHI 值越大，代表技术融合度越低。此外，赫芬达尔指数（HHI）还可以用来表示业务融合度和市场融合度。当用 X 代表某产业或业务的投资总额，用 X_i 代表某产业内各行业或业务的投资额，用 i 代表具有不同业务的行业数，那么 HHI 就代表业务融合度，融合程度的高低判定方法与技术融合度相同。若用 X 代表某产业的总销售收入或者总产值，用 X_i 代表某产业内各行业的销售收入或者产值，用 i 代表具有不同产值的行业数，那么 HHI 就代表市场融合度，融合程度的高低判定方法与技术融合度相同。

赫芬达尔指数法存在的问题在于，一是该方法仅从专利数量一个维度衡量产业融合度，具有一定的局限性和片面性；二是各行业的专利数量的统计工作存在较大难度，数据获取困难较大；三是在数字技术对智能制造产业进行产业渗透并产生影响的过程中并未对专利技术等指标发生直接作用。

二、专利系数法

该方法采用不同产业部门间的专利相关系数对产业融合度进行测度。2001 年，Faiand Tunzelmann 利用专利相关系数测算美国电子、交通运输、机械和化学产业间的技术融合程度。他们在 867 家美国公司中挑选了 32 家属于上述产业部门的公司，以其 1930 年至 1990 年间的专利活动数据为基础，计算产业专利的占有份额，测算不同产业部门的专利相关系数。

专利系数法与赫芬达尔指数法均通过行业内的专利数据计算出的技术融合度来近似表示产业融合度。上述两种方法的区别在于对原始数据的处理，赫芬达尔指数法主要利用不同部门间的技术专利数量的离散度，计算方法为各行业中不同企业专利数量占行业技术专利总量的比重平方和；专利系数法的计算方法是采用不同产业部门间的专利相关系数对产业融合度进行测度。

专利系数法与赫芬达尔指数法存在相同的问题，一是两个方法仅从专利数量一个维度衡量产业融合度，具有一定的局限性和片面性；二是各行业的专利数量的统计工作存在较大难度，数据获取困难较大；三是数字技术对智能制造产业进行产业渗透并产生影响的过程并未对专利技术等指标发生直接作用。

三、熵指数法

熵指数法分为两个过程，第一，申农于 1948 年提出“信息熵”概念，解决了对信息的量化度量问题。由于信息在传播中的不确定性，信息度越高则信息熵越低；信息度越低则信息熵越高。同时信息熵也可以度量系统的有序化程度，信息熵越低则系统越有序，信息熵越高则系统越混乱。第二，贝里最早利用熵指数测算了企业实行多元化经营的程度。DT 代表企业总多元化经营程度，熵指数的表达式为：

$$DT = \sum_{i}^{n} P_i \ln\left(\frac{1}{P_i}\right)$$

其中，P_i 表示企业在四位行业代码的销售收入占总销售收入的比重，n 表示企业从事的总行业数量。若企业仅从事一种行业的经营活动，则 DT 值取 0；若企业实现在各行业销售收入的均等分布，则 DT 达到最大极值 Ln（n），此时，$P_i = 1/n$。

熵指数法相较赫芬达尔指数法的优点在于，能够弥补 HHI 值在回归分析中产生的多重共线性的问题。熵指数的缺点在于巨大的计算量增加了数据处理的难度，目前国内的统计水平较难满足此类分析，同时该指标的有效性过分依赖于对行业分类标准的合理性。

四、投入产出法

投入产出法利用智能制造产业中各行业在生产的过程中，数字经济基础产业的产出占该行业总产出的比值来代表数字经济基础产业与智能制造产业各行业的融合度。公式表示为：

数字经济基础产业与智能制造产业行业 i 的融合度 = 行业 i 生产过程中数字产业投入/智能制造产业的总产出 ×100%

其中分子的经济含义是智能制造产业生产过程中数字经济基础产业 i 的中间投入，分母表示智能制造产业生产过程中的所有中间投入。

数字经济基础产业的产出占该行业总产出的比值范围在 0 和 1 之间，比值越大，代表产业融合程度越高；反之，比值越小，代表产业融合程度越低。当比值等于 1 意味着产业融合达到了完全融合阶段。

以上四种方法均能从不同的角度测算产业融合度，但又都存在着自身无法避免的缺陷。赫芬达尔指数法和专利系数法都是通过企业专利数据测算产业间的技术融合来近似表示产业间的融合度，存在一定的片面性，且各产业的专利数据较难得到。熵指数法的计算量很大，数据处理困难，并且其有效性较大程度地依赖行业分类的合理性。投入产出法主要衡量的是产业渗透形成的产业融合，无法衡量产业交叉和产业重组形成的产业融合。本书实证侧重的是中国每个产业融合度的趋势变化，相较于其他三种方法，投入产出法测算的融合度更能较好地反映这种趋势，因此本书采用投入产出法，将智能制造产业中的信息产业投入额在其总产出中的比重作为衡量信息产业与智能制造产业融合度的指标。

投入产出法的优点在于能在一定程度上对技术融合、业务融合、市场融合甚至组织融合进行测度，尤其对于产业渗透类型的产业融合测度方面具有较好的应用效果。其缺点在于最终产品的产出通过数字经济基础产业投入近似表示，在某种程度上低估了数字经济基础产业的产出水平，另外，对于产业交叉和产业重组类型的产业融合较难测度。

此外，还有三个方法用来衡量产业融合度。一是 NEGPOY 网络分析法，主要用于研究节点间的结构关系，该分析方法对产业融合的应用在于，如果将企业当成节点，企业间的行为作为连接，则可利用企业联盟或并购数据进行网络结构和产业融合方面的研究。二是美国商务部用以调查发达国家数字化程度的方法，具体计算方法通过数字技术投资占融合客体的总投资比例来简单表示产业或者企业的技术融合程度。三是利用菲德模型与 VAR 模型进行数字经济基础产业对经济增长影响的融合度相关性研究。

本书的研究对象是数字经济基础产业与制造业的产业融合测度与评价，数字经济基础产业与制造业两个产业的独立产业价值链融合为数字经济基础产业的产业价值链增值部分与制造业产业价值链增值部分的产业融合价值链。产业融合后的价值链同原来各自独立产业价值链进行比较发现，融合后的价值链既拓展了数字经济基础产业的产业和制造业的产业价值链制造业产业价值链增值部分，同时创造了新的产业价值链增值部分，使产业融合对原有独立产业产生替代和互补效应，拓展了产业的利润和市场空间。而制造业与数字经济基础产业发生融合的动机在于，通过数字技术与数字经济基础产业在制造业的渗透与应用，一方面能够降低制造业企业的生产、经营、管理成本，提高企业生产效率，增加企业盈利空间，更好地满足消费者个性化定制型需求；另一方面能够全面提升传统制造业企业在原有设计、生产、技术、工艺、管理、知识、信息和经营领域的能力，提高传统制造业企业整体的市场竞争能力。因此，传统制造业必然会出现数字化趋势，需要深刻认识数字经济基础产业与传统制造业的产业融合情况。本书不仅着眼于衡量数字经济基础产业对传统制造业的影响与融合，同时建立了传统制造业对数字经济基础产业的反向产业融合分析思路，即数字经济基础产业与传统制造业相互融合的双向融合度的分析框架。本书将数字经济基础产业对传统制造业的渗透应用称为“正向融合度”，表现为传统制造业的数字化，反映制造业对数字经济基础产业的需求。将传统制造业对数字经济基础产业的影响称为“反向融合度”，表现为数字经济产业化，反映数字经济基础产业对制造业的生产设备、技术和最终产品的利用和需求。该框架能够较好地反映数字经济基础产业与传统制造业之间由于正向融合力量与反向融合力量共同作用下的耦合过程。若正向融合度超过反向融合度，说明在数字经济基础产业与传统制造业的融合过程中，数字经济基础产业对传统制造业的投入大于传统制造业对数字经济产业的投入，意味着传统制造业对数字经济基础产业的吸收更多，数字经济基础产业与传统制造业的产业融合更多是通过数字经济基础产业对传统制造业的渗透完成。反之，如果正向融合度小于反向融合度，说明在数字经济基础产业与传统制造业的融合过程中，传统制造业对数字经济产业的投入大于数字经济基础产业对传统制造业的投入，意味着数字经济基础产业对传统制造业的吸收更多，数字经济基础产业与传统制造业的产业融合更多是通过传统制造业对数字经济基础产业的工业化改造完成的。

综合以上研究目标，本书选择张捷和陈田（2016）对产业融合的研究方法，选择投入产出法进行数字经济基础产业与传统制造业产业融合的双向融合度分析。正向融合度的测算方法为，用传统制造业各行业的生产过程中，来自数字经济基础产业对制造业行业 i 的中间投入与传统制造业各行业 i 的总产出的比重来表示。公式为：

$$\begin{matrix}\text{数字经济基础产业对} \\ \text{制造业的正向融合度}\end{matrix} = \frac{\text{数字经济基础产业对制造业行业 i 的中间投入}}{\text{制造业行业 i 的总产出}} \times 100\%$$

反向融合度的测算方法为，传统制造业各行业 i 对数字经济基础产业的中间投入与制造业行业 i 总产出的比重来表示。公式为：

$$\begin{matrix}\text{数字经济基础产业对} \\ \text{制造业的反向融合度}\end{matrix} = \frac{\text{制造业行业 i 对数字经济基础产业的中间投入}}{\text{制造业行业 i 的总产出}} \times 100\%$$

正向融合度用数字经济基础产业的中间投入与传统制造业各行业总产出的比重来表示。反向融合度用传统制造业各行业的中间投入与数字经济基础产业总产出的比重来表示。其中，数字经济基础产业由计算机、电子及光学产品业、邮政和通信业、计算机及相关活动三个行业构成，传统制造业由食品饮料烟草加工业、纺织皮革制鞋业、木材加工业、造纸及印刷业、煤炭石油及核燃料加工业、化学工业、橡胶和塑料制品业、其他非金属加工业、基础金属业、金属加工制品业、机械设备业、电气机械及电气设备、车辆制造业、其他交通设施业、制造品回收业15个行业构成。由于数字经济基础产业产出的数据较难获取，假设数字技术投入会完全凝结于最终产品产出内，即利用数字经济基础产业的投入部分近似等同于数字经济基础产业的产出部分。在进行正向融合度的计算时，数字经济基础产业投入部分的计算方法为，数字经济基础产业内各行业的中间投入加总求和，得到在传统制造业生产过程中的数字经济基础产业的总投入，以该指标代替传统制造业生产过程中的数字经济基础产业的总产出。在进行反向融合度的计算时，传统制造业投入部分的计算方法为，传统制造产业内各行业的中间投入加总求和，得到传统制造业的总投入，以该指标代替传统制造业的总产出。若数字经济基础产业的中间投入与传统制造业各行业总产出的比重越高，则正向融合度越高，制造业对数字经济基础产业的需求越高，制造业的数字化程度高；若传统制造业各行业的中间投入占数字经济基础产业总产出的比重越高，则反向融合度越高，数字经济基础产业对传统制造业最终产品的需求越高，数字经济基础产业化的程度越高。正、反向融合度的取值范围均在0和1之间，若产业融合度的值为0，意味着不同产业部门不存在关联性，为相互独立的产业；若产业融合度的值为1，意味着不同产业部门出现了完全融合。该方法造成的问题是在某种程度上低估了数字经济基础产业的产出水平，但就本书研究内容来看，并不会对数字经济基础产业对传统产业产生的效应趋势造成影响。

第五节 主要国家数字经济基础产业与制造业产业融合程度的测度与分析

本书行业选择标准为联合国统计委员会颁布的最新产业分类标准，即《全部经济活动国际标准产业分类》（International Standard Industrial Classification of all Economic Activities，ISIC）2006年第四版，其中制造业产业类别下包含 15 个行业，分别是食品饮料烟草加工业、纺织皮革制鞋业、木材加工业、造纸及印刷业、煤炭石油及核燃料加工业、化学工业、橡胶和塑料制品业、其他非金属加工业、基础金属业、金属加工制品业、机械设备业、电气机械及电气设备、车辆制造业、其他交通设施业、制造品回收业，数字经济基础产业类别下包含 3 个行业，分别是计算机、电子及光学产品业，邮政和通信业，计算机及相关活动。数据选择依据 OECD 在 2017 年发布的调整后的投入产出表，计算 OECD 国家与主要发展中国家的数字经济基础产业与制造业的正向融合度和反向融合度水平（见表 4－1 和表 4－2、图 4－4 和图 4－5），其中 OECD 国家选择芬兰、丹麦、匈牙利、美国、爱尔兰、法国、荷兰、瑞典、韩国、英国、卢森堡、德国、瑞士、智利、意大利、澳大利亚、以色列、爱沙尼亚、波兰、日本、挪威、捷克、西班牙、斯洛文尼亚、希腊、冰岛、拉脱维亚、墨西哥、斯洛伐克、比利时、奥地利、葡萄牙、加拿大、新西兰和土耳其。主要发展中国家选择金砖五国：中国、俄罗斯、印度、巴西和南非。

表 4－1　主要国家的数字经济基础产业与制造业平均正向融合度　（单位：%）

国家	正向融合度	国家	正向融合度
中国	1.39	卢森堡	1.78
奥地利	1.31	墨西哥	1.37
比利时	1.09	荷兰	2.07
加拿大	0.87	新西兰	0.81
智利	0.87	挪威	1.53
捷克	1.50	博兰	1.64
丹麦	2.90	葡萄牙	1.11
爱沙尼亚	1.79	斯洛伐克	1.35
芬兰	2.97	斯洛文尼亚	1.63
法国	2.67	西班牙	1.51
德国	2.05	瑞典	2.74
希腊	1.15	瑞士	2.44
匈牙利	3.04	土耳其	0.41
冰岛	1.50	英国	2.36

续表

国家	正向融合度	国家	正向融合度
爱尔兰	1. 50	美国	2. 43
以色列	1. 81	巴西	1. 01
意大利	1. 66	俄罗斯	1. 46
日本	1. 63	印度	1. 81
韩国	2. 33	澳大利亚	1. 68
拉脱维亚	1. 21	南非	1. 44
平均	1. 70		

表 4－2　主要国家的数字经济基础产业与制造业平均反向融合度　（单位:%）

国家	反向融合度	国家	反向融合度
中国	3. 05	卢森堡	6. 53
奥地利	1. 21	墨西哥	2. 57
比利时	0. 77	荷兰	1. 39
加拿大	0. 64	新西兰	0. 53
智利	0. 36	挪威	2. 14
捷克	3. 15	博兰	1. 23
丹麦	0. 80	葡萄牙	1. 30
爱沙尼亚	3. 62	斯洛伐克	2. 50
芬兰	2. 38	斯洛文尼亚	1. 10
法国	1. 84	西班牙	1. 05
德国	1. 01	瑞典	2. 31
希腊	0. 47	瑞士	6. 02
匈牙利	4. 11	土耳其	0. 51
冰岛	0. 84	英国	2. 04
爱尔兰	5. 03	美国	1. 41
以色列	3. 56	巴西	1. 18
意大利	1. 13	俄罗斯	1. 65
日本	2. 77	印度	0. 89
韩国	4. 12	澳大利亚	2. 21
拉脱维亚	1. 62	南非	1. 65
平均	2. 07		

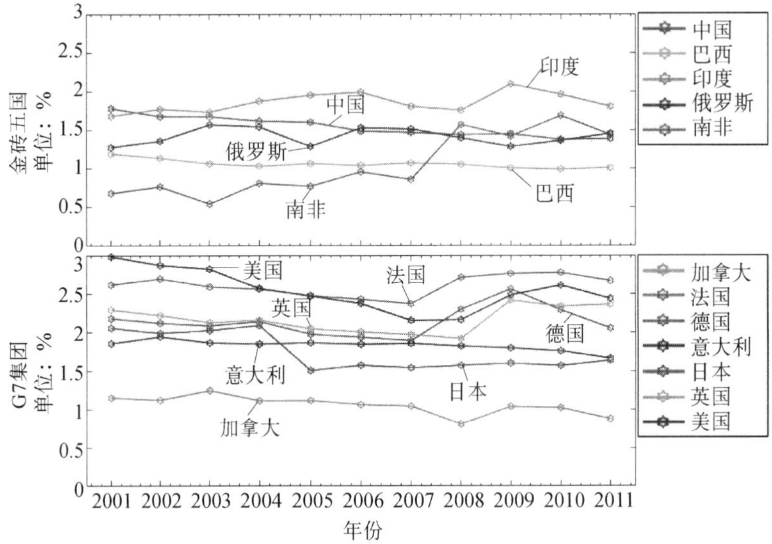

图 4-4 2001—2011 年数字经济基础产业与制造业的正向融合度变化趋势

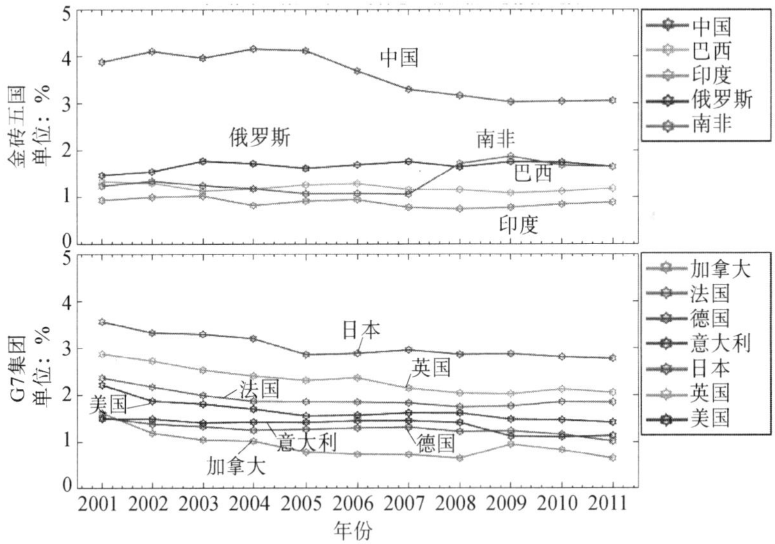

图 4-5 2001—2011 年数字经济基础产业与制造业的反向融合度变化趋势

一、主要国家数字经济基础产业与制造业产业整体融合程度的测度与分析

表4-1的统计结果表明，数字经济基础产业与制造业正向融合度最高的是匈牙利，正向融合度超过3%；其次是芬兰、丹麦、瑞典、法国、瑞士、美国、英国、韩国、荷兰和德国，正向融合度的水平高于2%；再次是以色列、印度、爱沙尼亚、卢森堡、澳大利亚、意大利、波兰、斯洛文尼亚、日本、挪威、西班牙、捷克、爱尔兰和冰岛，正向融合度水平高于1.5%，其中发展中国家中，印度的正向融合度水平处于该梯队，为金砖五国中数字经济基础产业与制造业的产业正向融合度的最高水平；再其次是俄罗斯、南非、中国、墨西哥、斯洛伐克、奥地利、拉脱维亚、希腊、葡萄牙、比利时和巴西，正向产业融合度水平高于1%，低于1.5%，大部分的发展中国家跻身该行列，虽然整体水平不高，但发展势头较好；最后是加拿大、智利、新西兰和土耳其，正向融合度介于0.5%至1%之间。世界总体正向产业融合度的平均水平高于中位数，意味着全球国家传统制造业数字化的发展水平并不均衡，少数国家的传统制造业数字化水平较高，而其他国家与先进国家在传统制造业数字化方面的差距较大。中国数字经济基础产业与传统制造业的平均正向融合度只有1.38%，低于样本国家整体1.70%的平均水平，一方面，需要加强中国数字经济基础产业的建设，提高其对传统制造业的产业融合水平，促进传统制造业的转型升级和绩效的提高；另一方面，中国正向融合度水平较低的原因也与国际分工有关，在目前制造业的全球价值链中，高利润的制造业数字化环节仍旧以发达国家占据主导地位，我国处于利润较低区域的加工生产环节，数字技术在该环节的投入与应用较少。

表4-2的统计结果表明，数字经济基础产业与制造业反向融合度最高的依次是卢森堡、瑞士、爱尔兰、韩国和匈牙利，反向融合度水平均高于5%。其次是爱沙尼亚、以色列、捷克和中国，反向融合度水平均高于3%。在发展中国家中，中国数字经济基础产业与制造业反向融合度处于

领先水平，意味着中国制造业对数字经济基础产业的投入对我国数字经济建设发挥了正向作用，同时，数字经济也能够促进对制造业最终产品的需求。再次是日本、墨西哥、斯洛伐克、芬兰、瑞典、澳大利亚、挪威和英国，反向融合度水平均高于 2%。再其次是法国、南非、俄罗斯、拉脱维亚、美国、荷兰、葡萄牙、波兰、奥地利、巴西、意大利、斯洛文尼亚、西班牙和德国，反向融合度水平均高于 1%，大部分的金砖国家处于该区间内。最后是印度、冰岛、丹麦、比利时、加拿大、新西兰、土耳其、希腊和智利，反向融合度水不足 1%。样本总体反向产业融合度的平均水平也高于中位数，意味着全球国家数字经济基础产业工业化水平也不均衡，少数国家的数字经济基础产业的工业化水平较高，而其他国家与先进国家在数字经济基础产业工业化方面的差距较大。这说明，在数字经济基础产业的产业化过程中，各国对不同行业最终产品或者服务的需求差异较大，各国制造业与数字经济基础产业间的耦合过程及结果也不相同。中国数字经济基础产业与传统制造业的平均反向融合度处于世界较为领先的水平，表明我国数字经济基础产业的产业化过程，更多地需要制造业的投入与支持才能更好地完成数字经济基础产业与制造业的产业融合过程，同时我国数字经济基础产业对制造业产出存在需求，我国数字经济基础产业的发展能够拓展制造业的市场空间。

图 4-4 和图 4-5 可以反映世界主要发达国家和主要发展中国家数字经济基础产业与制造业的整体融合变化趋势，数字经济基础产业与制造业的正、反向融合度呈现以下特征：第一，根据相关性分析分别对 2011 年 G7 国家、金砖四国（除中国外）的数字经济基础产业与制造业的正向融合度与反向融合度进行计算，发现 G7 国家数字经济基础产业与制造业的正向融合度与反向融合度的相关系数为 0.38，数字经济基础产业与制造业存在显著的正相关关系，具有较强的产业关联性，相关性水平处于中等相关。金砖四国（除中国外）数字经济基础产业与制造业的正向融合度与反向融合度的相关系数为 -0.25，意味着数字经济基础产业与制造业不存在相关性，需要进一步建设两个产业关联性。中国自 2001 年至 2011 年，数

字经济基础产业与制造业的正向融合度与反向融合度的相关系数高达0.86，数字经济基础产业与制造业存在显著的正相关关系，两个产业之间的关联性处于强相关水平。第二，世界主要发达国家和主要发展中国家数字经济基础产业与制造业的整体融合变化趋势来看，不论是世界主要发达国家还是主要发展中国家，其数字经济基础产业与制造业的正、反向融合度的波动趋势均基本一致。其中，南非不论是数字经济基础产业与制造业的正向融合度还是数字经济基础产业与制造业的反向融合度在2007年之后都出现了较大幅度的提高，反映出南非数字经济基础产业与制造业的整体产业融合度的提升，有助于提升该国未来经济发展水平和质量。英国数字经济基础产业与制造业的正向融合度在2008年之后出现了较大水平的提高，说明传统制造业对数字技术的利用更多、对数字经济基础产业的需求更大，该国数字经济的发展阶段迈入了数字技术与数字经济基础产业对传统制造业加速渗透与应用阶段。第三，通过对比同一国家的正、反向融合度发现，上述国家间的情况出现了显著分化：一是一些国家的反向融合水平显著超过该国正向融合水平，如中国、日本、瑞士、以色列、匈牙利、斯洛伐克、挪威、墨西哥、卢森堡、拉脱维亚、捷克、韩国、澳大利亚、南非、爱沙尼亚和爱尔兰。二是一些国家的正向融合水平显著超过该国的反向融合水平，如美国、英国、法国、德国、印度、智利、意大利、希腊、西班牙、斯洛文尼亚、瑞典、荷兰、芬兰、丹麦、波兰、冰岛和比利时。三是一些国家的正、反向融合度水平相当，如新西兰、土耳其、葡萄牙、加拿大、俄罗斯、南非、巴西和奥地利。第一类国家数字经济的发展阶段是本国的制造业产出为数字经济的发展创造了贡献，同时，数字经济的发展也为该国的制造业拓展了市场空间，数字经济基础产业与制造业两个产业相互促进，互为需求，形成良性循环。第二类国家数字经济的发展阶段更多表现为数字技术与数字经济基础产业对传统制造业渗透与应用阶段。第三类国家数字经济基础产业与制造业的产业融合发展较为均衡且发展趋势向好，如南非和俄罗斯。第四类国家虽然表现为数字经济基础产业与制造业的产业融合发展较为均衡，但同时可以发现，这类国家不论是正向融合度还是反向融合度都处于世界较为落后的水平，说明这些国家数字经济自身发展并不成熟，同时也未成为对该国其他产业及经济增长的驱动力。

二、主要国家数字经济基础产业与制造业各行业融合程度的测度与分析

国家数据包含世界主要发达国家和发展中国家，其中发达国家为G7，即美国、日本、英国、法国、德国、意大利和加拿大；发展中国家为金砖五国，即中国、俄罗斯、印度、巴西、南非。

表4－3反映了世界发达国家数字经济基础产业与制造业各细分行业的正向融合度情况及其与我国情况的对比，主要呈现以下几个特征：第一，从世界发达国家数字经济基础产业与制造业各细分行业的正向融合度的平均值来看，水平最高的依次是法国、美国、英国和德国，数字经济基础产业与制造业各细分行业的正向融合度的平均值均超过了2%；其次是意大利、日本和中国，数字经济基础产业与制造业各细分行业的正向融合度的平均值超过了1%，最后是加拿大，数字经济基础产业与制造业各细分行业的正向融合度的平均值不足1%。第二，处于第一梯队的四个国家中，除法国是数字经济基础产业与制造业各细分行业的正向融合度水平都普遍高之外，美国、英国和德国这三个国家的煤炭石油及核燃料加工业和食品饮料烟草加工业是数字化程度最低的。第三，上述国家中，不论处于领先还是落后地位的国家，其重视的制造业数字化的细分行业具有一定的规律性。表4－3的国家中，机械设备业、电气机械及电气设备业、车辆制造业和其他交通设施业的数字化程度均表现出较高的水平，此外处于数字经济基础产业与制造业正向融合度领先位置的国家，其造纸及印刷业的数字化水平也较高。上述特征可以得出几个重要结论：第一，机械设备业、电气机械及电气设备业、车辆制造业和其他交通设施业的数字化程度较高的原因在于，上述行业在生产过程中需要较高的自动化水平，意味着对数字投入的需求较高。同时上述行业属于创新性较强的制造业，通过与数字经济基础产业的产业融合，能够极大提高本行业的效率和效益，属于数字化特

征较为显著的制造业。第二，中国造纸及印刷业的数字化程度与发达国家存在较大差距，法国造纸及印刷业的数字化水平是4.71%，英国造纸及印刷业的数字化水平是4.32%，美国造纸及印刷业的数字化水平是4.23%，而中国造纸及印刷业的数字化水平仅为1.35%。由于造纸及印刷业属于高污染行业，因此应该将提高该行业的数字化作为该行业未来的发展方向。第三，上述国家普遍体现出煤炭石油及核燃料加工业和食品饮料烟草加工业的数字化水平较低，原因在于该行业在生产的过程中，对劳动力要素和物质性原材料要素的依赖性较高，同时，这类行业的价值链进行全球化的纵向分解配置难度较大，因此发达国家和我国这类行业与数字经济基础产业的正向融合度水平均较低。

表4-3　G7国家的数字经济基础产业与制造业各行业的正向融合度

（单位：%）

行业	国家							
	中国	美国	日本	英国	法国	德国	意大利	加拿大
食品饮料烟草加工业	0.59	1.17	0.70	1.68	1.02	0.63	1.00	0.53
纺织皮革制鞋业	0.67	2.18	0.96	1.90	1.62	0.79	1.14	0.86
木材加工业	0.49	2.01	0.55	1.30	1.09	0.56	1.15	0.47
造纸及印刷业	1.35	4.23	0.84	2.04	4.32	4.71	2.96	1.50
煤炭石油及核燃料加工业	0.56	0.24	0.21	0.57	1.52	0.85	0.33	0.13
化学工业	1.04	1.49	1.84	2.70	1.66	2.03	1.39	0.71
橡胶和塑料制品业	0.46	1.96	1.25	1.33	1.38	0.99	1.36	0.74
其他非金属加工业	0.47	2.47	1.39	1.65	1.45	1.15	1.34	0.76
基础金属业	0.62	1.48	0.67	2.46	1.13	0.87	0.92	0.25
金属加工制品业	0.89	2.60	1.65	1.42	1.58	1.34	1.48	0.56
机械设备业	2.70	3.49	4.23	2.46	4.16	3.02	1.73	2.05
电气机械及电气设备	5.54	3.90	6.10	5.63	8.71	6.09	3.72	2.49
车辆制造业	1.70	3.71	1.65	2.47	2.94	1.16	2.37	1.89
其他交通设施业	4.19	8.74	2.72	4.73	6.28	1.36	4.84	0.69
制造品回收业	0.65	3.05	1.72	5.04	3.21	5.37	3.41	1.27
平均	1.39	2.43	1.63	2.36	2.67	2.05	1.66	0.87

表4－4反映了发达国家数字经济基础产业与制造业各细分行业的反向融合度情况及其与我国情况的对比，反映上述国家数字经济基础产业对制造业各细分行业的需求情况。主要呈现以下几个特征：第一，从发达国家数字经济基础产业与制造业总体反向融合度来看，中国数字经济基础产业与制造业整体的反向融合度水平最高，为3.05%；其次是日本和英国，数字经济基础产业与制造业整体的反向融合度超过2%；再次是法国、美国、意大利和德国，数字经济基础产业与制造业整体的反向融合度超过1%；最后是加拿大，数字经济基础产业与制造业整体的反向融合度不足1%。第二，对于中国来说，电气机械及电气设备业、橡胶和塑料制品业、造纸及印刷业、金属加工制品业、化学工业、其他非金属加工业和基础金属业与数字经济基础产业的反向融合度水平最高，说明在数字经济基础产业的建设中上述产业的投入最多，对数字经济基础产业的形成与发展具有较大贡献。其他产业的要素投入为近年来我国数字经济基础产业的迅猛发展提供了有力的保障。第三，发达国家制造业与数字经济基础产业反向融合度水平较高的各细分行业类别与我国相同行业具有一致性，因此，各国促进本国数字经济发展可以大力发展电气机械及电气设备业、橡胶和塑料制品业、造纸及印刷业、金属加工制品业、化学工业、其他非金属加工业和基础金属业对数字经济基础产业的投入与融合程度。

表4－4　G7国家数字经济基础产业与制造业各行业的反向融合度　（单位：%）

行业	国家							
	中国	美国	日本	英国	法国	德国	意大利	加拿大
食品饮料烟草加工业	0.57	0.04	0.34	0.51	0.34	0.03	0.10	0.01
纺织皮革制鞋业	0.78	0.35	3.32	0.55	0.80	0.42	0.22	1.85
木材加工业	0.83	3.29	0.49	0.91	2.05	0.69	0.56	0.07
造纸及印刷业	7.13	1.92	12.76	2.24	3.40	3.04	4.00	0.76
煤炭石油及核燃料加工业	1.69	0.21	0.90	2.43	2.04	1.17	0.74	0.65
化学工业	4.65	0.99	1.77	0.80	0.51	0.85	1.13	0.26
橡胶和塑料制品业	8.14	2.69	3.52	6.15	5.31	1.64	1.71	0.63

续表

行业	国家							
	中国	美国	日本	英国	法国	德国	意大利	加拿大
其他非金属加工业	3.13	2.68	7.75	2.25	2.24	1.93	0.53	0.04
基础金属业	2.52	2.63	5.21	3.35	2.50	1.65	0.71	0.89
金属加工制品业	5.30	6.21	5.18	2.39	3.47	1.88	0.68	0.97
机械设备业	1.74	1.70	0.81	2.54	2.69	0.57	1.05	0.27
电气机械及电气设备	8.48	6.56	4.22	11.12	9.64	1.91	3.93	11.82
车辆制造业	1.35	0.43	0.04	1.38	0.25	0.04	0.97	0.08
其他交通设施业	1.53	0.55	0.10	0.50	0.05	0.06	1.30	0.18
制造品回收业	1.77	0.74	8.11	3.43	1.35	3.66	3.01	1.36
平均	3.05	1.41	2.77	2.04	1.84	1.01	1.13	0.64

表4－5反映了发展中国家数字经济基础产业与制造业各细分行业的正向融合度情况，主要呈现以下几个特征：第一，从发展中国家数字经济基础产业与制造业各细分行业的正向融合度的平均值来看，发展中国家的产业融合度普遍水平不高，其中，印度数字经济基础产业与制造业各细分行业的正向融合度的平均值均超过了1.5%，在发展中国家中处于领先水平；其次是俄罗斯、南非、中国和巴西，数字经济基础产业与制造业各细分行业的正向融合度的平均值不足1.5%。第二，从结构方面观察，印度制造业数字化的细分行业与发达国家呈现一致性，不仅机械设备业、电气机械及电气设备业、车辆制造业和其他交通设施业等行业的数字化程度均表现出较高的水平，而且印度的造纸及印刷业的数字化水平也较高。而俄罗斯和南非在机械设备业、电气机械及电气设备业、车辆制造业和其他交通设施业等行业的数字化程度水平更高，有些甚至超过了发达国家水平。第三，中国在发展中国家里面，数字经济基础产业与制造业各细分行业的正向融合度也并不处于领先地位。上述特征可以得出几个重要结论：第一，除巴西外，其他金砖国家机械设备业、电气机械及电气设备业、车辆制造业和其他交通设施业的数字化程度较高，一方面对数字投入的需求较高，为数字经济的发展创造了有利条件；另一方面，传统制造业通过对数字技

术与数字创新的利用，能够提高传统制造业的效率和绩效，为国家经济增长奠定良好的基础。第二，发展中国家未来数字经济的发展方向同时应该注重对高污染、高能耗行业的数字化改造，实现原来的粗放型经济增长模式向以质量为导向的经济增长模式转型。

表4-5 金砖五国数字经济基础产业与制造业各行业的正向融合度 （单位：%）

行业	国家				
	中国	巴西	印度	俄罗斯	南非
食品饮料烟草加工业	0.59	0.42	1.34	0.47	0.41
纺织皮革制鞋业	0.67	0.32	2.18	0.67	1.45
木材加工业	0.49	1.09	1.50	1.00	1.13
造纸及印刷业	1.35	1.57	3.18	1.03	1.40
煤炭石油及核燃料加工业	0.56	0.21	0.40	0.76	0.29
化学工业	1.04	1.25	1.10	0.57	0.85
橡胶和塑料制品业	0.46	1.00	0.90	0.65	1.20
其他非金属加工业	0.47	0.79	0.91	0.83	0.52
基础金属业	0.62	1.07	0.62	1.12	0.14
金属加工制品业	0.89	0.28	3.89	1.08	0.96
机械设备业	2.70	2.06	3.31	4.17	7.89
电气机械及电气设备	5.54	3.41	5.38	4.56	8.79
车辆制造业	1.70	1.65	1.53	5.52	3.25
其他交通设施业	4.19	1.53	3.58	4.27	2.94
制造品回收业	0.65	0.19	6.15	0.64	0.69
平均	1.39	1.01	1.81	1.46	1.44

表4-6为主要发展中国家金砖五国数字经济基础产业与制造业各细分行业的反向融合度情况，反映上述国家数字经济基础产业对制造业各细分行业的需求情况。主要呈现以下几个特征：第一，金砖五国中，中国数字经济基础产业与制造业整体的反向融合度水平最高，为3.05%；其次是俄罗斯、南非和巴西，数字经济基础产业与制造业整体的反向融合度超过1%；最后是印度，数字经济基础产业与制造业整体的反向融合度不足1%。第二，金砖五国中，除中国外，其他四个国家各行业与数字经济基

础产业融合发展不均衡，仅有一两个行业与数字经济基础产业的融合情况较好，导致了数字经济基础产业与制造业总体的反向融合度水平不高。但俄罗斯数字经济基础产业与制造业各细分行业的反向融合度发展的结构情况与发达国家最为接近。

表 4－6　金砖五国数字经济基础产业与制造业各行业的反向融合度　（单位:%）

行业	国家				
	中国	巴西	印度	俄罗斯	南非
食品饮料烟草加工业	0.57	0.01	0.01	0.02	0.48
纺织皮革制鞋业	0.78	0.07	0.21	0.19	0.98
木材加工业	0.83	0.98	0.92	1.07	2.59
造纸及印刷业	7.13	2.80	2.25	1.51	1.39
煤炭石油及核燃料加工业	1.69	0.91	0.99	0.80	4.63
化学工业	4.65	0.64	0.43	1.32	1.80
橡胶和塑料制品业	8.14	4.41	0.92	1.77	6.56
其他非金属加工业	3.13	0.50	0.52	0.15	1.98
基础金属业	2.52	1.04	0.82	0.73	0.21
金属加工制品业	5.30	3.52	1.03	2.87	1.00
机械设备业	1.74	0.79	1.58	4.18	0.97
电气机械及电气设备	8.48	13.27	5.83	4.71	2.20
车辆制造业	1.35	0.02	0.41	5.79	1.76
其他交通设施业	1.53	0.30	0.60	3.53	0.03
制造品回收业	1.77	0.65	0.78	5.14	0.72
平均	3.05	1.18	0.89	1.65	1.65

第六节　中国数字经济基础产业与制造业融合程度的测度与分析

本节行业选择标准同时结合我国《国民经济行业分类》（GB/T4754－2011）和联合国统计委员会颁布的最新产业分类标准，即《全部经济活动国际标准产业分类》（International Standard Industrial Classification of all Economic Activities，ISIC）2006 年第四版，其中制造业产业类别下包含 14 个行业，分别是食品饮料烟草加工业、纺织皮革制鞋业、木材加工业、造纸及印刷业、煤炭石油及核燃料加工业、化学工业、橡胶和塑料制品业、其他非金属加工业、基础金属业、金属加工制品业、机械设备业、电气机械及电气设备、交通运输设备制造业、制造品回收业，数字经济基础产业类别下包含 3 个行业，分别是计算机、电子及光学产品业，邮政和通信业，计算机及相关活动。数据选择依据 OECD 在 2017 年发布的调整后的投入产出表，计算中国的数字经济基础产业与制造业的正向融合度和反向融合度水平（见表 4－7、表 4－8）。

通过投入产出法计算 2001—2011 年中国数字经济基础产业与制造业中 15 个细分行业的正向融合度，结果如表 4－7 所示，电气机械及电气设备业、机械设备业和其他交通设施业与数字经济基础产业的正向融合度水平较高，而木材加工业、橡胶和塑料制品业和其他非金属加工业与数字经济基础产业的正向融合度水平最低，其他行业与数字经济基础产业的融合度都在 0.5%—2% 之间。正向融合度较高的制造行业，如电气机械及电气设备业、机械设备业等属于技术密集型行业，数字技术更易于在此类行业渗透与应用，产业融合发展水平较高。正向融合度较低的制造行业，如木材加工业、食品饮料烟草加工业等属于劳动密集型或者资本密集型的行业，这类行业对劳动力要素和资本要素的需求超过对数字技术的需求，因此这类行业与数字技术的融合应用较为落后。从中国数字经济基础产业与制造业总体的正向融合度来看，2001—2011 年，融合水平较为稳定，整体水平不高，需要实现我国数字经济基础产业的跨越式发展，加速推动数字技术及数字经济基础产业在制造业领域的渗透与应用。

通过投入产出法计算 2001—2011 年中国数字经济基础产业与制造业中 15 个细分行业的反向融合度，结果如表 4－8 所示，电气机械及电气设备业、金属加工制品业、造纸及印刷业和橡胶与塑料制品业与数字经济基础产业的反向融合度水平较高，而食品饮料烟草加工业、纺织皮革制鞋业和木材加工业与数字经济基础产业的反向融合度水平最低，其他行业与数字

表 4－7　2001—2011 年中国数字经济基础产业与制造业的正向融合度

（单位：%）

年份	行业														
	食品饮料烟草加工业	纺织皮革制鞋业	木材加工业	造纸及印刷业	煤炭石油及核燃料加工业	化学工业	橡胶和塑料制品业	其他非金属加工业	基础金属业	金属加工制品业	机械设备业	交通运输设备制造业	电气机械及电气设备	制造品回收业	中国制造业整体
2001	0.65	0.91	0.96	0.80	0.42	1.25	1.09	1.28	2.51	0.82	3.54	2.61	4.87	1.99	1.78
2002	0.74	1.04	0.90	0.70	0.50	1.24	1.05	1.32	2.42	0.69	3.11	2.36	4.27	2.02	1.68
2003	0.68	0.91	0.76	0.96	0.45	1.20	0.91	1.02	1.99	1.00	3.25	2.49	5.13	1.68	1.67
2004	0.63	0.82	0.71	1.10	0.53	1.20	0.80	0.88	1.66	1.23	3.14	2.41	5.27	1.37	1.62
2005	0.61	0.74	0.70	1.23	0.45	1.14	0.71	0.73	1.33	1.33	3.19	2.45	5.74	1.41	1.60
2006	0.57	0.72	0.61	1.25	0.41	1.03	0.59	0.60	0.90	1.23	2.96	2.39	5.97	0.92	1.49
2007	0.53	0.68	0.55	1.32	0.54	0.97	0.49	0.51	0.63	1.16	2.97	2.62	6.44	0.70	1.47
2008	0.55	0.70	0.54	1.31	0.32	0.96	0.49	0.50	0.63	1.11	2.87	2.74	6.01	0.70	1.44
2009	0.56	0.70	0.52	1.38	0.71	1.10	0.48	0.51	0.63	1.13	2.75	2.56	5.61	0.68	1.45
2010	0.61	0.68	0.50	1.34	0.65	1.09	0.46	0.49	0.61	0.97	2.62	2.14	5.36	0.65	1.38
2011	0.59	0.67	0.49	1.35	0.56	1.04	0.46	0.47	0.62	0.89	2.70	2.19	5.54	0.65	1.39

表4-8 2001—2011年中国数字经济基础产业与制造业的反向融合度

（单位：%）

年份	行业														
	食品饮料烟草加工业	纺织皮革制鞋业	木材加工业	造纸及印刷业	煤炭石油及核燃料加工业	化学工业	橡胶和塑料制品业	其他非金属加工业	基础金属业	金属加工制品业	机械设备业	交通运输设备制造业	电气机械及电气设备	制造品回收业	中国制造业整体
2001	0.07	0.50	0.83	6.80	1.01	3.60	7.79	5.98	2.82	5.26	3.28	2.57	17.30	1.65	3.87
2002	0.08	0.57	0.72	7.61	1.03	3.71	7.66	6.45	3.00	5.32	3.47	3.04	20.57	1.69	4.10
2003	0.27	0.58	0.81	8.31	1.27	4.45	7.92	4.77	3.40	5.82	2.97	2.61	15.85	1.60	3.96
2004	0.44	0.68	0.96	9.24	1.42	5.38	8.16	4.31	3.62	6.04	3.13	2.25	15.12	1.56	4.15
2005	0.55	0.65	0.98	9.37	1.49	5.78	8.72	4.16	3.73	6.29	2.82	1.93	13.50	1.57	4.11
2006	0.52	0.60	0.81	7.94	1.46	5.55	8.73	3.59	2.98	5.80	2.55	1.65	11.95	1.49	3.68
2007	0.53	0.58	0.80	6.79	1.37	5.15	8.55	3.23	2.72	5.52	2.21	1.33	9.78	1.62	3.29
2008	0.53	0.66	0.80	6.66	1.53	4.76	8.54	3.26	2.40	5.32	1.91	1.33	9.34	1.59	3.16
2009	0.54	0.77	0.78	7.03	1.48	4.48	7.95	2.96	2.61	5.29	1.67	1.35	8.85	1.79	3.03
2010	0.56	0.80	0.82	7.11	1.64	4.57	7.97	3.15	2.57	5.27	1.73	1.37	8.53	1.72	3.04
2011	0.57	0.78	0.83	7.13	1.69	4.65	8.14	3.13	2.52	5.30	1.74	1.39	8.48	1.77	3.05

经济基础产业的融合度都在 1%—5% 之间。反向融合度较高的制造行业，如电气机械及电气设备业、金属加工制品业、造纸及印刷业和橡胶与塑料制品业，说明上述产业的产出能够促进数字经济基础产业的发展。而反向融合度较低的制造行业，如食品饮料烟草加工业、纺织皮革制鞋业和木材加工业对数字经济基础产业的促进作用有限。通过行业细分研究有利于我国数字经济发展中明确重点发展方向。从中国数字经济基础产业与制造业总体的反向融合度来看，2001—2011 年，融合水平较为稳定，整体水平高于数字经济基础产业与制造业总体的正向融合度，一方面说明数字经济基础产业能够利用先进的制造业技术、设备与产品促进本产业的成长与发展；另一方面说明我国数字经济基础产业对制造业的产出需求能够拓展我国制造业的发展空间。

从图 4－6 可以发现我国数字经济基础产业与制造业各行业的融合度变化趋势的几个特征：第一，我国数字经济基础产业的正、反向融合度从 2001 年到 2011 年均出现了一定程度的下降。第二，正向融合度上升的行业有造纸及印刷业、煤炭石油及核燃料加工业和电气机械及电气设备。数字经济基础产业投入增多的产业中包含污染类行业、资源类行业和技术密集型行业，数字技术及数字经济基础产业的投入增长有利于污染类行业降低污染，有利于资源类行业提高资源的利用效率，有利于技术密集型行业提升产业竞争力。第三，反向融合度上升的行业有造纸及印刷业、煤炭石油及核燃料加工业、橡胶和塑料制品业等行业，在发展数字经济的过程中应重点发展上述产业，既能够促进数字经济基础产业的发展，又扩大上述制造行业的市场需求，获得发展空间。

图 4－7 和图 4－8 分别为计算机、电子及光学设备业，邮政和通信业，计算机相关服务业与制造业的正、反向融合度在 2001 年至 2011 年的变化趋势，以及上述三个数字经济基础产业的细分行业与制造业在 2011 年的融合情况。从图中可以得到几个结论：第一，通过图 4－7 发现，2001—2011 年，中国数字经济基础产业整体与制造业的反向融合度超过正向融合度。这意味着我国本国的制造业产出为数字经济的发展创造了贡献，同

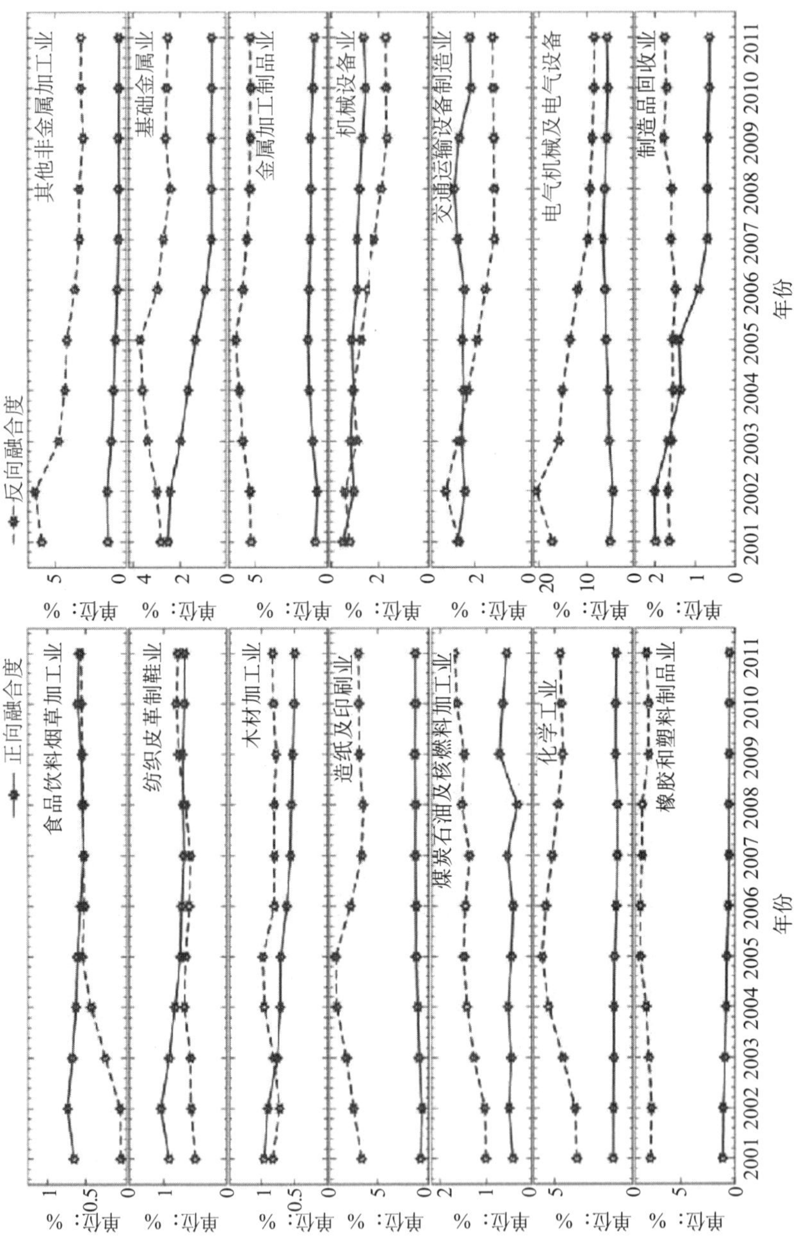

图 4-6 2001—2011 年中国数字经济基础产业与制造业各行业的融合度变化趋势

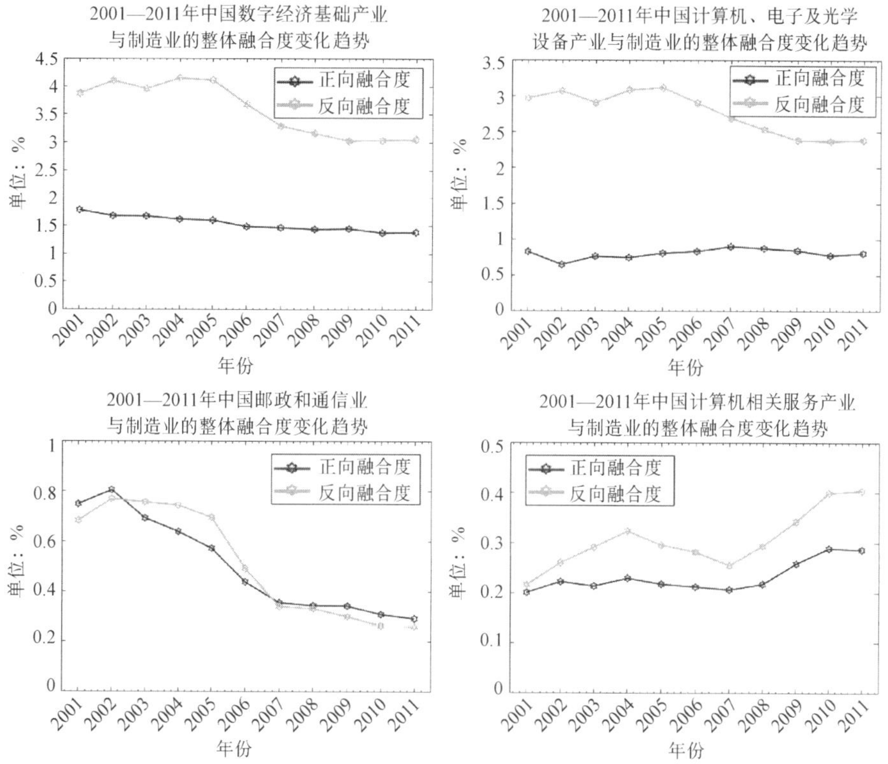

图 4 -7　2001—2011 年，中国制造业与数字经济基础产业各行业的融合度变化趋势

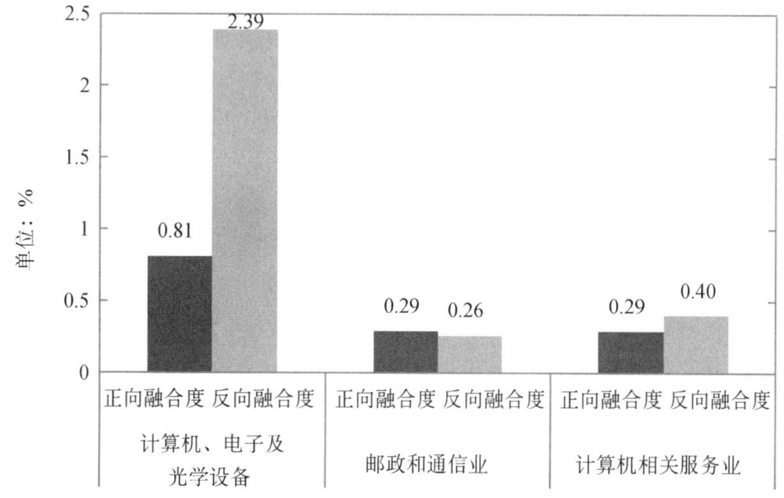

图 4 -8　2011 年中国数字经济基础产业与制造业的整体融合度

时，数字经济的发展也为我国的制造业拓展了市场空间，数字经济基础产业与制造业两个产业相互促进，互为需求，形成良性循环。第二，根据图 4－7 数字经济基础产业细分行业的趋势图发现，计算机、电子及光学设备业和计算机相关服务业与制造业之间的反向融合度高于正向融合度，而邮政和通信业与制造业之间的正向融合度高于反向融合度，意味着计算机、电子及光学设备业和计算机相关服务业更多体现对制造业最终产品的需求超过上述两个行业对制造业的渗透和应用，而邮政和通信业对制造业的渗透应用超过了该行业对制造业的需求。

第五章　产业融合对智能制造产业绩效促进效应的实证分析

通过第四章产业融合度的研究发现，数字经济基础产业与制造业两个产业之间具有强相关的产业关联性，从第二章理论基础的定性分析发现，数字经济基础产业与制造业的产业融合能够提升制造业的产业绩效。因此，本章研究的重点内容是从实证角度，构建产业融合对制造业产业绩效促进效应的理论模型并在此基础上对其进行实证检验。

第一节　产业融合对智能制造产业绩效提升的理论基础

一、生产要素驱动产业融合

不同行业具有不同的生产要素比例，据此可将制造业行业分为技术密集型产业、资本密集型产业、劳动密集型产业等类型，根据生产要素禀赋理论，一个行业在密集使用其相对禀赋丰裕要素进行商品生产具有比较优势，在密集使用其相对禀赋稀缺要素进行商品生产处于劣势地位，比如对于劳动密集型产业，单位劳动力投入所获得的产出要高于其他产业，而单位资本投入所获得的产出则低于资本密集型产业，如果通过产业融合调整劳动力资源在劳动密集型产业和资本密集型产业中的配置，使两个产业的要素比例达到最佳水平，就能显著提高两个产业的产出水平，达到“1 + 1 > 2”的效果。本节就分别从技术、资本、劳动力三要素来具体分析生产要素驱动产业融合的可能路径。

（一）技术创新驱动产业融合

从产业融合产生的过程来看，技术创新驱动产业融合是最先发生、也是最为主要的一种产业融合机制（Geum 等，2016）。依靠数字技术的支持，能够实现制造业生产效率的显著提高，推动制造业生产技术、业务内容、产品形态向数字化转型，实现产业数字化。技术创新的概念源自熊彼特的“创新理论”，是指通过技术活动促进知识与科技成果的商业化和产业化（陈柳钦，2007）。技术创新只有在被广泛使用时，其经济价值和社会价值才能被体现，即技术创新需要通过技术扩散来实现其价值。当技术扩散发生在不同的产业间时，就会发生技术融合。在数字经济时代，这种技术扩散现象更为普遍，主要因为数字技术有如下特点：首先，数字技术通过扩散并与传统生产技术进行融合能够降低企业成本。数字经济具有网络外部性、边际收益递增等区别于传统经济的特点，在数字技术向制造业等行业进行渗透的过程中，数字经济的这些特点也得以传递给传统经济行业，使得原来传统行业所生产的产品和服务也具有了边际收益递增等数字经济的特点，降低了企业的边际成本。同时，通过互联网平台，传统制造业企业还能以极低成本开展广告宣传、业务拓展等市场行为，其总成本也得到了降低。其次，数字技术扩散不具有排他性，不会因为从一个行业扩散到另一个行业而造成原行业技术效用的降低，特别是由于互联网具有规模效应，根据梅特卡夫定律，使用互联网的用户越多，互联网技术所能发挥的效用越大，因此其扩散动力也更大。再次，数字技术的使用门槛较低。数字技术虽然开发门槛较高，但是使用门槛较低，多数数字设备和产品都以简单易用为目标，同时由于数字化的产品已经进入人们的日常生活，对于每天都在接触数字产品的人来说，在生产中使用数字产品门槛极低。最后，数字技术所带来的超额利润会产生示范效应，会进一步推动数字技术扩散与融合。

基于上述特点，数字技术得以快速在各行业扩散、渗透，形成数字经济与其他行业进行融合的技术基础。但是在具体融合的过程中，数字技术并不一定是与其他行业的技术相融合，也有可能与其他行业的产品、业务进行融合，即技术创新驱动产业融合并不等同于技术融合，也有可能带来产品融合和业务融合等融合类型（见图5-1）。

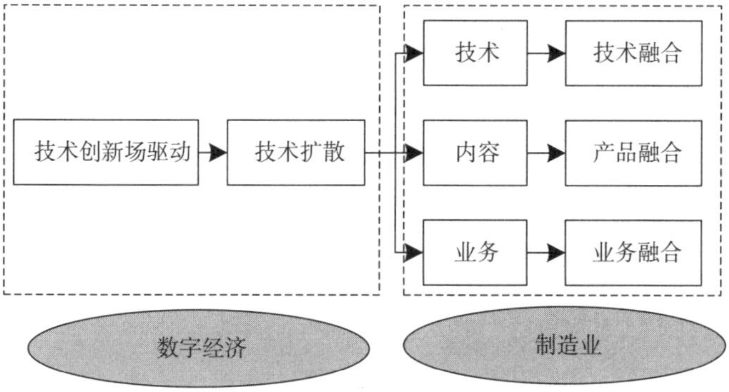

图5-1　技术创新驱动数字经济与制造业融合

首先，以“技术+技术”形成融合型技术无疑是技术创新驱动所产生的最主要、最直接的一种融合类型。其表现是将两种不同领域的技术进行有机整合，整合后的技术具有了原来两种技术的特点，能够有效地提高其在原有领域内的生产效率。比如，利用信息技术、自动化技术与制造业的传统工业技术进行融合，形成工业互联网技术，这种工业互联网技术不仅保留了在工业生产中的特性，又兼备了互联网的连接性、可扩展性和智能性。但是技术融合最终是否能有效地转化为产品融合与市场融合，则有待市场检验，只有符合市场需求的技术融合，才有可能发展为成功的产业融合。历史上技术融合失败的案例不乏其例，如美国的钛星计划、Google Health项目等，在很大程度上都不是技术上的失败，而是对于市场需求预估的失败。

其次，与传统行业的内容产品融合，是技术创新驱动产生的另一类融合类型。依靠数字技术和数字设备，可以将传统行业的内容以数字化的形式呈现，以互联网平台传播。典型产品如手机报、网络文学等，都是“技术+内容”所形成的新产品。在这一融合路径上，制造业可以从提高数字设备的体验感、便利性等方面发力，将数字内容以更加丰富、更加舒适的方式进行呈现，满足消费者多层次的内容需求。

再次，技术创新驱动也可通过“技术 + 服务”的融合方式形成新的商业模式。在移动互联网基本普及的情况下，通过互联网平台开展业务，已成为很多企业势在必行的选择。如申城出行，就是在共享出行日渐火爆的情况下，传统出租车行业面对市场需求的一次转型，也使得出租车行业与互联网行业的融合进一步加深。制造业虽然不存在严格的服务型行业，但是却为服务型行业提供可用于服务的设备，如为老人提供陪护服务的智能机器人、街边提供销售服务的自动售卖机、商场内的自助结账台等，可以说都是制造业生产的产品在直接提供服务。可以看出，智能化是当前以及未来制造业进行“技术 + 服务”融合路线的关键。

最后，虽然技术创新驱动所产生的融合类型有多种多样，但是不管选择何种融合方式，都要根据已有的优势和特点来进行融合，都要考虑融合是否满足市场需求。通过数字技术 +（技术、内容、业务）满足消费者需求的整合，是技术创新驱动产业融合的应有之义，否则就只能停留在融合的初始阶段——知识融合。在满足消费者需求的整合这一方面，智能手机无疑是最为成功的一个案例，它将消费者的通话需求、照相需求、视听娱乐需求、阅读需求、社交需求等等整合在一个设备中，其功能的可扩展性还能继续满足更多的需求，使得智能手机成为当前人们生活必不可少的数字设备。

（二）市场资本驱动产业融合

在市场竞争中，市场主体为了获得其他企业的技术、数据等资源或抢占其他行业企业的超额利润，进行跨行业并购、投资、联合，实现产业链和生态系统的重构，这种重构多是在资本层面进行的，因此通过这一类市场行为所驱动的产业融合可以归纳为市场资本驱动产业融合（见图 5 - 2）。Geum 等（2016）对韩国的 100 个产业融合案例进行了聚类分析后发现，多数产生于同一学术领域内的产业融合案例都与市场资本驱动有关，这种驱动多形成市场融合与业务融合，主要有以下几种表现形式：

第一，跨行业并购。数字经济相关企业在这一方面有着巨大的优势，2020 年全球市值最高的 10 家公司中，有 7 家属于数字经济相关企业。这

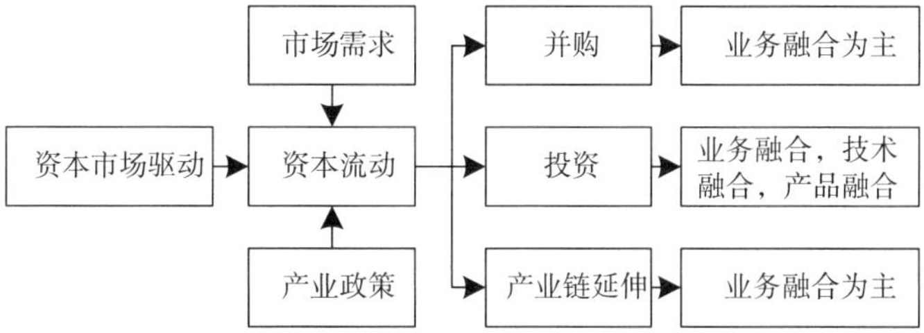

图 5-2 资本市场驱动数字经济与制造业融合

些企业依靠其强大的资本进行跨行业并购，加速了产业融合的进程。如微软收购 Skype、谷歌收购摩托罗拉移动，从表面上看，这些都是资本运作行为，但是从深层分析，微软通过收购 Skype，将其业务从软件行业扩展到通信行业，同时也推动了互联网协议语音（VoIP）这一互联网行业与通信行业融合点得到快速发展。事实上，任何一个跨行业并购行为，都不仅仅是简单的资本运作和资产的物理性叠加，更需要对原有的企业架构、业务、人员、资产等进行重新整合与配置，推动了业务融合的发生；特别是大型企业之间的并购，会直接影响到市场结构、市场竞合关系等，一定程度上推动市场融合的发展。第二，市场投资。由于许多交叉领域能够获得技术创新，市场预期对该领域的投资会获得超额利润，在利益的驱使下资本会大量涌入，加快新兴交叉领域的发展。例如产生于互联网与租赁行业交叉点的共享单车出现伊始，就获得了众多资本的青睐，在这一行业得到野蛮式发展的同时，也使得这一新兴领域的业务融合、技术融合等方面的问题得到迅速解决，加速了共享出行行业的规范化进程。第三，产业链扩展与延伸。数字经济对产业链的扩展与延伸作用，不仅可以通过产业链中不同企业的经济活动来实现，也可以依靠大型企业自身资本的扩张来实现。阿里巴巴就是一个典型的例子，从最初的互联网交易平台（淘宝、天猫），到互联网金融服务（支付宝），再到线下物流服务（菜鸟）和线上基础技术架构和强大的云计算系统架构（阿里云），构成了一条完整的数字产业链，在强化自身生态系统的同时，也使得金融业、物流业等行业与互联网行业得到了快速融合，互联网金融、移动支付、电子商务物流都已成为最为火爆的新兴行业之一。

由于资本市场驱动产业融合主要表现为各种市场行为，而市场行为较易受到市场环境因素和外部政策因素的影响和调控，存在着诸多不确定性。首先是市场需求。随着数字设备增多，数字化需求增多，例如，电子游戏机在市场上的销量越好，消费者对于游戏软件的需求也会更加多样化。同样地，随着手机的逐步智能化，聚合了众多的功能，使得用户越来越习惯于在一个智能终端来处理更多的事务，对于产品功能的多样化需求也日趋强烈。从用户需求增加这一角度来看，对于资本有着较强的吸引力。但是，从另一方面来考虑，众多资本涌入同一领域，有可能会造成供大于求，在对用户的竞争中，一些资本可能会采用“输血式”的补贴方式吸引用户或者让用户进行“艰难的选择”，容易引发恶性竞争，如何引导资本的良性竞争仍是一个亟待解决的问题。其次是政策因素。国家政策对产业融合的影响至关重要，产业融合理论认为除了技术创新外，放松管制是产生产业融合的另一重要原因（马健，2002；植草益，2001），而放松管制正是一种政策因素的表现。从我国的现实情况来看，电信业与互联网的成功融合也得益于政策上的引导，目前这两个行业均隶属工业和信息化部进行管理，也为两个行业融合后的平稳发展提供了政策保障；2018 年成立文化和旅游部，也是在政策上对文化和旅游两大行业的融合提供有力的政策保障。但是，也有研究证明，不同的产业政策对于产业融合具有不同的影响方向（肖兴志等，2019），从宏观上来看，当前我国的政策法规侧重环境保护与可持续发展，要求制造业向绿色、环保的方向发展，由于数字经济能够提升能源使用率和资源利用率，与制造业的融合是实现绿色经济的有效途径，符合我国产业政策的需求。但是从行业竞争的良性发展上来看，企业的跨行业非理性扩张不仅对于企业自身存在资金风险，也有可能导致市场集中度过高，对市场绩效产生负面效应。因此，国家最近出台的产业政策，如《国务院反垄断委员会关于平台经济领域的反垄断指南》，对于互联网企业的无序扩张开始了一定程度的管制，使资本驱动的产业融合控制在合理区间内。

因此，企业在进行并购、投资、产业链延伸等市场行为时，必须结合自身的特点，选择有利于自身发展战略的目标，充分发挥技术、人力资源等互补性优势，提高市场配置资源的效率，才能达到相对成功的效果。

二、产业绩效的影响因素与衡量方法

关于数字经济与制造业融合对制造业绩效的影响的研究尚未见报道。相关研究中，不少学者关注信息产业与制造业的融合对制造业绩效的影响，但不同研究者得出的结论并不一致，总体可以分为两类。第一类研究结果认为信息产业与制造业的融合正向影响制造业绩效。徐盈之和孙剑（2009）较早利用投入产出法开展了信息产业与制造业融合度的测算，并利用工业年鉴数据，证实中国制造业的产业绩效与信息产业制造业的融合度呈正相关，同时市场结构水平、所有权结构与产业融合对制造业绩效共同起推动作用；李晓钟（2017）采用了同样的方法对浙江省信息产业与制造业的融合进行了分析，发现产业融合度、国有企业占比和市场开放度与产业绩效呈正相关关系，但市场集中度与产业绩效呈负相关关系；吴义杰（2010）利用示范——模仿模型，从理论上推导了产业融合对产业结构和产业绩效的正向影响。另一类研究结果认为产业融合与产业绩效不存在显著相关性或存在负相关性。如王鑫静（2018）同样利用投入产出法分析了1992—2012年中国信息产业与制造业各行业的融合趋势，并利用混合效应模型分析了产业融合对于制造业绩效的影响，发现中国制造业与信息产业的融合对于制造业产业绩效的提升作并不显著；马婷婷（2012）研究发现信息化与工业化融合对于工业行业绩效的提升作用随着绩效的提高而降低，产业绩效高的行业产业融合与产业绩效呈负相关但不显著；汪芳和潘毛毛（2015）实证研究表明中国信息产业与制造业融合度与制造业产业绩效间存在负相关关系，并认为原因是中国信息化水平不高，以及产业融合对产业绩效的提升作用存在一定的滞后性。

此外，部分学者也发现信息产业与制造业的融合对于制造业的影响存在异质性。比如，地区异质性方面，毛甜（2013）发现辽宁、山东、浙江三省装备制造业经济效率与融合度之间存在显著关系，产业融合度的提升将明显提高装备制造业的经济绩效，但江苏、广东两省经济效率和融合度间关系则不显著，江苏省产业绩效受产业聚集程度影响较大，广东省则受市场开放水平影响较大；产业异质性方面，刘莹（2020）通过对信息产业与制造业融合度与制造业全要素生产率及其分解指标的分析，发现信息产业与中端技术产业融合对其全要素生产率有促进作用，而信息产业与高技术产业融合对其促进作用并不明显。对于以上不同研究者所得出的结论并不一致的问题，本书尝试作了简单的分析，发现可能原因主要有两点：

第一，不同学者对于融合度的测算结果存在差异，虽然国内大部分学者采用投入产出法进行信息产业与制造业融合度的测算，但是由于投入产出表的不连续、对于信息产业的界定不一致等原因，因此不同学者就算是采用同样的方法对同样的数据进行测算，得出的结果也存在较大差异，并且融合度的稳定性较差，利用这样波动性的数据来估算缺失年份的数据，显然会造成更大的误差。

第二，不同研究所采用数据的时间窗口、因变量指标以及回归方法等存在差异。由于国家发布投入产出表具有一定的滞后性，研究者无法采用最新的数据进行研究，所选择的时间窗口差异很大；同时，对于制造业绩效所选用的评价指标，也存在较大差异，有的研究者采用总资产贡献率，有的研究者采用全员劳动生产率或者比较劳动生产率，亦有研究采用全要素生产率作为评价指标，不同指标具有不同的内涵和指向，如财务上的指标并不一定能反映生产率水平，较高的盈利水平有可能是因为市场原因所致；此外，不同的回归方法可能也是结果不一致的重要原因，比如，采用分段回归的研究者就会发现在一定水平下，融合度正向影响绩效，而超出这个水平，融合度对绩效则不存在影响（刘莹，2020）甚至是负面影响（符安平，2011）；同时，其他控制变量对模型的有效性也存在一定的影响。

产业绩效是产业经济学的核心问题，产业绩效的影响因素是研究产业发展的关键内容。产业绩效是指在某种特定市场结构与市场行为的作用下，某产业内的企业在价格、成本、利润、产量、质量及技术进步等方面达到的最终经济效果。产业经济学对产业绩效的研究基于产业和企业的市场活动目标，评价一定市场结构和市场行为下的企业绩效，研究集中于资源配置、管理效率、组织效率、产品产量与产品品质等内容。在产业绩效研究中，最具代表性的是哈佛大学 Bain（1951）提出的 S－C－P（Structure－Conduct－Performance）产业分析框架，其中 S 指产业结构，C 指企业行为，P 指产业绩效。该学者认为产业结构影响企业行为，企业行为影响产业绩效。产业结构反映了一定市场中的企业数量、市场份额和企业规模的关系，受到市场集中度、交易方的数量与规模、产业进入与退出壁垒、产品差异化程度、市场份额和成本结构等因素的影响。企业行为表现为企业应对产业结构变化与外部冲击的各种反应和采取的措施，具体包含企业组织模式、运营模式、管理模式、协同模式、创新模式等方面的变革。产业绩效反映企业在利润、成本、份额、创新、资源配置等方面的变化。因此，传统产业经济学对产业绩效的评价指标集中于资源配置效率、价格与边际成本、产品质量与种类、技术进步和创新、利润水平。对产业结构的研究集中于市场集中度领域，具体包含市场集中度、产品差异化程度、产业进入与退出壁垒、市场需求增长率、价格弹性和短期成本结构六个方面。基于短期视角，S－C－P 模型是一个有效分析产业绩效的框架，但从长期来看，一方面产业结构、企业行为和产业绩效三者之间是相互影响和相互作用的，另一方面产业经济的运行基于特定的经济形态与环境背景，这种特定的经济形态与经济环境能够对产业绩效产生决定性影响。因此，现代的产业经济研究对 S－C－P 框架进行了修正与发展。其中，芝加哥学派对该理论的演化发展最具代表性，他们的主要贡献在于在传统产业经济学利用资源配置效率、价格与边际成本、产品质量与种类、技术进步和创新、利润水平等指标评价产业绩效的基础上，通过研究产业结构、企业行为和产业绩效的相互约束与相互促进的关系，推动 S－C－P 框架由单向分析模型向双向分析模型的演化发展。产业结构对企业行为产生影响的同时也受到企业行为影响的反作用力。产业绩效受到产业结构和企业行为影响的同时，也能够影响产业结构和企业行为的发展。20 世纪 80 年代，产业绩效研究在新产业组织理论的推动下，进一步演化发展，增加了政府政策和产业规制等新的影响因素，完善了产业组织经济学的分析框架。

目前学界对产业绩效的衡量主要基于财务和市场两个维度，以下是目前具有代表性的产业绩效衡量方法：贝恩指数、利润率、托宾 Q 值、勒纳指数、比较劳动生产率。

（一）贝恩指数

贝恩指数能够从财务的角度衡量产业绩效水平。贝恩指数等于经济利润除以投资总额，用以表示产业超额利润率，具体公式为：

$$B = \pi_\beta / v(\pi_\beta = \pi_\alpha - iv, \pi_\alpha = R - C - D)$$

其中，B 是贝恩指数，π_β 表示经济利润，V 表示投资总额，π_α 表示会计利润，i 表示投资收益率，R 表示总收益，C 表示总成本，D 表示折旧。

（二）利润率

利润率是传统产业经济学分析产业绩效的指标。在完全竞争环境下，利用企业的市场平均利润率评价产业绩效水平。具体公式为：

$$R = (\pi - T)/E$$

其中，R 表示税后资本收益率，反映税前利润指标，T 表示税收额，E 表示自有资本。

（三）托宾 Q 值

托宾 Q 值从超额利润的角度评价产业绩效。Q 值越大意味着企业获取的超额利润越大，因此损失的社会福利越大，导致产业绩效水平较低。具体公式为：

$$Q = \frac{\text{公司的市场价值}}{\text{资产重置成本}}$$

（四）勒纳指数

勒纳指数等于价格同边际成本的离差率，通过市场势力反映产业绩效水平。勒纳指数越小，代表市场竞争越激烈，产业绩效水平较高。具体公式为：

$L = (P - MC)/P$

其中，L 表示勒纳指数，P 表示价格，MC 表示边际成本。

（五）比较劳动生产率

比较劳动生产率由库兹涅茨提出，从财务和市场两个维度对产业绩效水平进行评价。比较劳动生产率水平越高，产业绩效水平越高。具体公式为：

智能制造产业的产业绩效 $Y_i = \frac{\alpha_i}{\beta_i}$

其中，α_i 为行业 i 的总产值占国内生产总值的相对比重：$\alpha_i = \frac{G_i}{G}$，β_i 为行业 i 的劳动力数量占国家劳动力总量的相对比重：$\beta_i = \frac{L_i}{L}$。

财务维度的评价主要基于竞争性用途视角对稀缺资源进行优化配置，通过产业部门的生产成本衡量产业绩效水平，代表学者是贝恩，一般使用利润率、超额利润率、净资产利润率和生产率等财务评价指标评价产业绩效。市场维度的评价通过产业部门在市场所处的相对地位来评价产业绩效，代表学者是勒纳，利用价格同边际成本的离差率等市场势力指标评价产业绩效。库兹涅茨综合考虑了财务和市场两个维度，利用比较劳动生产率指标评价产业绩效水平，衡量更为全面。因此，本章选择比较劳动生产率的方法对产业绩效水平进行评价。

三、数字经济背景下的产业融合对智能制造产业绩效的作用

数字经济基础产业引发的产业融合现象对产业绩效产生的影响受到了国内外学者的关注。Alfonso G 和 Salvatore T（1998）对 20 世纪八九十年代的计算机、半导体和通信行业的产业融合现象进行研究，通过与产业融合不显著的产业进行对比分析发现技术融合度同产业绩效间具有正相关关系，能够显著提高产业绩效。Banker Chang 和 Majumdar（1998）利用 1988—1992 年信息通信产业的相关数据分析发现产业融合为不同产业部门

的企业创造了共同的基础设施，通用资源的存在降低了企业单位平均成本，支持了数字经济基础产业的产业融合能够改善产业绩效的观点。国内学者徐升华（2004）运用定性分析方法提出信息化对内生技术进步的促进是经济增长的动能，并通过索洛模型发现对产业增长的贡献中，信息技术的贡献程度高于资本和劳动。王宏伟（2009）利用生产可能性前沿函数构建信息通信产业全要素增长率的测算方法，提出信息通信产业对本部门及其他产业部门的拉动作用不断提高。徐盈之（2009）利用面板数据发现智能制造产业的产业绩效同产业融合度之间存在显著的正相关，产业融合是提高智能制造产业绩效的新切入点。马婷婷（2012）基于组织学习理论、变革管理理论、创新扩散理论和协同学理论四个方面构建了信息化和工业化融合对产业绩效影响问题的理论分析框架，通过构建分位数回归模型对信息化与工业化融合对产业绩效的影响进行了实证分析，发现两化融合及产业结构对产业绩效的影响作用。张捷（2016）基于智能制造产业与服务业双向融合的角度，发现不论是智能制造产业主导的正向产业融合还是服务业主导的反向产业融合均能显著提升智能制造产业的产业绩效。李晓钟（2017）基于 S－C－P 分析框架，从横向和纵向两个层面估算产业融合对产业绩效的影响。

通过上述学者的研究可以发现，产业融合对产业绩效的作用主要体现在三个方面：第一，降低成本，提高经济效益。一方面，产业融合过程产生的通用资源可以节约动态成本和静态成本。一是产业融合促进通用资源的充分使用，建立共同平台，实现资源与技术互补的企业实现合作，降低静态成本；二是通用技术的融合促进资源的投入产出效率，扩张生产可能性边界，降低动态成本。例如，拥有共同的基础设施资源，降低企业的单位平均成本。另一方面，产业融合过程造成了企业对市场的替代，从而降低内生性交易成本和外生性交易成本。一是产业融合缩短了生产迂回链条，缩短生产和消费之间的距离，同时可以增强价格、质量的透明度和流程控制力，改善产业间的交易效率，使企业内分工的交易成本显著低于市场分工的交易成本；二是由于产业融合缩短了中间环节的迂回链条，使企业具备快速组织生产和销售的能力，并提高企业的市场反应能力，降低中间交易成本。第二，产业融合通过改变供给和需求状况来对产业绩效产生影响。在供给侧，一方面，产业融合下出现的新产品增加了产品供给，并通过供给引致效应创造新需求，提高产业绩效；另一方面，产业融合推动产品的模块化和定制化，提高了产品柔性生产能力，促进供给侧的范围经济的形成。在需求侧，由于个性化、定制化的创新产品的出现，提高了产品的收入弹性。第三，产业融合过程中，共同技术的扩散提高了融合产业的技术水平、内部的管理能力和外部的关联水平，降低了产业间要素生产效率的非均衡度，促进了产业间的配合度与协调度，提升了整体产业绩效。

第二节　产业融合对中国智能制造产业绩效影响实证分析

一、研究假设

根据前文的产业融合双向性分析，本节构建的数字经济基础产业与智能制造产业融合对智能制造产业绩效影响的基本模型为：

$$Y_t = \beta_1 CONF_{it} + \beta_2 CONB_{it} + \varepsilon_{it}$$

其中，t = 1，2，…，T。Y_t 表示智能制造产业的产业绩效，$CONF_{it}$表示数字经济基础产业与智能制造产业的正向融合度，$CONB_{it}$表示数字经济基础产业与智能制造产业的反向融合度，ε_{it}是随机扰动项。

由于数字技术和数字经济基础产业对智能制造产业的渗透与应用，能够降低智能制造产业成本、提高智能制造产业生产、组织和管理效率，建立新的竞争与合作关系，引起智能制造产业的质变。因此，数字经济基础产业与智能制造产业的正向融合会提高智能制造产业的产业绩效。此外，数字经济基础产业对智能制造产业产出的需求，即产生的反向产业融合，通过产业融合的经济复合效应，同样会提高智能制造产业的产业绩效。除与研究目标相关的影响因素外，一些传统的产业绩效影响因素也是建立模型不可忽视的经济变量。例如，哈佛大学 Bain（1951）提出的 S – C – P（Structure – Conduct – Performance）产业分析框架，论证了产业绩效受到产业结构和企业行为的影响。本书也同样认为智能制造产业的产业结构更加合理，产业集中度更高，更容易实现规模经济和范围经济。因此，合理的产业结构能够提高智能制造产业的产业绩效。马婷婷（2012）利用“公共悲剧理论”“委托—代理理论”“剩余索取和控制权理论”“不完全合同理论”和“所有者缺位论”等理论基础论证了产权结构是影响产业绩效的经济变量；利用“产业升级”“技术扩散与知识溢出理论”对市场开放度对产业绩效的影响进行了逻辑演绎论证。本书也持类似观点，现代产业经济学认为市场化水平越高，产业绩效水平越高。产权结构能够反映市场化水平，国有产权的激励问题较私有产权而言，更难解决。国有产权比重的提升不利于智能制造产业的产业绩效水平。产业对外的开放程度和对外资的利用程度能够促进产业发展，推论出智能制造产业的开放程度的提高能够促进该产业绩效的提升。产业规模与产业绩效存在正相关关系，产业规模的扩大将对产业绩效的提升产生促进作用。因此，本章基于以上理论和分析，提出如下研究假设：

假设 1：数字经济基础产业与智能制造产业的正向融合能够提高智能制造产业的产业绩效。

假设 2：数字经济基础产业与智能制造产业的反向融合能够提高智能制造产业的产业绩效。

假设 3：合理的产业结构能够提高智能制造产业的产业绩效。

假设 4：国有产权的比重越高，智能制造产业的产业绩效越低。

假设 5：提高智能制造产业的开放程度能够提高该产业绩效。

假设 6：产业规模越大，产业绩效水平越高。

二、模型建立

为验证以上假设，本章将所构建的计量模型调整为：

$$Y_t = \beta_1 CONF_{it} + \beta_2 CONB_{it} + \beta_3 STRC_{it} + \beta_4 OPENF_{it} + \beta_5 MAR_{it} + \beta_6 SCA_{it} + \varepsilon_{it}$$

为了实证分析的方便性，本章将上述模型变量进行对数处理，并得到设定的最终模型为：

$$\ln Y_t = \beta_1 \ln CONF_{it} + \beta_2 \ln CONB_{it} + \beta_3 \ln STRC_{it} + \beta_4 \ln OPENF_{it} + \beta_5 \ln MAR_{it} + \beta_6 \ln SCA_{it} + \varepsilon_{it}$$

其中，t=1，2，…，T。Y_t 表示智能制造产业的产业绩效，it$CONF_{it}$ 表示数字经济基础产业与智能制造产业的正向融合度，$CONB_{it}$表示数字经济基础产业与智能制造产业的反向融合度，$STRC_{it}$表示产业结构水平，$OPEN_{it}$表示市场开放度，MAR_{it}表示市场化水平，SCA_{it}表示产业规模，T 为样本期，ε_{it}是随机扰动项。

三、数据来源与变量选择

（一）数据来源

基于研究目的，本书采用智能制造产业各行业数据进行分析，去除智能制造产业中数字经济基础产业相关行业的其他智能制造产业行业构建面板数据，数据选择区间为 2006—2015 年。数据主要来源为《中国工业经济统计年鉴》《中国统计年鉴》以及 2017 年 OECD 公布的《国际投入产出表》。行业选择标准同时结合我国《国民经济行业分类》（GB/T4754 - 2011）和联合国统计委员会颁布的《全部经济活动国际标准产业分类》（International Standard Industrial Classification of all Economic Activities，ISIC）2006 年第四版，其中智能制造产业类别下包含 14 个行业，分别是食品饮料烟草加工业、纺织皮革制鞋业、木材加工业、造纸及印刷业、煤炭石油及核燃料加工业、化学工业、橡胶和塑料制品业、其他非金属加工业、基础金属业、金属加工制品业、机械设备业、电气机械及电气设备、交通运输设备智能制造产业、制造品回收业。数字经济基础产业类别下包含 3 个行业，分别是计算机、电子及光学产品业，邮政和通信业，计算机及相关活动。

（二）变量选取

1. Y_t 表示智能制造产业的产业绩效。本书综合考虑财务与市场维度，利用库兹涅茨的比较劳动生产率指标进行产业绩效的评价。具体公式和计算方法见上文。

2. $CONF_{it}$表示正向融合度，根据第四章计算方法算出。

3. $CONB_{it}$表示反向融合度，根据第四章计算方法算出。

4. $STRC_{it}$表示产业结构，目前市场集中度是反映产业结构水平的最佳衡量指标，在现有研究中，通常使用的方法有赫芬达尔指数（HHI）、勒纳指数、熵指数、空间基尼系数法、贝恩指数及 EG 系数法等。上述指标的计算需要行业内企业市场份额相关数据，同时对数据的全面性和精确性也提出了较高的要求。

因此，若不存在符合计算要求的数据，上述方法的使用也就失去了合理性和实践意义。目前我国仅个别年份的行业企业数据，数据不够全面和完整，无法利用上述分析方法。因此，本书选择企业平均规模作为替代指标，具体公式为：

$$\text{制造业行业 i 的企业平均规模} = \frac{\text{制造业行业 i 的总产值}}{\text{制造业行业 i 的企业数量}}$$

5. MAR_{it}表示市场化水平，现代产业经济学观点认为产权结构能够反映市场化水平，国有产权的比重越高，智能制造产业的产业绩效越低。在我国企业所有制分为国有企业、外资企业和民营企业。因此，本书选择国有企业在产业中的结构作为衡量市场化水平指标，具体公式为：

$$\text{制造业行业 i 的所有权结构} = \frac{\text{制造业行业 i 中国有企业总产值}}{\text{制造业行业 i 的工业总产值}} \times 100\%$$

6. $OPEN_{it}$表示市场开放度，目前，国内学者通常利用外商资本与进出口额衡量市场开放度，由于本书关注的重点不在外商资本与贸易往来的关系上，而重点关注外商资本与产业绩效的关系，因此，本书选取外商资本与实收资本指标衡量市场开放度，具体公式为：

$$\text{制造业行业 i 的开放度} = \frac{\text{制造业行业 i 的外商资本}}{\text{制造业行业 i 的实收资本}} \times 100\%$$

7. SCA_{it}表示产业规模，扩大产业规模所引发的规模效应将有利于产业绩效的提升，具体公式为：

$$制造业行业\ i\ 的产业规模=\frac{制造业行业\ i\ 的产值}{国内总产值}$$

四、产业融合对中国智能制造产业绩效的影响因子研究

本书考虑产业融合对中国智能制造产业绩效影响因素，既考虑传统研究产业绩效的影响因素，如产业结构、市场化水平、产业规模和市场开放度，也考虑数字经济基础产业与智能制造产业融合对智能制造产业绩效的影响因素，引入了正向融合度和反向融合度。影响因子研究的目的在于厘清诸多变量之间的关系，最大限度地减少由于信息量不足造成的影响，利用能够反映原有模型中诸多关键信息的少数影响因子代表诸多经济变量，表示影响因子之间的关系。为了确定模型中各解释变量对产业绩效影响的客观权重，本书在全部影响因子数据的基础上，利用主成分因子分析法对变量数据进行分析，选择出新的影响因子。主成分因子分析法的优点在于：第一，能够在较大程度上简化经济变量，从而得出更加客观和合理的分析结果；第二，通过主成分法提取的新变量，组内差异小而组间差异大，从而有利于消除共线性的问题。

（一）主成分因子分析法的模型

因子分析法按研究对象的不同主要分为两类：一类是以变量为研究对象的因子分析；另一类是以样品为研究对象的因子分析。

因子分析的矩阵形式，即因子荷载矩阵为：

$$\begin{bmatrix} X_1 \\ X_2 \\ \vdots \\ X_p \end{bmatrix}=\begin{bmatrix} a_{11} & a_{12} & \cdots & a_{1m} \\ a_{21} & a_{21} & \cdots & a_{2m} \\ \vdots & & & \vdots \\ a_{p1} & a_{p2} & \cdots & a_{pm} \end{bmatrix}\begin{bmatrix} F_1 \\ F_2 \\ \vdots \\ F_m \end{bmatrix}\begin{bmatrix} \varepsilon_1 \\ \varepsilon_2 \\ \vdots \\ \varepsilon_p \end{bmatrix}$$

上式中，X_1，X_2，X_3，…，X_p 代表存在 p 个经济变量；系数 a_{pm} 为变量 X_p 在因子 F_m 上的荷载（也称为权重），荷载代表第 p 个变量与第 m 个

因子之间的相关系数；ε_1，ε_2，…，ε_p 表示特殊因子，代表实际测量值与估计值间的误差。

因子荷载矩阵需要满足如下三个条件：

（1）$m \leqslant p$；

（2）F 与 ε 不相关，且 $Cov(F,\varepsilon)=0$；

（3）F_1，F_2，…，F_m 不相关，且方差为 1；ε_1，ε_2，…，ε_p 不相关，且方差不同。

（二）主成分因子分析法的步骤

1. 数据标准化

由于因子分析涉及的定量和定性指标的数量较多，上述指标在量纲或数量级别方面不具备直接可比性，因此，在因子分析前，需要对数据进行标准化处理，以消除数量级别差异的影响。数据标准化的处理公式为：

$$ZX_i = \frac{X_i - E(X_i)}{\sqrt{Var(X_i)}}$$

其中，ZX_i 为变量 X_i 的标准化形式；E（X_i）表示变量 X_i 的均值；Var（X_i）表示变量 X_i 的方差。

2. KMO 检验与 Bartlett 球形检验

KMO 检验与 Bartlett 球形检验的目标是判断因子分析是否适用于该指标的验证。

KMO 检验统计量用于变量间的简单相关系数同偏相关系数的比较，数学公式为：

$$KMO = \frac{\sum \sum_{i \neq j} r_{ij}^2}{\sum \sum_{i \neq j} r_{ij}^2 + \sum \sum_{i \neq j} p_{ij}^2}$$

其中，r_{ij}^2表示变量 X_i 与变量 X_j 之间的相关系数；p_{ij}^2表示变量 X_i 与变量 X_j 之间的偏相关系数。

KMO 值的范围在 0 和 1 之间，根据统计学家 Kaise 等提供的判定标准，若 $KMO \geqslant 0.5$，则待验证指标能够进行因子分析；若 $KMO < 0.5$，则表示

待验证指标不适合因子分析，需要扩大样品量。

Bartlett 球形检验通过对原有变量相关系数矩阵行列式进行计算，来判定因子分析是否适用于验证指标。若计算结果较大，并且其对应的概率 $p<\alpha$，那么原指标可以采用因子分析；若计算结果较小，并且其对应的概率 $p\geqslant\alpha$，那么原指标不可以使用因子分析。

3. 因子荷载矩阵的计算

该步骤是因子分析方法的核心，因子荷载矩阵的结果因计算方法的不同而存在差异。由于本书的研究目标在于用少数具有关键信息的因子替代诸多因子，因此选择主成分因子分析法。

因子分析法中的核心任务是计算因子的荷载矩阵，所得出的因子负载矩阵因计算方式的不同而不同，因为需要从诸多因子中提炼出少量的因子，因此本书选择主成分因子分析方法，提取公式中的前 K 个主成分，方法如下：

$$\begin{cases} X_1 = a_{11}F_1 + a_{12}F_2 + \cdots + a_{1k}F_k + \varepsilon \\ X_2 = a_{21}F_1 + a_{22}F_2 + \cdots + a_{2k}F_k + \varepsilon \\ \vdots \\ X_p = a_{p1}F_1 + a_{p2}F_2 + \cdots + a_{pk}F_k + \varepsilon \end{cases}$$

其中，$F_i = \dfrac{y_i}{\sqrt{\lambda_i}}$，$a_{\bar{ij}} = \mu_{\bar{ij}}\sqrt{\lambda_i}$

那么，含有 K 个因子的因子荷载矩阵为：

$$A = \begin{bmatrix} a_{11} & a_{12} & \cdots & a_{1k} \\ a_{21} & a_{22} & \cdots & a_{2k} \\ \vdots & & & \vdots \\ a_{p1} & a_{p2} & \cdots & a_{pk} \end{bmatrix} = \begin{bmatrix} \mu_{11}\sqrt{\lambda_1} & \mu_{21}\sqrt{\lambda_2} & \cdots & \mu_{k1}\sqrt{\lambda_k} \\ \mu_{12}\sqrt{\lambda_1} & \mu_{22}\sqrt{\lambda_2} & \cdots & \mu_{k2}\sqrt{\lambda_k} \\ \vdots & & & \vdots \\ \mu_{1p}\sqrt{\lambda_1} & \mu_{2p}\sqrt{\lambda_2} & \cdots & \mu_{kp}\sqrt{\lambda_k} \end{bmatrix}$$

因子荷载矩阵计算的关键在于 K 的取值，目前学界存在两种常用方法：一是选择特征值大于 1 的因子；二是通过方差贡献率选择因子，计算方法如下：

$$Q = \frac{\sum_{i=1} \lambda_i}{p}$$

4. 因子旋转

若初始的因子荷载矩阵中的因子荷载较小，则存在对变量的解释能力较弱的问题，此时需要旋转因子荷载矩阵进行坐标的变换处理，从而增大或减小因子的荷载量，增强因子对变量的解释力。通常因子旋转的方法有正交旋转和斜交旋转两类。本书选择的方法是正交旋转。

若 $K=2$，正交矩阵 $\tau = \begin{bmatrix} \cos\varphi - \sin\varphi \\ \sin\varphi\cos\varphi \end{bmatrix}$，得到 $B = A\tau$

相对方差为：

$$V_t = \frac{1}{p^2}\left[p\sum_{i=1}^{p}\frac{b_{it}^4}{h_i^4} - \left(\sum_{i=1}^{p}\frac{b_{it}^2}{h_i^2}\right)^2\right], t = 1,2$$

其中，$\alpha = \sum_{j=2}^{p}\mu_j, \beta = \sum_{j=1}^{p}v_j, c = \sum_{j=1}^{p}(\mu_j^2 - v_j^2), d = 2\sum_{j=1}^{p}\mu_j v_j$；

$\mu_j = \left(\frac{a_{j1}}{h_j}\right)^2 - \left(\frac{a_{j2}}{h_j}\right)^2$，$v_j = 2\frac{a_{j1}a_{j2}}{h_j^2}(j = 1,2,\cdots,k)$

ϕ 需满足的条件为：

$$\tan(4\varphi) = \frac{d - 2\alpha\beta/p}{c - (\alpha^2 - \beta^2)/p}$$

若 $k>2$，依次选择两个因子进行上述旋转过程。正交旋转角度需满足两个因子方差和最大。第一轮循环的结束为 K 个因子全部正交旋转完成，上述过程将持续进行，直至 V 值基本不再增大或者因子旋转达到指定迭代次数。

5. 计算因子得分

通过上述步骤确定因子之后，计算出与原经济变量数值相应的因子得分。为更好描述对象特征，将主成分因子用原始变量的线性方程表示，得到因子得分函数为：

$$F_j = \beta_{j1}X_1 + \beta_{j2}X_2 + \beta_{j3}X_3 + \cdots + \beta_{jp}X_p(j = 1,2,\cdots,m)$$

其中：X_1，X_2，…，X_p 表示标准化的变量因子；β_{j1}，β_{j2}，…，β_{jP} 表

示 F_j 在 X_p 上的得分系数。

（三）主成分因子分析的结果与结论

利用 Eviews 6.0 软件进行主成分因子分析，并采用正交旋转法，因子总方差分解结果如表 5－1 所示。

表 5－1　　各因子的总方差解释表

因子	初始特征值			提取特征值		
	合计	占方差的百分比（%）	累计方差百分比（%）	合计	占方差的百分比（%）	累计方差百分比（%）
$CONF_{it}$	2.747	45.780	45.780	2.747	45.780	45.780
$CONB_{it}$	1.317	22.855	68.635	1.371	22.855	68.635
$STRC_{it}$	0.917	15.283	83.918	0.917	15.283	83.918
$OPEN_{it}$	0.469	7.821	91.740	0.469	7.821	91.740
MAR_{it}	0.367	6.118	97.857	0.367	6.118	97.857
CSA_{it}	0.129	2.143	100.000			

总方差解释表展示了各主成分因子对原始变量总方差的解释情况。从表中得出，在本书选择的 6 个解释变量中，经过主成分因子分析保留了前 5 个主成分因子，累积方差占总方差的百分比达 97.857% >85%，能够很好解释原始变量的信息，因子提取过程有效。

此外，本书还使用正交旋转法对因子荷载矩阵进行了旋转，目标是保证各变量因子所得是最小变量数的最高荷载，如表 5－2 所示。

表 5－2　　旋转后因子特征值

因子	旋转后因子特征值		
	合计	占方差的百分比（%）	累计方差百分比（%）
$CONF_{it}$	1.769	29.480	29.480
$CONB_{it}$	1.031	17.191	46.671
$STRC_{it}$	1.029	17.156	63.826
$OPEN_{it}$	1.025	17.091	80.917
MAR_{it}	1.016	16.940	97.857

五、产业融合对中国智能制造产业绩效影响的分析

由于本章采用的是面板数据，无法忽视个体影响，因此在回归分析之前，首先，通过 F 检验判断本章实证分析应该选择面板的分析方法还是混合回归方法，检验结果表明组间差异显著，所以建立固定效应模型优于混合回归模型。其次，通过 Hausman（1978）检验的结果判断个体效应和解释变量的相关性，发现固定效应模型优于随机效应模型。综上，本章选择固定效应模型。为了消除面板数据分析中可能存在的横截面间的相关性、组内相关性和群组或面板的异方差问题，选择可行的广义最小二乘法（FGLS）进行回归分析。表 5 -3 是利用 Stata14.0 软件进行的产业融合对智能制造产业绩效影响的逐步回归结果。其中模型（1）的解释变量为正向融合度，模型（2）的解释变量为正向融合度和反向融合度，模型（3）的解释变量为正向融合度、反向融合度和产业结构，模型（4）的解释变量为正向融合度、反向融合度、产业结构和市场化水平，模型（5）的解释变量为正向融合度、反向融合度、产业结构、市场化水平和市场开放度。

表 5 -3　　产业融合对智能制造产业绩效的影响

解释变量	模型（1）	模型（2）	模型（3）	模型（4）	模型（5）
正向融合度	-0.08938***	-0.0769641***	-0.0541919***	-0.0307164***	-0.0703252***
	(0.0116506)	(0.0192169)	(0.0085377)	(0.0096463)	(0.0168916)
反向融合度		0.0633528**	0.0209464	0.019519	0.297736**
		(0.027426)	(0.0129716)	(0.0156059)	(0.0150945)
产业结构			0.5853755***	0.5532718***	0.4135509***
			(0.0108453)	(0.017181)	(0.0298082)
市场化水平				-0.0735253**	-0.1035389***
				(0.0288596)	(0.0186204)
市场开放度					0.1586567***
					(0.0218875)
_cons	2.671465***	2.7285***	2.498862***	2.382879***	2.683764***
	(0.0067418)	(0.254314)	(0.0636177)	(0.0801854)	(0.0902741)

通过表 5 – 3 的结果，并结合本章提出的假设及本书第二章的理论基础，可以得出如下三个结论：

第一，数字经济基础产业与智能制造产业的正向融合度对智能制造产业的产业绩效具有显著负向作用，符号与预期相反；反向融合度对智能制造产业的产业绩效具有显著的促进效应，与预期判断一致，但在加入某些变量时，产业反向融合对智能制造产业的产业绩效影响变得不显著，直到市场开放度变量的加入，才使得反向融合对智能制造产业的产业绩效影响重新变为具有显著的促进作用。根据模型（1）至模型（5）的回归结果可知，产业正向融合度的系数均显著为负，说明在数据的样本报告期内，正向的产业融合对产业绩效产生了冲击作用。根据本书第二章的理论基础进行分析，导致该现象的原因可能是数字技术经济的发展过程遵循 S 型扩散理论。2006 年至 2011 年属于数字技术经济正向产业融合的导入期，新的数字技术经济对产业绩效的冲击受到几个方面的影响，一是旧模式的阻挠；二是数字经济的基础设施建设、制度建设与原有产业不匹配，达到均衡状态需要一定的时间；三是数字经济促使智能制造产业的分工方式出现变革，由模块化分工逐渐替代传统的水平及垂直的分工模式，更加复杂的产品需要在不同系统、产业、区域、单元、专业间解决协同等问题，均在一定程度上对数字技术的应用和产业绩效水平的提升造成了负面影响。伴随数字技术在智能制造产业的逐步渗透与应用，数字经济基础产业与智能制造产业的融合程度随之深化，数字经济基础产业的投入回归合理水平，对数字化的投资、应用更加理性，数字经济技术进入协同阶段，对产业绩效水平将产生促进作用。根据模型（2）和模型（5）的回归结果可知，反向融合度对产业绩效水平的提升具有显著的正向作用，但该作用在模型（3）和模型（4）中却并不显著。可能的原因在于 2006 年至 2011 年的反向融合度与当时的产业结构和市场化水平协调性较差，导致产业反向融合度对产业绩效水平的作用效应明显弱化。产业融合度受到市场开放度水平的影响，随着市场开放度水平的提升，能够有效协调反向融合度对智能制造产业绩效水平的促进效应。此外，正向融合与反向融合对智能制造产业绩效作用方向差异的原因可能是所处产业融合发展阶段不同导致。通过第四章的分析可知，我国正向融合度在世界处于中等偏下水平，融合水平有待进一步提升，处于技术经济S型扩散的初期；我国反向融合度在世界处于较领先的位置，跨越了导入期，能够较为协调地、持续释放对智能制造产业绩效的促进效应。

第二，产业结构与产业绩效水平之间存在显著的正相关关系，符合本章假设预期，即市场集中度越高，产业绩效水平越高；反之，市场的分散则会降低产业绩效水平。市场开放度与产业绩效之间也存在显著的正相关关系，符合理论预期，即外资率在一定程度上对我国智能制造产业绩效的提升产生了促进效应。其中，市场开放度每增加一个百分点，将带动产业绩效提升15.87个百分点。

第三，市场化水平要素与产业绩效水平之间存在显著的负相关关系，符合本章的理论预期，即国有企业在产业结构中的比重过高，将对智能制造产业绩效产生不利影响，抑制市场活力和企业竞争力，体现制度要素和市场结构特征对产业绩效发挥的重要作用。因此，应该鼓励私有产权和外资产权参与我国的数字经济建设，有效解决国有产权激励性缺陷，积极促进更多元、合理的市场产权结构的形成。

六、产业融合对中国智能制造产业绩效影响基准回归的稳健性分析

本节分析的目的，一方面，将智能制造产业按生产要素禀赋差异进行分组，对上节的基准回归进行稳健性分析；另一方面，更深入地研究与测度产业融合对不同智能制造产业行业产业结构的影响效果（见表5-4）。将智能制造产业部门按生产要素禀赋差异分为三类，具体分类方法同前文。

通过表5-4分行业回归结果来看，主要得出以下结论：

第一，产业融合对制造业分行业产业绩效水平的影响存在差异，其中就劳动密集型产业和资本密集型产业而言，产业融合（含正向融合和反向

表 5－4　　产业融合对智能制造产业分产业结构水平的影响

解释变量	劳动密集型产业		资本密集型产业		技术密集型产业	
	模型（6）	模型（7）	模型（6）	模型（7）	模型（6）	模型（7）
正向融合度	－3.559629*** (0.2366706)	0.5651889*** (0.1399882)	－0.5404445*** (0.010126)	－0.0828591*** (0.0340586)	0.6122908*** (0.021092)	0.0386399* (0.0235226)
反向融合度	1.580458*** (0.0310905)	0.2687462*** (0.0532552)	－1.003182*** (0.0076789)	－0.7504753*** (0.045226)	0.4212436*** (0.0161556)	0.1000337*** (0.0322207)
研发强度		0.2599574*** (0.0733852)		0.7547855*** (0.0346725)		0.2127396*** (0.0231773)
直接外商投资		0.9053003*** (0.04268)		0.1220284*** (0.0307789)		－0.6462037*** (0.0385312)
国有化率		0.1216778*** (0.0172787)		0.4958998*** (0.0357885)		0.1096205*** (0.0243872)
_cons	0.4004782*** (0.055257)	－5.174528*** (0.6336025)	1.012754*** (0.027468)	4.865447*** (0.3285483)	0.6773735*** (0.0875297)	3.956865*** (0.3615445)

融合）对制造业产业绩效水平与基准回归结果一致，即正向融合对上述两个分组产业绩效造成冲击，而反向融合对分组产业绩效具有促进效应。对技术密集型产业而言，不论是正向的产业融合还是反向的产业融合，均对该产业绩效具有正向效应。分组回归结果说明，技术密集型产业对数字技术的应用领先于劳动密集型产业和资本密集型产业，数字技术与技术密集型制造产业的产业融合发展阶段快于其他分组产业。

第二，分组回归中的产业结构与产业绩效水平之间存在显著的正相关关系，与基准回归结果一致，其中产业结构每增加一个百分点的变动，对资本密集型产业、劳动密集型产业和技术密集型产业绩效的影响分别是27.72%，21.58%和17.2%。市场开放度与产业绩效之间也存在显著的正相关关系，进一步验证了基准回归结果，其中该变量对分组产业绩效作用程度排序与产业结构因素类似，市场开放度水平每增加一个百分点的变动，对资本密集型产业、劳动密集型产业和技术密集型产业绩效的影响分别是40.7%，32.85%和20.75%。

第三，市场化水平要素对制造业分行业产业绩效水平的影响存在差异，其中资本密集型产业和技术密集型产业绩效的回归结果与基准回归结果一致，即国有企业在产业结构中的比重过高，将对两类分组产业绩效产生不利影响，抑制市场活力和企业竞争力。该因素对劳动密集型产业绩效的回归结果并不显著，可能的原因在于，该变量可能不是劳动密集型产业绩效的解释变量；或者该变量对劳动密集型产业绩效是一种间接影响，主要通过其他解释变量对该产业绩效发生作用。

第三节　数字经济下我国智能制造产业驱动的绩效评价

一、理论模型

（一）指标构建原则

评价指标的选取原则是能反映评价对象的特点，因此，在构建数字经济下我国智能制造产业评价指标体系的时候要从不同角度进行构建，同时，还要遵循科学性、可操作性、代表性和可比性原则。科学性是指标体系的确定应能真实、客观、全面地反映智能制造产业发展的结果，因此，在建立智能制造产业评价指标体系的时候应明确智能制造产业的内涵与特征，尽量采取权威部门发布的有效数据，从而保证指标名称、定义和来源的权威性。可操作性是指标的选取要结合理论研究与实际获取情况。由于智能制造产业的个别数据的获取存在较大难度，所以在指标体系构建的时候要可量化、来源易得以及计算简单实用。代表性和可比性是智能制造产业评价指标的选取要能反映智能制造产业的真实发展情况，同时，由于区域之间发展的不平衡，所以也要考虑到区域之间智能制造产业发展情况的结果所要求的可对比性。因此，在保证评价指标选取的代表性的基础上必须要统一计算口径，防止数据不可比。

（二）指标确立

本节建立了智能制造产业发展水平综合评价指标体系，如表 5 – 5 所示。

表 5 – 5　　智能制造产业发展水平综合评价指标体系

目标层	准则层	指标层	正负性	X
智能制造产业发展水平	智能制造产业经济水平	GDP	正	X1
		人均 GDP	正	X2
		智能制造产业从业人员	正	X3
		智能制造产业投资额	正	X4
		智能制造产业投资额占总投资额比重	正	X5
		人均可支配收入	正	X6
		人均消费支出	正	X7、
	信息化建设水平	移动电话数量	正	X8
		通信业务总量	正	X9
		国际互联网普及率	正	X10
	技术创新水平	科研技术从业人员	正	X11
		技术市场成交额占国内生产总值比重	正	X12
		高等学校在校生数	正	X13
		专利申请数授权量	正	X14
	数字化产业发展	信息服务业 GDP	负	X15
		信息服务业就业人数	负	X16
		软件业务收入	负	X17

（三）数据来源

本节选取了2015—2021年我国智能制造产业发展的有关数据，数据来源三个方面：一是2015—2021年的《中国统计年鉴》，二是我国34个省级行政区域的2015—2021年的统计年鉴，三是我国34个省级行政区域的2015—2021年国民经济和社会发展统计公报。对于部分缺失的数据，采用回归填补法对其填补。

二、研究方法

（一）熵权法

熵权法是一种客观赋值法，在计算指标权重的时候，如果人为赋值，则会因为主观差异而产生不同的权重值，而熵权法就可以避免主观随意性带来的权重赋值不足问题。熵权法以数据本身为基础，计算指标的变异系数，从而判断指标提供的信息。具体的计算过程如下：

在进行指标选取时，设年份的个数为r个，市的个数为m，指标的个数为n，则x_{ij}为第i市的第j个指标值。在使用熵权法计算时，需进行标准化处理。对指标进行标准化处理方式如下：假设评价对象有样本m个，评价指标n个。评价体系用矩阵的形式则可以表示为$X=\{x_{ij}\}_{m\times n}$，$(i=1,2,\cdots,m;j=1,2,\cdots,n)$，其中，$x_{ij}$表示第i个样本第j个评价指标的值。设第ij个指标对应的原始值的最大值为max(ij)，其最小值为min(ij)，由此对正、负两类指标进行如下的标准化处理：

正指标的标准化：

$$x'_{ij}=\frac{x_{ij}-\min(ij)}{\max(ij)-\min(ij)},(i=1,2,\cdots,m;j=1,2,\cdots,n)$$

负指标的标准化：

$$x'_{ij}=\frac{\max(ij)-x_{ij}}{\max(ij)-\min(ij)},(i=1,2,\cdots,m;j=1,2,\cdots,n)$$

x'_{ij}为标准化值，由计算方式可以看出其值的范围在[0，1]间。因此，对评价体系矩阵经过标准化后得到的矩阵为$X'=\{x'_{ij}\}_{m\times n}$。计算第j

项指标的熵值 R_j：

$r_{ij} = x'_{ij} / \sum x'_{ij}, (0 \le r_{ij} \le 1), (i = 1, 2, \cdots, m; j = 1, 2, \cdots, n)$

$R_j = -k \sum r_{ij} \mathrm{In} r_{ij}, (i = 1, 2, \cdots, m; j = 1, 2, \cdots, n)$

其中，$k > 0$，$k = 1/\mathrm{In}n$，$\mathrm{In}r_{ij}$为自然对数形式，r_{ij}表示第 j 项指标下的第 i 个样本指标值的比重。若 $r_{ij} = 0$，则 $\sum r_{ij}\mathrm{In}r_{ij} = 0$。

计算第 j 项指标的差异性系数，对于给定的 j，x_{ij}的差异性越小，则 R_j越大，当 x_{ij}全部相等时，R_j最大等于 1，此时对于系统间的比较，指标 x_{ij}毫无作用；当 x_{ij}差异性越大，R_j越小，指标对于系统的比较作用较大。因此定义差异系数为：

$G_j = 1 - R_j$

所以，当 G_j越大时，指标就越重要。计算第 j 项指标的权重：

$W_j = G_j / \sum G_j, (j = 1, 2, \cdots, n)$

计算第 j 项指标的绩效指数，利用无量纲化标准化的值与指标权重相乘再进一步求和，则可以计算出最终结果为：

$Z_i = \sum W_j \times x'_{ij}, (i = 1, 2, \cdots, m; j = 1, 2, \cdots, n)$

（二）聚类分析法

聚类分析是一种将数据归类的一种分析方法，其原则是根据数据的不同特征将数据进行归类。本节采用 Ward 系统聚类方法，对 2015—2021 年我国智能制造产业发展水平进行聚类分析。

（三）关联分析

数字经济下我国智能制造产业发展水平的空间相关性分析，选取已得到普遍认可的 Global Moran's I 指数进行检验。计算公式如下：

$$I = \sum_{i=1}^{n}\sum_{j=1}^{n}(Y_i - \overline{Y})(Y_j - \overline{Y}) / (S^2 \sum_{i=1}^{n}\sum_{j=1}^{n} W_{ij})$$

式中，$S^2 = \frac{1}{n}\sum_{i=1}^{n}(Y_i - \overline{Y})$；$\overline{Y} = \frac{1}{n}\sum_{i=1}^{n} Y_i$；$Y_i$、$Y_j$表示第 i、j 地区的观测值；n 为地区总数；$W_{ij}$为空间权重矩阵。Moran's I 指数的取值范围是 [-1,1]，若 I 值越接近 1，则说明各地区属性呈正相关；若 I 值为零，则表示不相关，若 I 值接近 -1，则说明各地区属性呈负相关。对于空间权重

矩阵，利用欧式空间距离（Euclidean Distance）作为评价权重，分别计算2015—2021年我国34个省级行政区域的智能制造产业发展水平的Global Moran's I指数。一般用Moran散点图来表示各区域的空间关联情况。局部Moran's I指数为：

$$I_i = z_i \sum_{i \neq j}^{n} w_{ij} z_j$$

其中，$Z = (I - E(I)) / \sqrt{Var(I)}$ 为Z检验统计量，E(I) 为期望，Var(I) 为方差，z_i为Z标准化后地区i的智能制造产业发展水平值。局部Moran's I指数为正（负）表示相似（异）类型属性值的要素相邻近，绝对值越大表示邻近程度越高。通过LISA集聚图分析，可以分析属性值在哪里聚集或者属性值在空间发生什么变化。通常分为四种情况，其中高—高聚集、低—低聚集表示区域智能制造产业发展差异较小，呈正相关。而低—高聚集、高—低聚集表示区域智能制造产业发展差异较大，呈负相关。

三、数字经济下我国智能制造产业发展评价指标分析

根据不同指标的特性，运用熵权法对我国2015—2021年智能制造产业评价指标进行权重分析。首先进行数据归一化处理，将中国34个省级行政区域的7个年份17个指标共2725个样本值均处理为［0，1］间无量纲化数据，然后计算出每一年截面数据中每个指标34个省级行政区域样本值的熵，最后计算得到当年每个指标的权重，最终得到每一年17个指标的权重，具体的结果见智能制造产业发展水平综合评价指标权重计算结果（见表5-6）。

表5-6　　智能制造产业发展水平综合评价指标权重计算结果

	2015年	2016年	2017年	2018年	2019年	2020年	2021年	均值
X1	0.0626	0.0633	0.0651	0.0648	0.0640	0.0579	0.0580	0.0622
X2	0.0536	0.0527	0.0534	0.0519	0.0475	0.0449	0.0504	0.0506
X3	0.0809	0.0850	0.0771	0.0803	0.0937	0.0981	0.0971	0.0875

续表

	2015 年	2016 年	2017 年	2018 年	2019 年	2020 年	2021 年	均值
X4	0.0953	0.0970	0.0953	0.0972	0.0963	0.0796	0.0878	0.0926
X5	0.0598	0.0617	0.0678	0.0671	0.0700	0.0679	0.0872	0.0688
X6	0.0492	0.0498	0.0506	0.0555	0.0537	0.0519	0.0526	0.0519
X7	0.0463	0.0487	0.0503	0.0520	0.0551	0.0449	0.0464	0.0491
X8	0.0844	0.0483	0.0501	0.0488	0.0481	0.0504	0.0486	0.0541
X9	0.0475	0.0489	0.0508	0.0512	0.0528	0.0623	0.0584	0.0531
X10	0.0679	0.0614	0.0592	0.0606	0.0556	0.0547	0.0513	0.0587
X11	0.0841	0.0821	0.0813	0.0756	0.0757	0.0734	0.0666	0.0769
X12	0.0890	0.0869	0.0826	0.0859	0.0859	0.0798	0.0724	0.0832
X13	0.0741	0.0738	0.0655	0.0617	0.0596	0.0646	0.0634	0.0661
X14	0.0854	0.0743	0.0701	0.0751	0.0743	0.0741	0.0722	0.0751
X15	0.0357	0.0357	0.0363	0.0356	0.0362	0.0331	0.0328	0.0351
X16	0.0398	0.0437	0.0448	0.0429	0.0398	0.0378	0.0377	0.0409
X17	0.0393	0.0390	0.0417	0.0400	0.0410	0.0376	0.0401	0.0398

从表 5-6 可以看出，对于智能制造产业评价体系中各指标的均值结果，均值结果超过 0.05 的指标共有 13 个，按照指标均值权重由大到小排列，首先，权重占比超过 0.08 的指标有智能制造产业从业人员的数量、智能制造产业投资额、技术市场成交额占国内生产总值比重，作为影响智能制造产业发展的内在人力资源因素和资本因素，智能制造产业从业人员的数量和智能制造产业的投资额起到决定性的作用，其权重影响占比分别为 0.0875 和 0.0926，这也从侧面说明人才与资本是智能制造产业发展的主要动力。其次，权重占比超过 0.06 但小于 0.08 的指标，包括 GDP、智能制造产业投资额占总投资额比重、科研技术从业人员、高等学校在校生数、专利申请数授权量，这五个指标是对智能制造产业创新性的保障，科研技术从业人员、技术市场成交额占国内生产总值比重是智能制造产业创新性发展的基础，对于智能制造产业需要有专门的人员和机构进行创新性研究，而专利申请数授权量就是对这一创新性成果最好的保障。因此，这五者指标的权重均值分别为 0.0622、0.0688、0.0769、0.661、0.0751，具有

较大的影响。最后，指标均值在0.05和0.06之间的指标，包括人均GDP、人均可支配收入、移动电话数量、通信业务总量。其中，地区人均GDP则表明了智能制造产业发展所处在的外部经济环境，是外生动力因素下的经济水平影响因素。这四者权重均值水平分别为0.0506、0.0519、0.0541和0.0531，说明对智能制造产业评价具有一定的客观性。从智能制造产业评价指标均值较小的指标看，人均可支配收入、人均消费支出、信息化建设水平和数字化产业发展指标均值占比较小。

第六章　产业融合对智能制造产业结构水平的作用

在数字经济背景下，数字技术的渗透和应用对产业结构水平产生影响，数字技术、信息等新要素与劳动、资本等传统要素共同成为决定产业结构的因素。数字技术提高了传统制造业的生产效率，实现传统制造业在研发、设计、工艺、生产、销售、运营和市场等过程的数字化，不断增加传统制造业与数字经济基础产业的正向与反向联系。一方面，实现制造业产业内部从低技术向高技术的产业结构升级、从低加工度向高加工度的产业结构升级、低附加值向高附加值的产业结构升级、劳动密集型产业和资本密集型产业向技术密集型产业结构升级。另一方面，利用通用要素搭建传统制造产业间及其与数字经济基础产业间的产业关联度，通过产业链融合实现传统产业的结构升级。

第一节　产业结构水平的测度及理论模型

一、产业结构水平的衡量方法

产业结构升级主要表现为产业结构的合理化和高度化，具体体现在产业间的结构升级和产业内的结构升级。国内外学者对产业结构水平的测度均有丰富的研究，其中国外学者对产业结构水平的测度研究的代表性方法主要有三个：一是标准结构比较法。该方法主要通过提出不同人均收入水平下产业结构高度化的标准，利用投入产出法整理样本国家产业结构演化数据，并进行产业结构影响因素的回归分析，通过样本国家与标准结构的比较来判定某国产业结构的高级化程度。该方法的代表性学者为库兹涅茨、钱纳里及赛尔奎因等。该方法的缺点在于各国经济规模和发展阶段存在差异，如工业经济发达国家与工业经济落后国家，造成各国的产业结构发展水平、阶段和特点等领域的差异，使得该方法缺乏一定的可信度。二是动态比较法。该方法与第一种方法的相同之处在于都是通过比较的方法进行产业结构水平的分析，不同之处在于动态比较法基于建立产业结构参照系作为评价其他产业结构程度的依据。动态比较法既可通过产业结构的相似程度作为判断依据，主要衡量方法如结构相似性系数和相关系数法，也可以通过产业结果的偏离程度对产业结构水平进行评价，代表性的衡量方法为结构变化值、欧式距离法及兰式距离法。三是发展阶段判定法。该方法基于经济体发展阶段的实践数据，将经济发展分成若干阶段，通过比较国家的经济发展特征测度产业结构水平。代表性的方法有霍夫曼比例指标、钱纳里及赛尔奎因的经济发展阶段学说和罗斯托的经济成长阶段说。此外，还有一些产业结构水平的判定方法，如三次产业结构比例指标法、智力和技术的密集度与集约度指标法、工业加工度指标法、基础产业超前系数法、产业水平满足率指标法和高技术产业产值比重等方法。

国内学者对产业结构水平的测度侧重评价指标。指标法的优点在于突破了定性分析的局限性，可用于横截面和时间序列的定量分析。潘文卿（1994）利用结构关联技术矩阵的最大特征值构建产业结构水平衡量指标。白雪梅等（1995）利用修正后的范数构建评价非农产业、第二产业和第三产业的产业结构指标。陈静等（2003）利用因子分析，将第三产业占 GDP 的比重及人均 GDP 两个指标复合为产业结构系数评价产业结构水平。靖学青（2005）通过定义产业结构层次系数进行产业结构水平的评价，其主要贡献在于不但能够反映某年份某区域的产业结构程度的绝对水平，而且能够进行不同时期和不同区域间产业结构程度的比较及产业结构变动情况的研究。周昌林等（2007）利用劳动生产率和部门产出占总产出的比重两个指标构建了产业结构水平 H 值，该方法的主要贡献在于既考虑了各产业的资本、技术、要素消耗特征及产品价值构成的评价，也考虑了分工和专业化在产业结构演进过程中发挥的决定性作用。刘伟等（2008）在周昌林等（2007）构建的产业结构水平 H 指标基础上，通过劳动生产率的标准化，使原指标不仅能够进行工业化进程的判断，同时可以进行国际比较，进一步发展了产业结构高度指标。嘉蓉梅（2012）重新构造产业结构水平 S 值，通过比较劳动生产率离差平方和替代标准化的劳动生产率，有效避免了有无量纲、结果受比较顺序影响等问题。肖兴志等（2012）基于生产者和要素供给者的优化动机分析，构造了最优名义产出增长率模型，实现经济事件对产业结构偏离最优产业结构影响程度进行量化分析。

虽然国外对产业结构的测度体制较为系统，但考虑到对数据年限、统计口径和质量的较高要求，中国目前产业结构领域的数据并不能支撑国外的统计研究方法。国内对于产业结构水平的评价仅通过第三产业占国民经济生产总值比重的测度方法又过于简单，会将以损害资源配置效率为代价换取的产业结构“虚高”水平计算在内。因此，本书采用周昌林和魏建良（2007）的研究方法，考虑产业结构效益，并结合数字经济基础产业和制造业的实际情况来设计制造业产业结构升级的理论模型。

二、智能制造产业结构升级理论模型

假设智能制造产业包含 n 个部门，本书构建的产业结构升级理论模型为三个部门（产业划分标准按照生产要素使用的密集程度划分为劳动密集型产业、资本密集型产业和技术密集型产业）的产业水平值与各部门在智能制造产业中的比重乘积之和，具体公式表达为：

$$STR = \sum_{i=1}^{n} k_i \sqrt{LP_i}$$

其中，STR 表示智能制造产业结构，i 表示智能制造产业各产业部门，n 表示智能制造产业行业数，k_i 表示智能制造产业各部门占智能制造产业的比重，LP_i 表示智能制造产业各部门的产业水平值。

上式中产业水平值使用平方根的原因在于各产业间的劳动生产率存在

较大差异，劳动生产率水平较低产业的变化情况易被劳动生产率水平较高的产业变化情况所掩盖，因此通过开方处理劳动生产率以提高产业水平变化的敏感性。

根据上式，定义如下4个产业结构水平的测度指标，分别为：

$$LP = -\sum_{j=1}^{n}\left(\frac{OUTP_j}{OUTP}\right)\left|\frac{OUTP_j/L_j}{OUTP/L-1}\right|$$

（1）产业水平值：由于劳动生产率既能体现专业化又能体现分工水平，因此，产业水平值通过劳动生产率指标进行测度，具体公式为：

$$OUTP = \sum_{j=1}^{n} OUTP_j,\ L = \sum_{j=1}^{n} L_j$$

其中，$OUTP_j$ 表示产业j的产值，lj表示产业j的年度平均就业人数。

（2）产业比例：用三个部门（分别是劳动密集型产业、资本密集型产业和技术密集型产业）在智能制造产业中的比重来表示，具体公式为：

$$k_j = \frac{OUTP_j}{OUTP}$$

$OUTP_j$ 表示产业j的产值。

（3）产业结构水平的贡献度：表示各产业对产业结构水平的贡献程度。产业结构水平的贡献度越高，表明产业结构水平越高。

$$CONT_j = \frac{k_j LP_j}{STR} \times 100\%$$

（4）产业水平系数：产业水平系数越大，代表产业结构越好，水平越高。

$$COE_j = \frac{CONT_j}{k_j}$$

第二节　中国产业结构水平现状

基于本书的研究目标，数字经济促进智能制造产业内部从低技术向高技术的产业结构升级、从低加工度向高加工度的产业结构升级、低附加值向高附加值的产业结构、劳动密集型产业和资本密集型产业向技术密集型产业结构升级。本章按生产要素禀赋差异将产业细分为劳动密集型产业、资本密集型产业和技术密集型产业，具体产业划分方法与第五章相同。数据均来自历年的国家统计局数据和《中国工业经济统计年鉴》。根据上节智能制造产业结构升级理论模型和计算方法，得到全国及国有企业的产业结构比例、产业结构水平贡献度、产业水平系数和产业结构水平，分别如表 6 -1 至表 6 -4 所示。

一、产业结构比例

表 6 -1　　中国及中国国有企业产业结构比例　　（单位:%）

年份	中国			国有企业		
	k_1	k_2	k_3	k_1	k_2	k_3
2011	26. 90198	47. 53151	25. 5665	12. 74874	64. 50905	22. 74222
2012	26. 25736	47. 65627	26. 08637	11. 53362	59. 96099	28. 50539
2013	25. 81423	47. 58685	26. 59893	10. 84329	61. 10241	28. 0543
2014	26. 60382	45. 24488	28. 1513	11. 437	55. 37878	33. 18422
2015	25. 73721	45. 56615	28. 69665	10. 79357	56. 22128	32. 98515
2016	25. 329	46. 86986	27. 80114	10. 65332	58. 39644	30. 95023
2017	26. 96936	46. 7687	46. 7687	12. 02953	57. 95809	30. 01239
2018	27. 31453	46. 20708	26. 47838	12. 32579	56. 53967	31. 13454
2019	27. 41646	45. 60237	26. 98117	12. 47329	54. 67422	32. 85248
2020	28. 47338	43. 95257	27. 57405	13. 88524	50. 18612	35. 92864

二、产业结构水平贡献度

表 6 -2　　中国及中国国有企业产业结构水平贡献度　　（单位:%）

年份	中国			国有企业		
	$CONT_1$	$CONT_2$	$CONT_3$	$CONT_1$	$CONT_2$	$CONT_3$
2011	21. 56738	53. 25428	25. 17834	10. 04697	68. 81734	21. 13569
2012	20. 90128	53. 51986	25. 57886	8. 996891	65. 26306	25. 74005
2013	20. 5799	53. 62355	25. 79654	8. 567057	66. 68542	24. 74752
2014	21. 90816	49. 93631	28. 15553	9. 72385	58. 58785	31. 6883

续表

年份	中国			国有企业		
	$CONT_1$	$CONT_2$	$CONT_3$	$CONT_1$	$CONT_2$	$CONT_3$
2015	21.06452	50.52825	28.40723	9.067262	59.72006	31.21268
2016	20.82166	52.45129	26.72705	9.10179	63.05576	27.84245
2017	22.85513	52.20688	24.93799	10.98585	62.16122	26.85293
2018	23.24907	51.16963	25.5813	11.47975	59.81611	28.70415
2019	23.4404	50.41377	26.14583	11.72013	57.30516	30.97471
2020	24.91804	47.96899	27.57405	13.74716	51.2523	35.00053

三、产业水平系数

表 6－3　　中国及中国国有企业产业水平系数

年份	中国			国有企业		
	COE_1	COE_2	COE_3	COE_1	COE_2	COE_3
2011	0.801702	1.120399	0.984817	0.788076	1.066786	0.929359
2012	0.796016	1.123039	0.980545	0.780058	1.088425	0.902989
2013	0.797231	1.126857	0.969834	0.790079	1.091371	0.882129
2014	0.823497	1.10369	1.00015	0.85021	1.057948	0.954921
2015	0.818446	1.108899	0.989915	0.840062	1.062232	0.946265
2016	0.822048	1.119084	0.961365	0.854362	1.079788	0.899588
2017	0.847448	1.116465	0.949304	0.91324	1.07252	0.894728
2018	0.851161	1.107398	0.96612	0.93136	1.057949	0.921939
2019	0.854975	1.105508	0.96904	0.939618	1.04812	0.942842
2020	0.875135	1.091381	0.983278	0.990056	1.021245	0.974168

四、产业结构水平

表 6－4　　中国及中国国有企业产业结构水平

年份	中国				国有企业			
	STR_1	STR_2	STR_3	STRT	STR_1	STR_2	STR_3	STRT
2011	142.4524	351.7442	166.3028	660.50	80.43727	550.96	169.2149	800.61
2012	152.1511	389.5984	186.2016	727.95	81.78782	593.2854	233.9944	909.07

续表

年份	中国				国有企业			
	STR_1	STR_2	STR_3	STRT	STR_1	STR_2	STR_3	STRT
2013	158.4562	412.8778	198.6221	769.96	84.32105	656.3497	243.5769	984.25
2014	174.756	398.3299	224.5899	797.68	797.68	573.2203	310.0366	978.39
2015	182.9844	438.9316	246.7695	868.69	99.40442	654.7112	342.1847	1096.30
2016	204.3308	514.7244	262.2827	981.34	109.2685	756.995	334.2533	1200.52
2017	230.7705	527.1382	251.8014	1009.71	133.3764	754.6838	326.0147	1214.07
2018	244.1727	537.4075	268.6668	1050.25	142.0861	740.3505	355.2744	1237.71
2019	252.2347	542.4866	281.347	1076.07	147.6479	721.9191	390.2132	1259.78
2020	271.4976	522.6521	295.4127	1089.56	168.4367	627.9675	428.8431	1225.25

通过以上表格可以得到如下结论：

第一，就中国目前智能制造产业的产业结构来看，各产业产值占智能制造产业的比重由高到低依次为资本密集型产业、劳动密集型产业和技术密集型产业。而作为中国经济活动最为重要的参与主体国有企业，其产业结构比重表现与中国整体情况并不相同，各产业产值在智能制造产业的比重由高到低依次为资本密集型产业、技术密集型产业和劳动密集型产业。说明国有企业产业结构情况较中国整体的产业结构情况较为高级。从时间序列上看，中国整体智能制造产业结构的演化符合产业发展的一般规律，其中技术密集型产业的产值比重提升最快，其次是劳动密集型产业的产值比重，而资本密集型产业的产值比重在智能制造产业整体中出现了下降。作为中国经济最为重要的参与主体国有企业，其产业结构的演化更加能够代表中国未来产业发展趋势。国有制造企业产业结构高级化趋势更为显著，其中技术密集型产业产值比重由 2006 年的 22.74% 增长到 2015 年的 35.93%，劳动密集型产业产值比重 10 年间仅增长约 1 个百分点，而资本密集型产业产值比重出现了较大水平的下滑，从 2006 年的 64.51% 下降至 2015 年的 50.19%。这说明不论是中国整体产业结构还是国有企业产业结构的演化都出现了高级化趋势，并且国有企业的产业结构高级化先行于中国整体产业结构演化。

第二，从中国及中国国有企业产业结构水平贡献度视角来看，中国整体产业结构水平贡献度由高到低依次为资本密集型产业、劳动密集型产业和技术密集型产业；国有企业产业结构水平贡献度由高到低依次为资本密集型产业、技术密集型产业和劳动密集型产业。这种格局的形成与我国一直以来实行的投资驱动经济发展策略具有一定关系。从时间序列上分析，不论是中国的整体情况还是国有企业，劳动密集型产业对产业结构的贡献度不降反增，说明劳动密集型产业对我国经济增长及产业结构仍然起到了重要作用，始终是我国在全球市场竞争中具有比较优势的产业，一些技术水平较低但非高污染和高能耗的劳动密集型产业具有长期存在的客观性，为我国智能制造产业产值和就业做出了重要贡献。资本密集型产业对产业结构水平的贡献度从 2006 年至 2015 年间持续出现下滑，说明资本密集型产业对我国经济增长和产业结构的贡献正在逐步减弱，一方面，资本密集型产业增长至一定规模后，进一步扩张的空间有限；另一方面，资本密集型产业存在产能过剩等问题，导致资本利用效率下降。因此，传统的投资驱动经济和产业发展模式可持续性较差，需要培育技术密集型产业成为新的经济和产业发展的驱动力。第三，中国整体产业结构水平呈现高级化趋势，由资本密集型产业向技术密集型产业转化。国有企业产业结构优化升级水平高于中国整体产业结构水平。

第三节　产业融合对中国智能制造产业结构水平影响实证分析

一、研究假设

从上节的分析来看，中国智能制造产业结构水平已经呈现优化升级趋势，那么究竟什么因素促进了我国智能制造产业结构的优化呢？单元媛等（2013）认为电子信息产业与智能制造产业的技术融合是影响产业结构优化升级的关键因素。本章仍利用前文得出的正向融合度和反向融合度测算结果作为产业融合的测度指标，产业的正向融合和反向融合水平的提升能够提高产业融合效率，缩短产业融合周期，丰富产业内容，实现传统产业的高效融合，从而推动产业结构水平的提升。殷林森和胡文伟（2006）提出科研投入对于产业经济发展的作用显著，科学技术的发展能够推动传统产业部门改造，是产业结构调整的主要驱动。Acemoglu 和 Guerrieri（2008）在两部门理论模型基础上，从理论层面论证资本积累是调整产业结构的主要原因，周永涛和钱水土（2012）提出 FDI 能够促进产业优化升级。考虑我国产权结构的特殊性，阳立高等（2014）提出国有化率也是影响中国产业结构的因素之一。

本书在构建产业融合对智能制造产业结构水平模型之前，提出以下研究假设：

假设 1：数字技术和数字经济基础产业对智能制造产业的渗透能够促进智能制造产业结构的高度化和高效化，最终实现产业结构的优化升级。

假设 2：数字经济基础产业对智能制造产业的投入需求，反过来会进一步促进智能制造产业结构的高度化和高效化，最终实现产业结构的优化升级。

假设 3：研发投入水平的提升对产业结构优化具有正向的促进作用。

假设 4：FDI 对产业结构优化产生积极效应。

假设 5：中国国有企业的产业结构优于中国整体水平，因此国有化率的提升有利于产业结构优化。

二、模型建立

为验证以上假设，本章构建的计量模型为：

$$Y_i = \beta_1 CONF_{it} + \beta_2 CONB_{it} + \beta_3 RD_{it} + \beta_4 FDI_{it} + \beta_5 NR_{it} + \varepsilon_{it}$$

其中，t = 1，2，…，T。Y_t 是智能制造产业的产业绩效，$CONF_{it}$表示数字经济基础产业与智能制造产业的正向融合度，$CONB_{it}$表示数字经济基础产业与智能制造产业的反向融合度，RD_{it}表示研发强度，FDI_{it}表示外商直接投资，NR_{it}表示国有化率，T 为样本期，ε_{it}是随机扰动项。

三、数据来源及变量选择

（一）数据来源

基于研究目的，本书采用制造业各行业数据进行分析，去除制造业中数字经济基础产业相关行业的其他制造业行业构建面板数据，数据选择区间为2006—2015年。数据主要来源为《中国工业经济统计年鉴》《中国统计年鉴》《中国科技统计年鉴》。数据的分类标准同第二节。

（二）变量选择

1. 被解释变量Y表示制造业的产业结构水平。具体方法与公式如第一节所示，计算结果参考第二节。

2. 解释变量：$CONF_{it}$表示正向融合度，根据第四章计算方法算出；$CONB_{it}$表示反向融合度，根据第四章计算方法算出。

3. 控制变量：RD_{it}表示研发强度，计算公式为：

$$制造业行业\ i\ 的研发强度=\frac{制造业行业\ i\ 的研发经费}{制造业行业\ i\ 的销售收入}$$

FDI_{it}表示制造业企业实收资本中的外商资本额；NR_{it}表示国有化率，用来衡量制造业的市场化程度和制度因素对产业结构的影响，计算公式为：

$$制造业行业\ i\ 的所有权结构=\frac{制造业行业\ i\ 中国有企业总产值}{制造业行业\ i\ 的工业总产值}\times 100\%$$

四、产业融合对中国智能制造产业结构影响的分析

面板数据在进行回归分析之前，需要通过一系列检验判断建立合适模型及选择合适的估计方法。首先，通过F检验和Hausman检验发现，本章建立固定效应模型优于混合回归模型和随机效应模型。其次，为了消除面板数据分析中可能存在的横截面间的相关性、组内相关性和群组或面板的异方差问题，利用Stata14.0软件对相应数据进行可行的广义最小二乘法（FGLS）的回归分析。表6－5是产业融合对制造业产业结构水平影响的逐步回归结果。其中，模型（1）的解释变量为正向融合度，模型（2）的解

释变量为正向融合度和反向融合度，模型（3）的解释变量为正向融合度、反向融合度和研发强度，模型（4）的解释变量为正向融合度、反向融合、研发强度和外商直接投资，模型（5）的解释变量为正向融合度、反向融合度、研发强度、外商直接投资和国有化率。

表6－5　　产业融合对制造业产业结构水平的影响

解释变量	模型（1）	模型（2）	模型（3）	模型（4）	模型（5）
正向融合度	－0.08938***	－0.2218281***	－0.2241878**	－0.2836002***	－0.201492***
	(0.0116506)	(0.0222998)	(0.0915173)	(0.1062727)	(0.027926)
反向融合度		0.2184667***	0.3631965***	0.3649342***	0.2320232***
		(0.0104411)	(0.0205938)	(0.457613)	(0.0382907)
研发强度			0.849114***	0.9674087***	0.3014966***
			(0.268371)	(0.0687835)	(0.0410767)
外商直接投资				－0.1200028**	0.2524134***
				(0.0543074)	(0.0197855)
国有化率					0.4737586***
					(0.0218164)
_cons	0.6707692***	4.418729***	2.498862***	5.871085***	0.5316329*
	(0.0425236)	(0.1460769)	(0.0636177)	(0.7616353)	(0.3571562)

通过表6－5的结果，并结合本章提出的假设及本书第二章的理论基础，可以得出如下三个结论：

第一，数字经济基础产业与制造业的正向融合度对制造业的产业结构具有显著的负向作用，符号与预期相反；反向融合度对制造业的产业结构具有显著的促进效应，与预期判断一致。正向融合度对产业结构的影响与预期不符的原因可能是：一是在样本期对产业结构的冲击体现了数字技术经济的阶段性特征。随着数字技术对传统产业的渗透，新技术和知识对旧的产品设计、生产和管理方式造成冲击，旧的产业间平衡关系被打破，原有产业结构合理化与高度化均衡状态遭受冲击，在新的产业融合条件下，制造业整体发展水平不断提升，向新的较高水平产业结构均衡运动发展。二是数字经济基础产业作为制造业的投入部分，对产业结构水平的作用存在一定时滞，造成了在产业结构高度化过程中，正向融合度的促进作用减弱。三是由于跨部门、产业组织行为惯性、利益集团和利益调整等方面构成了产业融合的摩擦成本，对产业融合的路径造成冲击从而形成与产业结构水平的偏离结果。因此，在我国数字经济基础产业与制造业的产业融合促进产业结构高度化的过程中，既要重视数字技术对传统制造业的改造，也要重视制造业的产业特征，降低产业融合的协调成本。

第二，研发强度与产业结构之间存在显著的正相关关系，符合本章假设预期。在模型（3）中，研发强度每增加一个百分点，将带动产业结构水平提升 80.91 个百分点；在模型（4）中，研发强度每增加一个百分点，将带动产业结构水平提升 96.74 个百分点；在模型（5）中，研发强度每增加一个百分点，将带动产业结构水平提升 30.15 个百分点。由此可见创新要素是促进传统制造业产业结构升级的重要驱动力，在提高数字技术这类通用技术的产业渗透的同时，也应该提高通用技术与传统核心技术的联合创新能力，把握发展新技术的主动权，促进传统制造业产业结构升级。国有化率与产业结构之间存在显著的正相关关系。虽然中国国有企业比重过高并不能引起制造业产业绩效的提升，还存在大而不强，产能过剩等问题，但从产业结构变迁的视角来看，中国的国有企业承担了一定的社会职能，能够持续消化产业变迁过程中产生的成本，从而能够对产业结构产生显著的促进作用。从长期来看，这种利益集团固化将抑制制造业活动主体的转型升级动力和弱化产业结构转型升级的内生能力。

第三，对于外商直接投资变量而言，模型（4）中该变量对产业结构的影响显著为负，模型（5）中外商直接投资对产业结构的影响显著为正，说明在样本期间，外商直接投资对我国制造业产业结构变迁的影响力存在不确定性。除我国在吸引外资时提供的各项优惠政策和超国民待遇造成的经济扭曲和路径依赖之外，可能的原因还有两个：一是原本期望作为技术载体的外资可能主要流向我国劳动密集型产业、资本密集型产业及技术密集型产业中的劳动和资本密集环节，对实际产业结构优化造成不利影响；二是外资可能通过低端技术或淘汰技术换取我国国内市场，使技术密集型产业受到低端锁定影响，从而阻碍了产业结构优化升级的演化过程。

五、产业融合对中国智能制造产业结构影响基准回归的稳健性分析

本节分析的目的，一是将智能制造产业按生产要素禀赋差异进行分组，对上节的基准回归进行稳健性分析；二是更深入地研究与测度产业融合对不同智能制造产业行业产业结构的影响效果。将智能制造产业部门按生产要素禀赋差异分为三类（见表6－6），具体分类方法同第五章第二节。

通过表6－6的结果，可以得出如下三个结论：

第一，数字经济基础产业与智能制造产业的正向融合度对智能制造产业分产业结构影响出现分化，其中劳动密集型产业和资本密集型产业的正向融合度与产业结构之间是显著的负相关关系，与预期假设相反，但与基准回归结果一致；技术密集型产业正向融合度与产业结构之间是显著的正相关关系，与预期假设一致，但与基准回归结果相反。数字经济基础产业与智能制造产业的反向融合度对智能制造产业分产业结构影响同样出现分化，其中劳动密集型产业和技术密集型产业的反向融合度与产业结构之间是显著的正向关系，与预期假设一致，与基准回归结果一致；资本密集型产业的反向融合度与产业结构之间是显著的负相关关系，与预期假设相反，与基准回归结果不一致。可能的原因在于，由于三个分组智能制造产业的产品和技术特征差异，造成了数字技术扩散应用对分组产业的技术进步影响程度出现分化，由于技术密集型产业对技术的依赖程度较高，或造成该产业中数字技术的发展阶段领先于劳动密集型产业和资本密集型产业，因此，出现技术密集型产业正向融合度与产业结构之间是显著的正相关关系，与预期假设一致，但与基准回归结果相反的结果。而劳动密集型产业和资本密集型产业模型的回归结果进一步验证了基准回归的稳健性。

第二，在分组模型中，研发强度与各分组产业的产业结构之间均存在

表 6 - 6　　产业融合对智能制造产业分产业结构水平的影响

解释变量	劳动密集型产业		资本密集型产业		技术密集型产业	
	模型（6）	模型（7）	模型（6）	模型（7）	模型（6）	模型（7）
正向融合度	-3.559629*** （0.2366706）	0.5651889*** （0.1399882）	-0.5404445*** （0.010126）	-0.0828591*** （0.0340586）	0.6122908*** （0.021092）	0.0386399* （0.0235226）
反向融合度	1.580458*** （0.0310905）	0.2687462*** （0.0532552）	-1.003182*** （0.0076789）	-0.7504753*** （0.045226）	0.4212436*** （0.0161556）	0.1000337*** （0.0322207）
研发强度		0.2599574*** （0.0733852）		0.7547855*** （0.0346725）		0.2127396*** （0.0231773）
外商直接投资		0.9053003*** （0.04268）		0.1220284*** （0.0307789）		-0.6462037*** （0.0385312）
国有化率		0.1216778*** （0.0172787）		0.4958998*** （0.0357885）		0.1096205*** （0.0243872）
_cons	0.4004782*** （0.055257）	-5.174528*** （0.6336025）	1.012754*** （0.027468）	4.865447*** （0.3285483）	0.6773735*** （0.0875297）	3.956865*** （0.3615445）

显著的正相关关系，符合假设预期，回归结果与基准回归结果保持一致。对于劳动密集型产业来说，研发强度每增加一个百分点，将带动产业结构水平提升 26 个百分点；对于资本密集型产业来说，研发强度每增加一个百分点，将带动产业结构水平提升 75.48 个百分点；对于技术密集型产业来说，研发强度每增加一个百分点，将带动产业结构水平提升 21.27 个百分点。可见创新要素是促进各类智能制造产业结构升级的重要因素，需要引起足够的重视。国有化率与各组细分产业的产业结构之间仍旧存在显著的正相关关系，验证了基准回归的稳健性。

第三，外商直接投资变量对劳动密集型产业和资本密集型产业的产业结构均具有显著的正向效应，而对技术密集型产业的产业结构具有显著的负向效应。分组回归结果进一步论证了在上节中对该变量回归结果的分析：一是原本期望作为技术载体的外资实际上主要流向我国劳动密集型产业、资本密集型产业及技术密集型产业中的劳动和资本密集环节，意味着外资过度刺激了我国劳动密集型产业和资本密集型产业的发展，抑制了我国产业结构从低加工度向高加工度、劳动密集型产业和资本密集型产业向技术密集型产业进行产业结构优化升级的发展过程。二是外资以低端技术或淘汰技术换取我国国内市场，使技术密集型产业受到低端锁定影响，抑制了智能制造产业内部从低技术向高技术的产业结构升级的发展过程。

第四节　数字金融对智能制造产业的驱动作用

智能制造是智能技术与制造技术不断融合、发展和应用的结果。数据挖掘、机器学习、专家系统、神经网络、计算机视觉、物联网、云计算等智能方法与产品设计、产品加工、产品装配等制造技术融合，就形成了知识表达与建模技术、知识库构建与检索技术、异构知识传递与共享技术、实时定位技术、无线传感技术、动态导航技术、自主推理技术、自主补偿技术、自主预警技术等各种形式的智能制造技术，如图 6－1 所示。

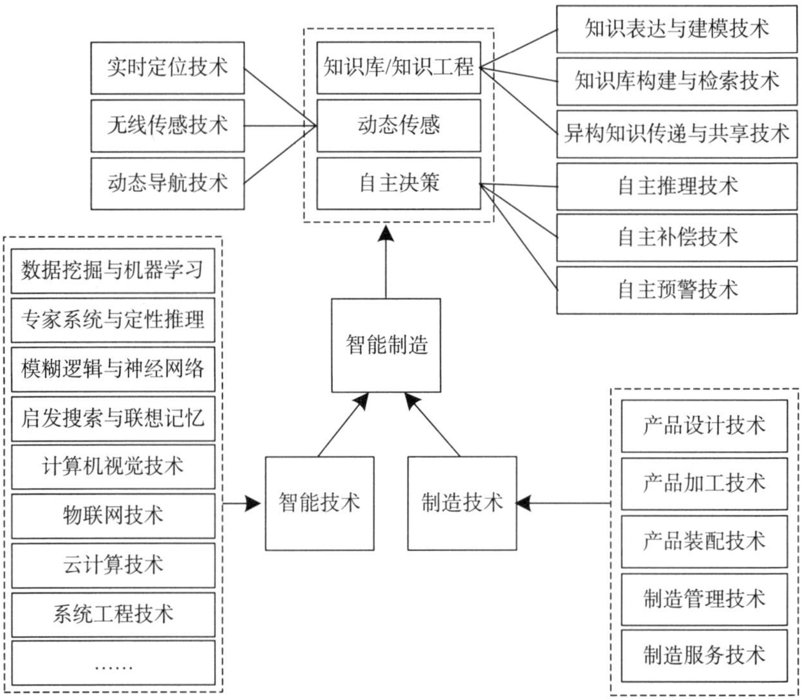

图 6－1 智能制造的关键技术

通过将智能制造技术应用于各个制造子系统，实现制造过程的智能感知、智能推理、智能决策和智能控制，可显著提高整个制造系统的自动化和柔性化程度。在智能制造技术基础上构建的智能制造系统，其主要特征如下：

（1）智能感知。智能制造系统中的制造装备具有对自身状态与环境的感知能力，通过对自身工况的实时感知分析，支撑智能分析和决策。

（2）智能决策。智能制造系统具有基于感知搜集信息进行分析判断和决策的能力，强大的知识库是智能决策能力的重要支撑。

（3）智能学习。智能制造系统能够基于制造运行数据或用户使用数据进行数据分析与挖掘，通过学习不断完善知识库。

（4）智能诊断。智能制造系统能够基于对运行数据的实时监控，自动进行故障诊断和预测，进而实现故障的智能排除与修复。

（5）智能优化。智能制造系统能根据感知的信息自适应地调整组织结构和运行模式，使系统性能和效率始终处于最优状态。

第五节　从数字制造到智能制造的关键技术途径

一、从数字制造到智能制造的发展模式

针对不同行业和不同企业的特点及优势，从数字制造到智能制造的发展模式可以分为以下三大类。

1. 在通过数字制造实现数字工厂的基础上，实现智能工厂，进而实现智能制造。在通过数字制造实现数字工厂的基础上，基于物联网和服务互联网加强产品制造过程的信息管理和服务，提高生产过程的可控性，并利用大数据、云计算等技术实现加工与装配过程的智能管理与决策，实现智能工厂与智能制造。具备较好的数字制造基础和较强信息集成能力的大型企业集团，适合采用从数字工厂到智能工厂的发展途径。通过对企业管理和生产运行过程的持续动态优化，全面提升制造的自动化和智能化水平。

2. 数字制造与智能制造并举，实现信息化、数字化，并且实现实时传感、知识推理、智能控制，进而实现智能制造。数字制造与智能制造并举，在利用数字制造先进技术的发展和应用推广来实现制造信息化和数字化的同时，发展和应用智能制造技术以实现制造装备的实时传感、知识推理、智能控制、自主决策。数控机床等基础制造装备行业，超精密加工、难加工材料加工、巨型零件加工、高能束加工、化学抛光加工等所需特种制造装备行业，适合采用数字制造与智能制造并举的发展途径。

3. 在单元技术、单元工艺、单元加工实现数字化的基础上，实现单元制造智能化，一个单元、一个单元逐步实现整机智能化制造，进而实现企业智能制造。对于高度复杂、超大型尺寸产品的制造行业，如大型舰船、大型商用飞机等，产品制造单元数量众多，且需分布式协同制造，适合采用将制造单元逐个智能化的途径以实现整机的智能制造。

二、从数字制造到智能制造的具体途径

基于从数字制造到智能制造的三大发展模式，具体落实到不同行业的制造企业，均可以通过以下三条具体途径实现从数字制造到智能制造的发展。

1. 智能设计到智能加工、智能装配、智能服务，进而实现智能制造。从智能设计到智能加工、智能装配、智能管理、智能服务，实现制造过程各环节的智能化，进而实现智能制造，如图 6－2 所示。

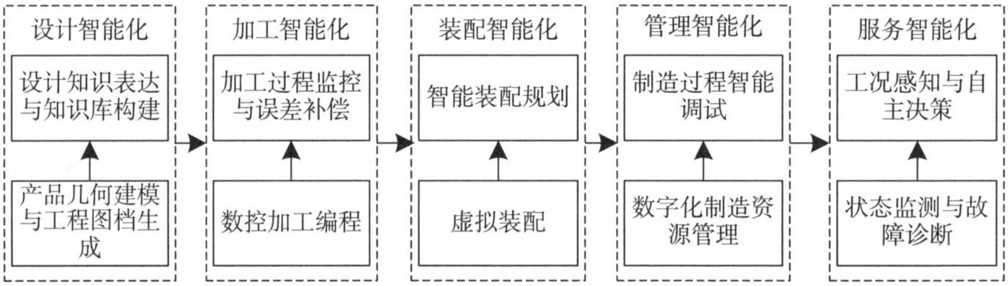

图 6－2　制造环节的智能化

2. 通过机器人流水线作业智能化，实现制造过程物质流、信息流、能量流和资金流的智能化。依托机器人流水线作业智能化，利用机器手、自动化控制设备或自动流水线推动企业技术改造向机械化、自动化、集成化、生态化、智能化发展，实现制造过程物质流、信息流、能量流和资金流的智能化。机器换人的实现可以分四个步骤进行：机器换人工、自动换机械、成套换单台、智能换数字，如图 6－3 所示。

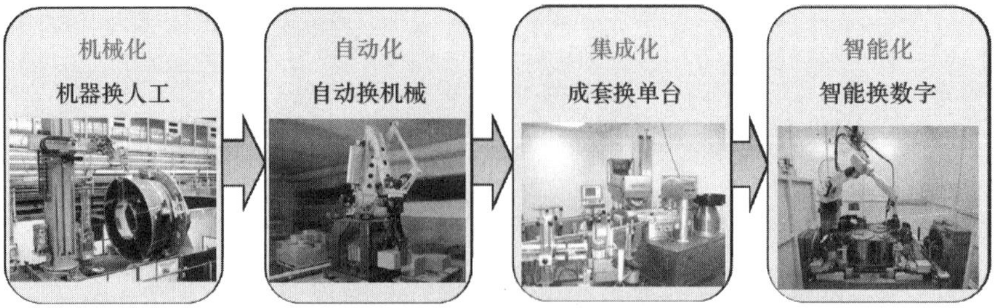

图 6－3　机器人流水线作业智能化的四大步骤

3. 通过机器人的应用、推广，提高机器人的智能性，使机器人不仅能够替代人的体力劳动，而且能够替代人的一部分脑力劳动。在工业机器人核心技术与关键零部件自主研制取得突破性进展的基础上，提高工业机器人的智能化水平，使机器人的操控越来越简单，不需要人示教，甚至不需要高级技术人员的操作即可完成作业任务，实现高层次的智能机器人。

数控机床行业要实现从数字制造到智能制造的发展，应重点突破以下四项关键技术：

一是大数据驱动的数控机床制造知识发现与知识库构建技术。通过语义分析技术和元搜索引擎，对数控机床工况大数据进行深层分析挖掘，形成对数控机床设计制造有用的知识，并构建数控机床设计制造知识库。

二是基于分布式传感的数控机床工况实时感知技术。将多种传感器嵌入数控机床的主要部件中，以各传感器的返回数据作为判定基础，以内置智能判定算法为判定依据，对数控机床当前运行工况进行实时感知。

三是基于物联网的数控加工系统智能控制技术。将多台具有不同加工特性的数控机床进行信息关联，构建基于物联网的数控加工智能控制系统，实现对数控加工设备的智能识别、定位、追踪和管理，以及对数控加工系统的实时监测与智能控制。

四是基于云平台的数控机床制造资源自主决策技术。根据云平台用户的资源需求，将数控机床设计资源按相应规则条件进行匹配，并根据数控机床设计资源的实时状态，实现基于云平台的数控机床制造资源的自主决策。

第七章　促进数字经济驱动智能制造产业融合的策略框架

本书研究发现，数字经济基础产业的投入及成果对智能制造产业的促进作用尚存在巨大潜力未释放。面临诸多发展问题的智能制造产业需要通过产业融合，全面提升其生产、管理、服务等领域的数字化水平，促进智能制造产业的产业绩效水平提升和产业结构优化升级。应当充分认识数字经济基础产业与智能制造产业融合的发展路径和发展周期，促进数字经济基础产业的发展，提高数字技术在智能制造产业的渗透和融合水平，完善互联网、物联网、宽带和无线移动通信网络等基础设施的建设和普及程度，大力发展数字经济生产力，改善传统的生产关系，促进智能制造产业的产业绩效提升和产业结构优化升级，建立合理的产业融合管制与治理体系适应新产业现象和新业态的发展，处理好政府同市场的关系，构建数字经济背景下，数字经济基础产业与智能制造产业融合与协同发展新格局。

第一节　促进产业融合的宏观层面策略

一、为产业融合提供法律和政策支撑

遵循经济发展的客观规律，创造支持新业态下促进产业融合发展的政策和法律环境。第一，协调工业经济旧框架与数字经济新业态框架之间的关系，根据产业融合发展情况有序动态调整政策及法规，推动数字经济新形态下的法律“立改废释”，建立与数字交易相关的法律法规以规范市场

交易行为。第二，明确政策目标与路径，参考先进国家的发展经验，首先制定发展数字经济基础产业及其基础设施的相关政策，其次制定数字经济基础产业的应用战略政策，最后实施数字经济基础产业的新价值创造战略。第三，制定有效激励政策，进一步完善产权和投融资领域政策，鼓励经济主体参与数字经济基础产业建设及产业融合领域建设的积极性，鼓励产业融合趋势下产业的成长与发展。例如，构建风险投资机制调动主体投资融合产业的积极性；通过建立新的折旧制度促进产业发展；通过特定的财税政策、贷款担保制度等保证融合产业发展资金和企业数字化动力。第四，进行规制改革。一方面放宽数字经济基础产业领域、网上交易及金融服务的有关规制，另一方面加强对用户数字信息安全保护，有效促进经济社会数字化及数字经济的发展。第五，构建多元化治理系统。推动治理主体的多元化，将企业、平台、用户主体纳入治理体系，打造国家级的基础设施和创新资源共享平台；推动治理结构的责任与义务边界清晰、合理分工、共同协作；推动新治理手段的使用，如利用大数据和云计算等数字化治理手段，探索政府治理手段创新方向。

二、构建包容、协同的产业监管制度

产业融合带来的监管环境变化，对现有的监管制度提出了新的要求。一方面需要加强对特殊领域的监管，防范市场新风险，确保市场的良性发展；另一方面采取更加包容和灵活的监管制度，推动数字化的扩散和应用，保障产业准入的通畅性。首先，改革原有条块分割和多重监管的监管机制，促进不同部门和产业之间通用技术和通用资源流动性和整合效率，促进数字技术和数字产品在其他产业的应用，协调不同部门和产业之间的关系。其次，考虑监管部门和产业的目标和层次，减少传统产业设置下的监管壁垒，构建以产业融合为基础的统一监管框架。根据产业融合程度的不同，采取多种解决监管方案，如数字经济基础产业监管、多部门监管、调解现状和最小化监管等。最后，构建有效的监管与评价机制。一是构建数字经济基础产业管理机制，有效统筹跨部门和跨产业监管的协同配合，提高政策的效力和执行力。二是建立及时有效的监管制度检验机制。如制定政策完成计划表，并对政策中的必要措施细化分类，制定每类措施的具体目标。根据提交及公布的时间表，建立 PDCA 循环检验，通过计划、实施、检查和行动四步完成监管。三是接受数字经济战略评估专家委员会的评估和检验。如评估措施是否达成目标，产生的成就以及给社会带来的经济利益和社会福利。最后，基于市场视角制定管制政策，充分考虑技术、产品、企业和制度等因素，从严格规定市场准入的监管方式转向维护市场秩序和公平竞争等新监管方式。

第二节　促进产业融合的中观层面策略

一、优先发展数字经济基础产业

数字经济基础产业不仅能够实现本产业的高速发展，而且通过与智能制造产业的产业融合，提升了智能制造产业的竞争力，为智能制造产业注入新的生机。因此，数字经济基础产业是促进产业融合的战略基础，应当将数字经济基础产业作为国家经济发展的主导产业。第一，促进数字技术研发与创新，深化数字技术在智能制造产业等产业领域的渗透和应用，构建数字经济的产业体系。积极促进政府与学术界、产业界的合作交流，通过一些大学实验室及研究机构的企业化运作，有效促进数字技术创新生产要素的结合，并将科技成果转化成数字经济生产力。第二，通过产业创新，构建开放型产业组织体系，搭建网络化、协同分工格局，培育成熟的数字经济产业生态系统。推动技术成果向技术密集型智能制造产业的转移，带动智能制造产业的整体升级。第三，促进数字经济基础产业相关产业和服务的出口，充分利用国际和国内两个市场，培育兼具先进技术和制造水平的产品创新水平和国际竞争优势。第四，产业融合为数字经济基础产业发展创造了契机，通过融合过程中智能制造产业对数字经济基础产业产品及服务的需求，强化培育新兴产业，提高数字经济基础产业的整体水平。第五，提高整体标准。制定能够服务于智能制造产业整体的全面数字化基础技术标准系统，保障数字化在上游、中游及下游产业之间的顺畅应用。实现数字技术对智能制造产业的渗透和改造，提升产业协同竞争的效率。

二、积极引导形成融合产业的产业集聚

本书研究发现，促进智能制造产业绩效的各因素中，市场集中度的贡献是仅次于正向融合度和反向融合度的贡献。同时产业融合理论提出，数字经济基础产业与智能制造产业的产业融合过程主要是由智能制造产业企业之间对数字技术融合的模仿扩散引起的。因此，应该积极引导和支持产业集聚的发展，形成集群化、网络化的协同分工格局，提高产业集中度，为技术融合、业务融合、市场融合创造便利的产业内模仿扩散途径，通过产业集聚降低企业相互间的模仿成本，通过企业间的模仿与扩散，促进数字经济基础产业与智能制造产业的产业融合。促进数字经济基础产业和智能制造产业相关企业及相关配套，如科研机构、服务性中介机构和金融机构在一定范围的集中和集聚，通过数字技术扩散，推动成果由技术密集型智能制造产业向劳动密集型和资本密集型智能制造产业的转移，推动智能制造产业结构的优化升级。

三、建立促进产业融合的市场保障体系

本书研究发现，市场开放度与正、反向产业融合的协同作用能够促进传统的智能制造产业改造升级，因此，应当积极减低市场壁垒，厘清市场关系，形成包容发展的市场秩序，积极建设数字经济环境下的开放、公平、竞争、有序的市场环境。建立新的要素市场体系，提高对数据要素的重视程度和开发利用深度，突破数字关键技术如大数据、云计算、物联网和移动互联网等技术创新，形成面向智能制造产业的数据解决方案。构建数字经济背景下的新型市场交易系统，促进数据要素的交易、流转、共享和开放，建立健全数据要素交易市场，完善数据交易体系，并以此来推动

智能制造产业的成长和发展。提高市场效率，从而为产业融合下的产业链变更效率创造条件，提升产业间传导数字技术的速度及扩散、模仿和学习的速度，为促进融合产业的产业集聚创造有利的市场条件。鼓励智能制造产业对数字技术、数字产品和服务的市场需求，为数字经济基础产业的成长和发展创造物质保障。

四、调整传统产业模式以适应产业融合的发展

产业融合将导致适应原有产业边界的产业组织模式发生变革，由工业经济时期的层次分明的金字塔型组织结构转变为数字经济时期的扁平化的二元产业组织结构形态。产业活动主体通过互联网等数字基础设施，通过信息流支配传统的物质流，打破了传统的明确产业组织结构，形成扁平化的产业组织新结构。积极构建多元的产权结构。本书研究发现，国有结构占比过高将对产业绩效产生不利影响，应该鼓励民营和外资产权参与融合产业的投资和竞争，降低产业融合过程的成本、管理和组织问题，同时也可以分担国有产权的运营风险。构建产业融合下的产业创新制度，如技术创新制度、管理创新制度等，激励产业活动参与主体的积极性。鼓励产业融合过程中出现的产业渗透、产业交叉及产业重组现象的出现及在上述过程中出现的新产业形态和新产业链的形成与发展，并保证在新兴产业链中的信息流、资金流和物质流的流通。

第三节　促进产业融合的微观层面策略

一、提升企业的数字化水平

企业作为产业活动的参与主体，产业融合不论对现有企业还是初创企业均会产生一定影响。对于现有企业来说，数字技术和数字经济基础产业的渗透会对其传统的路径依赖造成冲击，原有的平衡格局不复存在，需要进行生产、管理、组织、服务、商业模式等方面的创新，采取多样化、网

络化、集群化的协同式分工方式，提高硬件、管理过程、业务流程的数字化程度，跟上产业融合的发展节奏，适应数字经济产业生态体系。对于初创公司来说，在产业融合发展的情况下，应当积极寻求新的平衡，采取合作竞争机制，基于动态的能力进行开放式的创新，利用集中战略形成与竞争性企业的战略联盟，提高企业的数字技术研发水平、业务的整合能力和市场竞争力。提升技术融合、业务融合和市场融合水平，重视在产业渗透、产业交叉及产业重组过程中出现的新机会。

二、提升人力的数字化素养

产业融合的物质保障不仅体现在基础设施、产业发展和政策支持方面，同样也包含人力资本和教育培训等软实力。一方面，伴随产业融合的成长与发展，需要大量掌握数字技术和数字经济的专家和专业人才；另一方面，伴随着跨部门和跨产业的融合趋势，对跨部门和跨产业的复合型人才的需求也持续增长。第一，建立跨学科交叉的融合型研究制度，鼓励不同部门间的研究合作，对不同学科和部门间的资源进行整合，打造技术交叉融合和跨学科的科研集聚地。同时加大对数字经济领域的基础研究，并培育数字研究成果落地与产业化机制。第二，探索高校及科研机构跨学科的专业设置和融合型研究制度，培养专业型人才和复合型人才。第三，通过再教育培训，提高数字化人力资本的积累和数字化的普及程度，提高现有人力资本的数字化素养，培养掌握数字知识、技能、管理及创新能力强的融合型专业人才和管理人才团队。建立鼓励个体创新的激励机制，提高劳动者的数字化素养，充分发挥其在产业系统中的知识集聚和溢出效应。

第四节 促进产业融合的其他策略

一、完善数字基础设施，助力制造业转型升级

数据资源作为发展数字经济的核心生产要素，数字经济发展又是制造

业转型升级的关键。因此，需要高效完善的数据基础设施来支撑数据资源的收集统计储存等。建设数字化、智能化的基础设施是发挥数字技术与制造业融合发展作用的关键，对制造业产业链数字化发展有着重要影响。产业链数字化要求敏捷灵活的供应链条，因此对数据资源的整合和应用能力要求更高，要增加建设与分析挖掘数据能力有关的基础设施。另外，智能化制造需要工业机器人等智能制造软硬件的支持，需要加大对这方面设备的研发投入力度，为制造业转型升级提供有力保障。

我国东部地区数字经济发展水平较高，数字基础设施完善程度也比中西部地区高。但由于高昂的人力资本与土地成本，容易产生一定的挤出效应，因此需要专注于数字经济带来的知识增长、扩散效应，以此弥补挤出带来的制造业发展失衡。对于中部地区而言，数字经济发展处于中等水平，亟须建立创新的制造业企业培育机制，增加企业的规模与融资渠道，为制造业企业提供低廉、便捷的生产环境，进而吸引更多的资金与投资为制造业发展添砖加瓦。而西部地区虽然数字经济发展水平与东部沿海地区存在较大差距，但拥有丰富的人力资源和自然资源，因此，所有西部地区应该充分利用资源优势，延长制造业价值链，建立制造业细分产业培育机制，逐步形成制造业专业化的分工集聚效应，开辟一条西部地区独有的制造业转型升级道路。

二、提高技术创新能力，推动区域协调发展

技术创新驱动是实现制造业转型升级的关键动力。目前，我国制造业发展整体上表现出大而不强现象，生产的空间附加值窄，还处在全球价值链的低端发展阶段。因而企业需要提高自主创新能力，不断增加制造业的生产附加值，实现制造业的转型升级。尤其是西部地区，政府需要加大对技术创新的支持力度，如出台优惠政策吸引投资，或加大对企业创新的资金扶持。一方面，制造业企业应该在物联网、大数据等新兴技术的助力下，提高全要素生产率和劳动生产率，提升制造业产业链的有效竞争优势，提高其在全球价值链中的地位，逐步向产业链的高附加值方向跃升。

另一方面，制造业企业应聚焦技术、资金、人才等关键要素，加强数字产业在生产制造、研发设计及营销服务等环节的竞争力。总之，各地区都要充分发挥自身创新主体的作用，加强各生产部门间的交流协作，加快提高技术创新能力，努力突破技术创新瓶颈，把传统的生产组织发展模式向智能化、数字化方向转变，推动制造业产业走国际化道路。此外，地方政府可以定期组织企业员工向有经验的企业生产者学习，依托大数据，建立行业信息服务平台，以提供给企业相互交流学习，共促技术进步。

三、培养高质量人才，赋予制造业转型升级活力

丰富廉价的劳动力是传统制造业发展的重要保障。然而在数字经济背景下，传统制造业发展模式革新，逐渐从发展劳动密集型的制造业向发展技术密集型的制造业转变。单独依靠劳动力数量的增加对制造业转型升级的作用有限，而改变劳动力质量的重点在于提高劳动力素质，培养高素质复合型人才来促进制造业发展。一方面，制造业企业需要加强与周边高校及科研机构的合作，建立产学研联合培养机制，将高素质人才所掌握的技术与拥有经验及执行力的制造业企业员工相结合，依靠人才间的相互学习及优质资源的互相分享，不断提升企业技术创新能力、科研综合实力，促进企业生产更多高科技产品，向制造业高度化转型升级方向转变。另一方面，制造业企业应该不断优化自身的管理结构体系，建立健全人才培养及奖惩机制，定期对员工进行高素质复合型能力培训，使得员工的整体专业技能得到全面提升，利用精细化管理模式实现对高素质人才的高效培养管理。与此同时，数字经济的发展正在颠覆传统制造业的研发模式，让制造业企业从“以用户为中心”向“让用户主动参与创新”转变。

四、加快制造业智能化转型，推广智慧供应链

目前，各国以重振制造业为核心的“再工业化”战略，以发展智能制造为着力点，不断强化在先进制造领域的领先优势。我国也在不断强调稳定制造业比重，但我国制造企业智能化水平参差不齐，一方面智能制造的

应用推广应该分层级、梯度进行，另一方面也需要加快智能化转型，抢占技术制高点，推动我国智能制造“走出去”。

当前制造业供给与市场需求适配性不高、产业链供应链稳定面临挑战、资源环境要素约束趋紧等问题凸显。智能制造关键核心技术分为四类：一是设计仿真、混合建模、协同优化等基础技术；二是增材制造、超精密加工等先进工艺技术；三是智能感知、人机协作、供应链协同等共性技术；四是人工智能、5G、大数据、边缘计算等在工业领域的适用性技术。完善信息基础设施，加快工业互联网、物联网、5G、千兆光网等新型网络基础设施规模化部署，鼓励企业开展内外网升级改造。

中国是全球第一制造大国，但是全球利润占比与份额占比不匹配，表明除少数头部领军企业水平较高外，大量长尾的中小制造企业成熟度普遍偏低，造成我国高端制造薄弱、中低端制造业普遍的情况。智能制造的应用推广应该分层级、分梯度进行。大企业应在自身实现智能化的前提下，着力推动上下游企业供应链协同，积极推广智慧供应链。中小企业更加需要以场景、产线等更加集中的单元为主体的试点示范。支持解决方案供应商针对中小企业共性需求搭建资源和能力共享平台，形成轻量级、低成本、标准化的解决方案。

伴随全球复杂多变的国际形势、疫情挑战，中国乃至亚太的区域智能制造供应链重构互补互助，将为中国制造业带来大量机会。通过区域性经贸合作，不仅可以拓展广阔市场，区域内的产业链供应链也能够得到重新整合，提升智能制造的协同效率，增加产业链供应链的韧性。

第八章　结论与展望

第一节　主要结论

在全球数字经济发展的大背景下，经济社会出现产业数字化变革，以数字化为核心的产业融合在整个经济系统中的普及程度越来越高。作为一国工业经济的支柱产业制造业，其与数字经济基础产业的产业融合，既是产业数字化的重要领域，也是数字经济的重要成果。基于这样的认识，本书对数字经济这一研究背景进行了系统的梳理与对比分析，重点研究了中国数字经济基础产业与制造业的产业融合情况，产业融合对制造业绩效和产业结构促进效应，并构建了促进产业融合的策略框架。

本章在对之前章节理论、现象、实证结果的梳理、分析与研究的基础上，构建了相互支撑和相互联系的研究体系，主要得出以下结论：

一、数字经济的认识

数据成为重要的新生产要素，打破了传统生产要素有限供给对增长的约束，突破了要素在时间和空间的局限性，推动人类发展由原子加工过程向信息加工处理过程的进阶。数字技术成为经济的通用技术，具有强烈的渗透性和网络化特征，通过与其他要素的组合，极大地促进了生产力的进步与发展。数字经济对产业体系具有重塑作用。一方面，数字技术经济范式催生了新的产业，实现了数字经济基础产业化；另一方面，数字技术经济范式改造传统技术和产业，实现产业数字化，带动并释放传统产业的动能倍增效应。重塑经济往来手段，数字技术的强大整合性使得社会经济活动依赖数字技术完成。创造新的经济活动内容，数字经济基础产业成为经济主导产业，数字产品和数字服务形成新的产品特征与形态。建立新的经济规则和制度。生产者与产品、制造等过程出现分离，降低物质生产与价值创造间的关联度，各经济单元与经济部门通过创新获得金融价值，形成物质生产和金融价值，实体经济和虚拟经济的分离，而数字经济从上述价值分离的差额中获取价值。数字经济是世界经济发展的新趋势，是继农业经济、工业经济之后的新经济形态。数字经济是数字技术经济范式框架下，以数字化的信息和数据为关键生产要素，以数字技术创新为核心驱动力，以信息通信产业、互联网、物联网和移动通信网为基础设施载体，以数字经济基础产业与实体经济跨部门和跨产业的融合为特征，重塑经济发展格局的新经济形态。

二、数字经济基础产业是数字经济建设与发展的基石

本书重点关注数字经济基础产业五个方面：第一，数字经济基础产业情况；第二，数字贸易情况，包含数字货物贸易和数字服务贸易；第三，数字经济基础产业部门的产业附加值情况；第四，数字经济基础产业与创新；第五，数字经济基础产业对宏观经济的作用。通过对上述领域的观察，得出如下认识：一是数字经济基础产业的增长驱动来自软件产业与 IT 服务，上述行业同时是数字经济基础产业中体现较高产业附加值的部门。二是数字货物贸易和数字服务贸易占各国贸易总额比重持续上升。数字货物和数字服务的出口集中于世界少数国家中，四个国家（中国、美国、德国和日本）占据了全球数字货物出口份额的 45%；六个国家（印度、美国、德国、中国、英国和法国）占据了全球数字服务出口份额的 39%。三是发达国家占有较高的产业附加值，其中美国数字经济基础产业附加值占总附加值比重最高；中国数字产品与数字服务出口增长显著，同中国大规模数字中间品的进口相匹配，集中体现在加工领域，产业附加值水平有待进一步提升。四是数字经济基础产业部门的就业状况已从经济危机中恢

复，世界主要国家自2010年起陆续实现就业水平增长。五是数字经济基础产业是促进创新的关键动能，在数字经济的背景下，数字经济基础产业承担驱动经济增长和创新的基础设施角色。

三、基于各种产业融合度测算方法的比较，选择投入产出法对数字经济基础产业与制造业的产业融合进行全面衡量与测度

从数字经济基础产业与制造业的相关性分析结果来看，中国自2001年至2011年，两个产业正、反向融合度相关系数高达0.86，数字经济基础产业与制造业存在显著的正相关关系，两个产业之间的关联性处于强相关水平。因此，应当高度重视两个产业的产业融合及其对制造业的促进效应。此外，G7国家数字经济基础产业与制造业的正向融合度与反向融合度的相关系数为0.38，产业关联处于中等水平。金砖四国（除中国外）的相关系数为-0.25。中国产业正向融合度在OECD和金砖国家（共计40个国家）中位列第28位，正向融合度水平为1.39%，水平低于中位数1.63%及平均数1.70%；中国产业反向融合度水平在OECD和金砖国家（共计40个国家）中位列第9位，反向融合度水平为3.05%，处于较领先地位。由此可知，中国处于建设数字经济基础产业阶段，更多表现为制造业投入对数字经济基础产业的贡献。从世界主要发达国家和发展中国家的产业融合情况来看：第一，从时间序列上看，样本国家（OECD和金砖国家）数字经济基础产业与制造业的正、反向融合度的波动趋势基本一致。第二，样本国家正、反向融合度水平出现显著分化，一些国家的反向融合水平显著超过该国正向融合水平，另一些国家情况恰好相反，正向融合水平显著超过该国的反向融合水平，还有些国家的正、反向融合度水平相当。说明世界各国所处的数字经济发展阶段不同，数字经济的发展与一国的经济发展水平并无必然联系，数字经济为实现中国经济弯道超车提供了良好发展契机。从制造业各行业水平来看，领先国家重视的制造业数字化的细分行业具有一定的规律性：首先，技术密集型产业的融合度普遍较高；其次，领先国家较为重视高污染行业数字化程度；最后，劳动及资源

密集型行业数字化程度普遍较低。中国产业融合水平较为稳定，整体水平不高，在对制造业细分行业数字化推动方面，有必要借鉴领先国家的经验，提高污染行业和技术密集型产业的数字化水平。从产业融合结构来看，计算机、电子及光学设备业和计算机相关服务业与制造业之间的反向融合度高于正向融合度，而邮政和通信业与制造业之间的正向融合度高于反向融合度，说明计算机、电子及光学设备业和计算机相关服务业更多体现对制造业最终产品的需求超过其对制造业的渗透和应用，而邮政和通信业对制造业的渗透应用超过了该行业对制造业的需求。中国的制造业产出为数字经济的建设作出了贡献，同时，数字经济的发展也为本国的制造业拓展了市场空间，数字经济基础产业与制造业两个产业相互促进，互为需求，形成良性循环。

四、通过主成分因子分析法、面板数据固定效应模型定量分析数字经济基础产业与制造业产业融合对制造业产业绩效的促进效应

从制造业整体来看，数字经济基础产业与制造业的正向融合度、反向融合度、市场开放度、产业结构和市场化水平均是产业绩效的影响因子。产业正向融合度对制造业的产业绩效具有显著的负向作用，在数据的样本报告期内，正向的产业融合对产业绩效产生了冲击作用，导致该现象的可能原因是数字技术经济的发展过程遵循 S 型扩散理论。2006 年至 2011 年属于数字技术经济正向产业融合的导入期，新的数字技术经济对产业绩效的冲击受到几个方面的影响：第一，旧模式的阻挠；第二，数字经济的基础设施建设、制度建设与原有产业不匹配，达到均衡状态需要一定的时间；第三，数字经济促使制造业的分工方式出现变革，由模块化分工逐渐替代传统的水平及垂直的分工模式，更加复杂的产品需要在不同系统、产业、区域、单元、专业间解决协同等问题，均在一定程度上对数字技术的应用和产业绩效水平的提升造成了负面影响。反向融合度对制造业的产业绩效具有显著的促进效应，但在加入某些变量时，产业反向融合对制造业

的产业绩效影响变得不显著，直到市场开放度变量的加入，才使得反向融合对制造业的产业绩效影响重新变为具有显著的促进作用。说明产业反向融合阶段虽然较正向融合发展阶段领先，但仍存在产业融合与某些影响因素之间不够协调的问题。此外，产业结构和市场开放度两个因素对产业绩效也具有促进效应。然而国有企业在产业结构中的比重过高，将对制造业产业绩效产生不利影响，抑制市场活力和企业竞争力，体现制度要素和市场结构特征对产业绩效发挥的重要作用。因此，应该鼓励私有产权和外资产权参与我国的数字经济建设，有效解决国有产权激励性缺陷，积极促进更多元、合理的市场产权结构的形成。

五、通过构建产业结构理论模型和面板数据固定效应模型，测度中国及国有企业制造业产业结构现状

第一，从中国制造业产业结构来看，各产业产值在制造业的比重由高到低依次为资本密集型产业、劳动密集型产业和技术密集型产业。国有企业中技术密集型产业比重高于劳动密集型产业。第二，从时间序列上看，中国整体制造业产业结构的演化符合产业发展的一般规律，产业结构出现高级化趋势，其中技术密集型产业的产值比重提升最快，其次是劳动密集型产业的产值比重，而资本密集型产业的产值比重在制造业整体中出现了下降。国有制造企业产业结构高级化趋势更为显著。第三，从产业结构水平贡献度视角来看，中国整体产业结构水平贡献度由高到低依次为资本密集型产业、劳动密集型产业和技术密集型产业；国有企业产业结构水平贡献度由高到低依次为资本密集型产业、技术密集型产业和劳动密集型产业。这种格局的形成与中国一直以来实行的投资驱动经济发展策略具有一定关系。数字经济基础产业与制造业的正向融合度对制造业的产业结构具有显著的负向作用，预期不符的原因可能是：一是旧的产业间平衡关系被打破，原有产业结构合理化与高度化均衡状态遭受冲击，在新的产业融合条件下，制造业整体发展水平不断提升，向新的较高水平产业结构均衡运动发展；二是数字经济基础产业作为制造业的投入部分，对产业结构水平

的作用存在一定时滞，造成了在产业结构高度化过程中，正向融合度的促进作用减弱；三是由于跨部门、产业组织行为惯性、利益集团和利益调整等方面构成了产业融合的摩擦成本，对产业融合的路径造成冲击，从而形成偏离产业结构水平的结果。因此，在中国数字经济基础产业与制造业的产业融合促进产业结构高度化的过程中，既要重视数字技术对传统制造业的改造，也要重视制造业的产业特征，降低产业融合的协调成本。研发强度与产业结构之间存在显著的正相关关系，说明创新要素是促进传统制造业产业结构升级的重要驱动力。国有化率与产业结构之间存在显著的正相关关系，从产业结构变迁的视角来看，中国的国有企业承担了一定的社会职能，能够持续消化产业变迁过程中产生的成本，从而能够对产业结构产生显著的促进作用。从长期来看，这种利益集团固化将抑制制造业活动主体的转型升级动力和弱化产业结构转型升级的内生能力。外商直接投资变量对产业结构的影响并不稳定，除中国在吸引外资时提供的各项优惠政策和超国民待遇造成的经济扭曲和路径依赖之外，可能的原因还有两个：一是原本期望作为技术载体的外资可能主要流向我国劳动密集型产业、资本密集型产业及技术密集型产业中的劳动和资本密集环节，对实际产业结构优化造成不利影响；二是外资可能通过低端技术或淘汰技术换取我国国内市场，使技术密集型产业受到低端锁定影响，从而阻碍了产业结构优化升级的演化过程。

第二节　研究展望

根据目前得出的结论，未来还可以从几个方面开展深入的研究：第一，更新样本数据，构建模型实证研究正向融合度对制造业产业绩效和产业结构水平的影响，进一步检验理论分析和理论模型；第二，如何平衡国有企业在产业中的布局，既能够促进产业绩效，又能够对产业结构升级产生长期的正向作用；第三，如何有效降低旧范式与新范式下要素、基础设施和制度的协调成本。

参考文献

[1] “信息社会发展研究”课题组．全球信息社会发展报告 2015［J］．电子政务，2015（6）：3－13，20－30.

[2] 王芳．信息社会主要特征的研究［J］．农村经济与科技，2017（22）：203.

[3] 薛澜．第四次工业革命将给我们带来什么［J］．金融经济，2018（13）：21－22.

[4] 朱水林．信息社会经济的基本特征［J］．毛泽东邓小平理论研究，2000（2）：76－80.

[5] 孙松滨．农业社会特征工业社会特征信息社会特征［J］．边疆经济与文化，2006（2）：卷首语．

[6] 马化腾等．数字经济——中国创新增长新动能［M］．北京：中信出版社，2017：4，194.

[7] 吴汉东．为数字中国建设提供法律保障［N］．人民日报，2018－08－19（5）.

[8] 习近平在中国政治局第三十六次集体学习时强调加快推进网络信息技术自主创新朝着建设网络强国目标不懈努力［N］．人民日报，2016－10－10（1）.

[9] 素文．做大做强数字经济培育壮大经济发展新动能［N］．人民邮电，2016－10－14（1）.

[10] 司晓，孟昭莉，王花蕾，闫德利．数字经济：内涵、发展与挑战［J］．互联网天地，2017（3）：23－28.

[11] 杜庆昊. 关于建设数字经济强国的思考 [J]. 行政管理改革, 2018 (5): 51 - 56.

[12] 陈海波. 共建全球互信共治的数字世界——写在第五届世界互联网大会开幕之时 [N]. 光明日报, 2018 - 11 - 08 (9).

[13] 娄勤俭. 深入贯彻习近平总书记关于网络强国的重要思想　坚决扛起推动网信工作走在前列的使命担当 [N]. 新华日报, 2018 - 08 - 27 (1).

[14] [英] 安德鲁·查德威克著.《互联网政治学: 国家、公民与新传播技术 [M]. 任孟山, 译. 北京: 华夏出版社, 2010: 22.

[15] 王明国. 全球互联网治理的模式变迁、制度逻辑与重构路径 [J]. 世界经济与政治, 2015 (3): 47 - 158.

[16] [美] 凯斯·桑斯坦. 网络民主共和国: 网络社会中的民主问题 [M]. 黄维明, 译. 上海: 上海世纪出版集团, 2003: 72 - 78.

[17] [美] 托夫勒. 权力的转移 [M]. 吴迎春, 译. 北京: 中信出版社, 2006: 56 - 61.

[18] 赵水中. 世界各国互联网管理一览 [J]. 中国电子与网络出版, 2002 (10): 8.

[19] 钟瑛. 我国互联网管理模式及其特征 [J]. 南京邮电大学学报 (社会科学版)》, 2006 (2): 31 - 35.

[20] 童楠楠, 郭明军, 孙东. 西方国家互联网治理的经验与误区 [J]. 电子政务, 2016 (3): 51 - 57.

[21] 叶敏. 中国互联网治理: 目标、方式与特征 [J]. 新视野, 2011 (1): 45 - 47.

[22] 韦柳融, 王融. 中国的互联网管理体制分析 [J]. 中国新通信, 2007 (18): 30 - 35.

[23] 钟忠. 中国互联网治理问题研究 [M]. 北京: 金城出版社, 2010: 107.

[24] 覃庆玲. 互联网治理 [J]. 数据通信, 2011 (2): 3, 5.

［25］闫强，舒华英．互联网治理的分层模型及其生命周期［A］．//中国通信学会通信管理委员会学术研讨会《论文集》编辑部．通信发展战略与管理创新学术研讨会论文集［C］．2006：11.

［26］唐守廉．互联网及其治理［M］．北京：北京邮电大学出版社，2008：32－33.

［27］姜洁．在践行新发展理念上现行一步让互联网更好造福国家和人民［N］．人民日报，2016－04－20（1）.

［28］赵玉林．协同整合：互联网治理碎片化问题的解决路径分析——整体性治理视角下的国际经验和本土实践［J］．电子政务，2017（5）：52－60.

［29］王益民．网络强国背景下互联网治理策略研究［J］．电子政务，2018（7）：39－46.

［30］王小林．经合组织国家互联网经济治理经验［J］．经济学研究，2018（5）：99－105.

［31］张志安，吴涛．国家治理视角下的互联网治理［J］．新疆师范大学学报，2015（5）：73－77.

［32］刘建伟．国家“归来”：自治失灵、安全化与互联网治理［J］．世界经济与政治，2015（7）：107－159.

［33］褚松燕．中国互联网治理：秩序、责任与公众参与［J］．探索与争鸣，2015（1）：36－40.

［34］张化冰．中国互联网治理的困局与逻辑重构［J］．学术研究，2017（12）：84－89.

［35］谢永江．论我国互联网治理体制的完善［J］．江西社会科学，2011（1）：178－182.

［36］马骏，殷秦，李海，朱阁．中国的互联网治理［M］．北京：中国发展出版社，2011：27－31.

［37］何莉．国外互联网治理的实践与启示［J］．传媒，2017（7）：57－59.

［38］马英才．呼唤社会共治的互联网责任治理体系［J］．互联网经济，2017（8）：46－51.

［39］引领网信事业发展的思想指南习近平总书记关于网络安全和信息化工作重要论述综述［N］．人民日报，2018－11－06（5）.

［40］黄相怀．国际互联网治理体系的共同构建［J］．网络传播，2016（1）：88－89.

［41］张咏华．传播伦理：互联网治理中至关重要的机制［J］．全球传播学刊，2015（2）：2－13.

［42］蔡翔华．我国互联网治理的新思路［J］．中共青岛市委党校（青岛行政学院）学报，2007（1）：59－62.

［43］付凯，陈诗洋，姜宇泽，郭佳颖，郭建南．欧盟互联网治理对我国的启示［J］．信息通信技术与政策，2018（6）：19－22.

［44］杨雪冬．全球化、风险社会与复合治理［J］．马克思主义与现实，2004（4）：61－77.

［45］燕继荣．协同治理：公共事务治理的新趋向［J］．人民论坛，2012（2）：58－62.

［46］何水．协同治理及其在中国的实现——基于社会资本理论的分析［J］．西南大学学报（社会科学版），2008（3）：102－106.

［47］刘光容．政府协同治理机制、实施与效率分析［D］．武汉：华中师范大学，2008：17－61.

［48］李汉卿．协同治理理论探析［J］．理论月刊，2014（1）：142.

［49］王娅娅．协同治理视野下公民网络有序参与研究［D］．福州：福建师范大学，2010：8.

［50］朱纪华．协同治理：新时期我国公共管理范式的创新与路径［J］．上海市经济管理干部学院学报，2010（1）：5－10.

［51］孙发锋．从条块分割走向协同治理——垂直管理部门与地方政府关系的调整取向探析［J］．广西社会科学，2011（4）：109－112.

［52］杨清华．协同治理：治道变革中的一种战略选择［J］．南京航

空航天大学学报（社会科学版），2011（1）：31－39.

［53］姬兆亮，戴永翔，胡伟．政府协同治理：中国区域协调发展协同治理的实现路径［J］．西北大学学报（哲学社会科学版），2013（2）：122－126.

［54］叶大凤．协同治理：政策冲突治理模式的新探索［J］．管理世界，2015（6）：172－173.

［55］杨颖．地方治理：协同治理机制探究［J］．山东行政学院学报，2013（1）：39－43.

［56］康忠诚，周永康．论社会管理社会协同机制的构建［J］．西南农业大学学报（社会科学版），2012（2）：62.

［57］骆毅．互联网时代社会协同治理研究［D］．武汉：华中科技大学，2015：17，60.

［58］阎婷豫．国外协同治理研究及对我国的启示［J］．江西社会科学，2015（7）：244－250.

［59］刘坤，陈海波，杨舒，张国圣．数字为经济注入新活力［N］．光明日报，2018－08－25（5）.

［60］张晓．数字经济发展的逻辑：一个系统性分析框架［J］．电子政务，2018（6）：2－10.

［61］张占斌．推动快递业健康有序发展［N］．学习时报，2019－03－08（A3）.

［62］欧阳日辉，刘健．数字经济治理是国家治理体系重要内容［J］．国家治理，2017（46）：14－20.

［63］杨健．数字经济与数字治理［J］．科技中国，2017（3）：57－59.

［64］何谨．世界互联网步入数字经济时代［J］．科技智囊，2018（1）：35－45.

［65］赵星．数字经济发展现状与发展趋势分析［J］．四川行政学院学报，2016（4）：85－88.

［66］蓝庆新，窦凯．共享时代数字经济发展趋势与对策［J］．社会

科学文献，2018（2）：46－48.

［67］方禹. 构建助力数字中国的政策法规体系［J］. 现代电信科技，2017（6）：3－5.

［68］张腾，张建光. “金砖国家”数字经济的发展态势［J］. 中国信息界，2018（1）：93－94.

［69］张占斌，杜庆昊. 关于核心技术突破，习总书记如何布局［J］. 人民论坛，2018（13）：20－22.

［70］王春晖. 繁荣数字经济的基本方略［J］. 中国信息安全，2018（3）：31－34.

［71］李治国. 网约车竞争乱象需监管部门协同治理［N］. 经济日报，2018－05－16（13）.

［72］张伟，黄文清. 共享经济的发展现状及其治理措施分析——以长沙市网约车为例［J］. 特区经济，2018（5）：95－98.

［73］王静. 中国网约车的监管困境及解决［J］. 行政法学研究，2016（2）：49－59.

［74］张效羽. 通过政府监管改革为互联网经济拓展空间——以网络约租车监管为例［J］. 行政管理改革，2016（2）：39－44.

［75］郭鹏，林祥枝，黄艺，涂思明，白晓明，杨雅雯，叶林. 共享单车：互联网技术与公共服务中的协同治理［J］. 公共管理学报，2017（3）：1－10.

［76］叶林. 转型过程中的中国城市管理创新：内容、体制及目标［J］. 中国行政管理，2012（10）：73－74.

［77］唐钰淇. 市场失灵与协同治理：共享单车的困境与发展趋势［J］. 经贸实践，2017（18）：62－64.

［78］宋扬扬，王胜本. 基于协同治理理论的共享单车协同治理的路径选择［J］. 华北理工大学学报（社会科学版），2018（2）：24－27.

［79］闫建，郑迦元. 由禁到治：“互联网＋”时代共享单车协同治理路径选择［J］. 重庆理工大学学报（社会科学），2018（2）：73－79.

[80] 徐晋．平台经济学：平台竞争的理论与实践［M］．上海：上海交通大学出版社，2007.

[81] 徐晋，张祥建．平台经济学初探［J］．中国工业经济，2006（5）：40－47.

[82] 程贵孙，陈宏民，孙武军．双边市场视角下的平台企业行为研究［J］．经济理论与经济管理，2006（9）：55－60.

[83] 高红冰．平台经济崛起改变互联网治理模式［J］．前线，2016（2）：36－38.

[84] 吴晓波．互联网平台经济催生管理新范式［J］．浙江经济，2017（9）：10－11.

[85] 李凌．平台经济发展与政府管制模式变革［J］．经济学家，2015（7）：27－34.

[86] 魏小雨．互联网平台经济与合作治理模式［J］．黑龙江社会科学，2017（1）：105－111.

[87] 魏小雨．互联网平台经济中的合作治理［J］．行政与法，2018（10）：43－50.

[88] 高攀．美国互联网平台企业如何反垄断［N］．经济参考报，2016－08－10（4）.

[89] 谢尧雯．论美国互联网平台责任规制模式［J］．行政法学研究，2018（3）.

[90] 汪玉凯．平台经济的发展与治理［J］．中国信息界，2018（4）：42－45.

[91] 王振等．全球数字经济竞争力发展报告 2017［M］．北京：社会科学文献出版社，2017：8，168.

[92] 王辉耀．数字经济时代的全球治理［N］．北京青年报，2018，9（23）：A2.

[93] 胡树祥，韩建旭．发展数字经济培育中国经济发展新动能［N］．光明日报，2019－01－30（6）.

[94] 黄志龙．中国数字经济发展进入快车道［J］．金融经济，2018（17）：11－13.

[95] 庄荣文．以信息化驱动现代化助力实现中华民族伟大复兴的中国梦［N］．人民日报，2016－07－28（18）.

[96] 姜天骄．谱写航天发展新时代［N］．经济日报，2019－01－02（15）.

[97] 张洋，倪戈．开启网络强国战略新征程——党的十八大以来我国网络安全和信息化工作综述［N］．人民日报，2018－11－04（4）.

[98] 鄢显俊．从技术经济范式到信息技术范式——论科技—产业革命在技术经济范式形成及转型中的作用［J］．数量经济技术经济研究，2004（12）：139－146.

[99] 陈小红．技术创新促进经济增长的动力研究［J］．技术经济及管理研，2011（6）：62－65.

[100] 黄奇．韩国信息技术发展研究［J］．中国图书馆学报，2000（5）：57－60.

[101] 刘全庚．英国信息技术联合研究计划［J］．国际科技交流，1990（12）：33－44.

[102] 李平．美国的知识产权保护制度对我国的启示［J］．世界经济与政治论坛，2003（2）：14－17.

[103] 杨明明．英国信息技术与信息产业发展计划及政策［J］．全球科技经济瞭望，2000（10）：22－24.

[104] 苏恒．经济学研究的新领域——网络经济［J］．天津市财贸管理干部学院学报，2002（1）：6－8.

[105] 赵景芳．网络经济回顾与展望［N］．中国高新技术产业导报，2001－01－06（4）.

[106] 乌家培．关于网络经济与经济治理的若干问题［J］．当代财经，2001（7）：3－7.

[107] 李艺铭，安晖．数字经济新时代再起航［M］．北京：人民邮

电出版社，2017：145.

［108］徐晨，吴大华，唐兴伦．数字经济：新经济新治理新发展［M］．北京：经济日报出版社，2017：123.

［109］韩文秀．把握五个重点书写发展新篇——深入理解 2017 年政府工作的总体要求［N］．人民日报，2017－03－28（7）.

［110］［德］赫尔曼·哈肯．协同学——大自然构成的奥秘［M］．凌复华，译．上海：上海译文出版社，2005：1.

［111］［德］赫尔曼·哈肯．高等协同学［M］．郭治安，译．北京：科学出版社，1989：1.

［112］周定财．基层社会管理创新中的协同治理研究［D］．苏州：苏州大学，2017：61.

［113］何翔舟，金潇．公共治理理论的发展及其中国定位［J］．学术月刊，2014（8）：125－134.

［114］俞可平．全球治理引论［J］．政治学（人大复印报刊资料），2003（3）：3.

［115］胡祥．近年来治理理论研究综述［J］．毛泽东邓小平理论研究，2005（3）：25－30.

［116］［美］詹姆斯·罗西瑙．没有政府的治理［M］．张胜军，刘小林，译．南昌：江西人民出版社，2001：5.

［117］［英］R. A. W. 罗茨．新的治理［J］．木易编译．马克思主义与现实，1999（5）：42－48.

［118］［英］格里·斯托克．作为理论的治理：五个论点［J］．华夏风译．国际社会科学杂志（中文版），1999（1）：19－29.

［119］吴志成．西方治理理论述评［J］．教学研究，2004（6）：60－65.

［120］马斌．政府间关系：权力配置与地方治理［M］．杭州：浙江大学出版社，2009：225.

［121］张紧跟．组织间网络理论：公共行政学的新视野［J］．武汉大

学学报（哲学社会科学版），2003（4）：480－486.

［122］陈振明．公共管理学［M］．北京：中国人民大学出版社，2005：82.

［123］李熠煜．当代中国公民社会问题研究评述［J］．北京行政学院学报，2004（2）：92－96.

［124］刘敏婵，张晓川．公共管理的未来——走向社会自治［J］．西北农林科技大学学报（社会科学版），2004（6）：71－75.

［125］王春婷．社会共治：一个突破多元主体治理合法性窘境的新模式［J］．中国行政管理，2017（6）：30－35.

［126］王名等．社会共治：多元主体共同治理的实践探索与制度创新［J］．中国行政管理，2014（12）：16－19.

［127］刘建平．数字经济与政府规制［J］．中国行政管理，2002（9）：9－12.

［128］邹军．全球互联网治理的模式重构、中国机遇和参与路径［J］．南京师大学报（社会科学版），2016（3）：57－63.

［129］任贤良．安全是互联网的有力保障和生命线［J］．中国信息安全，2014（9）：18－19.

［130］［美］约书亚·梅罗维茨．消失的地狱：电子媒介对社会行为的影响［M］．肖志军，译．北京：清华大学出版社，2006：73－74.

［131］［西］曼纽尔·卡斯特．认同的力量［M］．曹荣湘，译．北京：社会科学文献出版社，2006：73－74.

［132］鲁俊群．用好“数字红利”做强数字经济［N］．经济日报，2018－08－30（15）.

［133］张志安．互联网与国家治理发展报告（2017）［M］．北京：社会科学文献出版社，2018：306.

［134］王雪飞，张一农，秦军．国外互联网管理经验分析［J］．现代电信科技，2014（5）：28－32.

［135］王茹．互联网经济时代的政府治理创新研究［M］．北京：人

民出版社，2017：79－82.

［136］郑治平．美国互联网治理机制及启示［J］．理论视野，2016（3）：63－66.

［137］张新红．数字经济与中国发展［J］．电子政务，2016（11）：2－11.

［138］朱卫国．数字经济时代呼唤协同共治［N］．人民日报，2017－11－24（5）.

［139］张永军，张影强．“互联网＋”：发展分享经济的引擎［N］．光明日报，2016－04－07（2）.

［140］徐宗本，张宏云．让大数据创造大价值［N］．人民日报，2018－08－02（7）.

［141］徐立凡．网约车合法化后的机遇和挑战［N］．京华时报，2016－08－08（2）.

［142］赵玉林．构建我国互联网多元治理模式——匡正互联网服务商参与网络治理的“四大乱象”［J］．中国行政管理，2015（1）：16－20.

［143］许凤，戚湧．基于贝叶斯网络的互联网协同治理研究［J］．管理学报，2017（11）：1718－1727.

［144］任泽涛．社会协同中的社会成长、实现机制及制度保障［D］．杭州：浙江大学，2013：42.

［145］周毅，吉顺权．网络空间多元主体协同治理模式构建研究［J］．电子政务，2016（7）：2－11.

［146］孙国强．关系、互动与协同：网络组织的治理逻辑［J］．中国工业经济，2003（11）：14－20.

［147］王春晖．实体经济与数字经济融合构建现代化经济体系的基石［J］．通信世界，2017（33）：9.

［148］马克思，恩格斯．马克思恩格斯选集（第四卷）［M］．北京：人民出版社，2012：422.

［149］余晓青．政府网络治理现代化：动因、目标及路径［J］．电子

政务，2017（10）：11－19.

［150］陈效斌．国家治理体系和治理能力现代化的价值维度［N］．光明日报，2017－11－06（11）.

［151］杨茂林．推进国家治理体系和治理能力现代化［J］．先锋队，2014（1）：13－14.

［152］魏胜强．论中国共产党对群众路线丝思想的贡献［J］．理论经纬，2015（1）：1－8.

［153］郑吉峰．国家治理体系的基本结构与层次［J］．重庆社会科学，2014（4）：18－25.

［154］钟瑛．互联网管理模式、原则及方法探析［J］．三峡大学学报（人文社会科学版），2010（1）：46－49.

［155］王静静．从美国政府的互联网管理看其对中国的借鉴［D］．武汉：华中科技大学，2006：10.

［156］杜云，叶崴．网络经济下的市场驱动力研究——基于新技术扩散 oop 实验数据分析［J］．武汉科技大学学报（社会科学版），2013（3）：309－315.

［157］韩明华．网络经济环境下的政府规制创新［J］．宁波大学学报（人文科学版），2007（4）：90－94.

［158］何明升．虚拟社会治理的概念定位与核心议题［J］．湖南师范大学社会科学学报，2014（6）：5－12.

［159］吴丹，华涛．合作治理——公共事务治理的新逻辑［J］．中共福建省委党校学报，2015（2）：89－94.

［160］邵静野．中国社会治理协同治理机制建设研究［D］．吉林：吉林大学，2014：26.

［161］孙秀艳．社会协同的内涵解析与路径选择［J］．福建：中共福建省委党校学报，2011：76－82.

［162］张琦．我国食品安全多元主体治理模式研究［D］．济南：山东师范大学，2014：37.

[163] 刘诗白．社会主义市场经济与主体产权制度的构建 [J]. 经济学家，1999 (1)：4－13.

[164] 杨红梅，孙红萍，张想明．论推动公民社会在我国生长的缘由 [J]. 理论前沿，2014 (11)：12.

[165] 岳爱武，苑芳江．从权威治理到共同治理：中国互联网管理体制的演变及趋向 [J]. 行政论坛，2017 (5)：61－66.

[166] 熊光清．习近平网络社会治理思想研究 [J]. 社会科学家，2017 (12)：43－47.

[167] 钟海帆．互联网与国家治理现代化 [M]. 北京：社会科学文献出版社，2015：10.

[168] 刘捷．促进政府从管理型到治理型转变 [N]. 人民日报，2014－12－16 (7).

[169] 白锐．略论互联网与国家治理逻辑的再建构 [J]. 社会科学战线，2016 (9)：178－183.

[170] 陈晓春，任腾．互联网企业社会责任的多中心协同治理——以奇虎360与腾讯公司为例 [J]. 湘潭大学学报（哲学社会科学版），2011 (4)：21－24.

[171] 罗昕．算法媒体的生产逻辑与治理机制 [J]. 学术前沿，2018 (12)（下）：34.

[172] 郁建兴．治理与国家构建的张力 [J]. 马克思主义与现实，2008 (1)：86－93.

[173] 丁冬汉．从"元治理"理论视角构建服务型政府 [J]. 海南大学学报（人文社会科学版），2010 (10)：18－24.

[174] 张韩，肖光荣．网络经济及其经济规律的理论拓展 [J]. 统计与决策，2009 (14)：151－152.

[175] 常健，郭薇．论行业自律的作用及其实现条件 [J]. 理论与现代化，2011 (4)：113－119.

[176] 张珺，黎诗韵．滴滴42小时 [J]. 财经，2018 (22)：52－59.

［177］宣博，易开刚．互联网平台企业的社会治理责任［N］．光明日报，2018－03－27（11）．

［178］刘卫平．论社会协同治理机制的基本要素、实现形态与构建原则［J］．邵阳学院学报，2015（3）：78－86．

［179］莱斯特·M. 萨拉蒙，李婧，孙迎春．新政府治理与公共行为的工具：对中国的启示［J］．中国行政管理，2009（11）：100－106．

［180］李利利，刘庆顺．政府与行业协会协同机制分析——谈事中事后监管中的协同治理［J］．商业经济，2017（8）：3－15．

［181］轩传树．互联网时代下的中国国家治理现代化：实质、条件与路径［J］．当代世界与社会主义，2014（3）：105－110．

［182］陶国根．协同治理：推进生态文明建设的路径选择［J］．中国发展观察．2014（2）：30－32．

［183］胡颖廉．推进协同治理的挑战［N］．学习时报，2016－01－25（5）．

［184］龚贺．社会治理中标准与法律法规政策的协同机制研究［J］．标准科学，2017（12）：84－87．

［185］蔡岚．合作治理：现状和前景［J］．武汉大学学报（哲学社会科学版），2013（3）：41－46．

［186］王新平，万威武，苏秦．网络经济时代“新质量”应具备的特征［J］．统计与决策，2008（1）：182－184．

［187］宋懿．大数据时代政府信息资源共享的协同机制研究——基于宁波市海曙区政府信息资源中心的案例分析［J］．情报理论与实践，2018（6）：64－69．

［188］荆雪蕾．“互联网＋”形势下政府大数据开放与共享研究［J］．中国管理信息化，2017（10）：155－156．

［189］高艳东．互联网时代的竞争与垄断［N］．学习时报，2019－03－01（3）．

［190］郑智航．网络社会法律治理与技术治理的二元共治［J］．中国

法学，2018（2）：108－130.

［191］陈正良，周捷，李包庚．国际话语权本质析论——兼论中国在提升国际话语权上的应有作为［J］．浙江社会科学，2014（7）：78－83.

［192］罗昕．全球互联网治理：模式变迁、关键挑战与中国进路［J］．社会科学战线，2017（4）：176－188.

［193］李海英．数据本地化立法与数字贸易的国际规则［J］．信息安全研究，2016（9）：781－786.

［194］刘诚．英国"数字税"引发全球效仿？谷歌等互联网巨头成征税目标［J］．财经，2018（28）：50－51.

［195］胡汉辉，邢华．产业融合理论以及我国发展信息产业的启示［J］．中国工业经济，2003（2）16－21.

［196］John Mathiason. Internet Governance：The New Frontier of Global Institutions. Abingdon：Routledge Publisher，2009：2.

［197］Robert K. Knake. Internet Governance in an Age of Cyber Insecurity. London：Council on Foreign Relations，2010：9.

［198］Jovan，G. Eduardv. Internet Governance：Issues，Actions and Divides. Geneva：Diplo Foundation and Global Knowledge Partnership，2005：15.

［199］OECD. The Seoul Ministerial on the Future of the Internet Economy. Ministerial session，vol. 18（2008）：4.

［200］J. Hofmann. Multi－stakeholderism in Internet Governance：Putting a Fiction into Practice. Journal of Cyber Policy，Vol. 1（2016）：29－49.

［201］Chris Huxham，S. Vangen，CHC Eden. The challenge of Collaborative Governance. Public Mauag，vol. 3（2000）：337－358.

［202］Yolanda C. Padiila，Lesley E. Daigle. Inter－agency Collaboration in an International Setting. Administration in Social Work，vol. 1（1998）：65－81.

［203］Chris Huxham，S Vangen. Managing to Collaborate：the Theory and Practice of CollaborativeAdvantage. Abingdon：Routledge，2005：4.

[204] C Hardy, N Phillips. Strategies of Engagement: Lessons from the Critical Examination of Collaboration and Conflict in an Interorganizational Domain. Organization Studies, vol. 9 (1998): 217 - 230.

[205] Barbra Gray. Collaborating: Finding Common Ground for Multi - Party Problems. San Francisco: Jossey - Bass, 1989: 15.

[206] Walter U. M, Peter Christopher G. A Template for Family Centered Intergragency Collaboration, Families in Society: The Journal of Contemporary Human Services, vol. 5 (2000): 494 - 503.

[207] Chris Ansell, Alison Gash. Collaborative Governance in Theory and Practice. Journal of Public Administration Research & Theory, vol. 4 (2008): 543 - 571.

[208] Johnston Erik W. , Hicks Darrin, Nan Ning, Auer Jennifer C. Managing the Inclusion Process in Collaborative Governance. Journal of Public Administraion Research & Theory, vol. 4 (2010): 699 - 721.

[209] Emerson K, Nabatchi T, Balogh S. An Integrative Framework for Collaborative Governance. Journal of Public Administration Research & Theory, vol. 1 (2012): 1 - 29.

[210] Clare M. Ryan. Leadership in Collaborative Policy - making: An Analysisi of Agency Poles in Regulatory Negotiations. Policy Sciences, vol. 3 (2001): 221 - 245.

[211] RD Lasker, Es Weiss. Broadening Participation in Community Problem Solving: A Multidisciplinary Model to Support Collaborative Practice and Research. Journal of Urban Health Bulletin, vol. 1 (2003): 14 - 47.

[212] Ch Koch. Collaborative Governance in the Restructured Electric Industry. Wakeforest Law Review, vol. 2 (2005): 589 - 615.

[213] T Reilly. Collaboration in Action: An Uncertain Process. Administraion in Social Work, vol. 1 (2001): 53 - 73.

[214] J Freeman. Collaborative Governance in the Administrative State.

UCLA Law Review, vol. 45 (1997): 1 -98.

[215] Bryson, John M, Crosby, Barbara C, and Stone, Melissa Middleton. The Design and Implementation of Cross - Sector Collaborations: Propositions from the Literrature. Public Administration Review, vol. s1 (2006): 44 -55.

[216] Ansell, Chris, and Alison Gash. Collaborative governance in theory and practice. Journal of Public Administration Research and Theory, vol. 18 (2007): 543 -571.

[217] Tapscott D, The digital economy: Promise and Peril in the Age of Networked Intelligence. New York: McGraw - Hill, 1996: 4 -7.

[218] Greenan N, L'Horty Y, Mairesse J. Productivity, Inequality and the Digital Economy: a Transatlantic Perspective. Journal of Global Information Technology Management, vol. 8 (2005): 70 -72.

[219] Coyle D. The Weightless World: Strategies for Managing the Digital Economy. Cambridge: MIT press, 1999: 2 -3.

[220] Brynjolfsson E, Hu Y, Smith M D. Consumer Surplus in the Digital Economy: Estimating the Value of Increased Product Variety at Online Booksellers. Management Science, vol. 49 (2003): 1580 -1596.

[221] Beomsoo Kim. Virtual Field Experiments for a Digital Economy: A New Research Methodology for Exploring an Information Economy. Decision Support Systems, vol. 32 (2002): 215 -231.

[222] Paul W Mattessich, Barbara R Monsey. Collaboration: What Makes it Work. Saint Paul: Amherst H Wilder Foundation, 1992: 10 -15.

[223] Robert Goodin, Michael Moran, Martin Rein. Oxford Handbook of Public Policy. UK: Oxford University Press, 2008: 469.

[224] Pepper D Culpepper. Institutional Rules, Social Capacity, and the Stuff of Politics: Experiments in Collaborative Governance in France and Italy. Cambridge: Harvard University, 2003: 4.

[225] Keon Chi. Four Strategies to Transform State Governance. Washing-

ton: IBM Center for the Business of Government, 2008: 25.

[226] Imperial, Mark T. Using Collaboration as a Governance Strategy: Lessons from Six Watershed Management Programs. Administration and Society, vol. 37 (2005): 281 - 320.

[227] Simon Zadek. The Logic of Collaborative Governance: Corporate Responsibility, Accountability, and the Social Contract. Cambridge: Harvard University, 2006: 3.

[228] Thomas C. Folsom. Defining Cyberspace Finding Real Virtue in the Place of Virtual Reality. Tulane Journal of Technology and Intellectual Property, vol. 1 (2007): 118.

[229] Ann Marie Thomson, James L. Perry. Collaboration Processes: Inside the Black Box. Public Administration Review, vol. 12 (2006): 22 - 26.

[230] O. E. Williamson. The Economics Institutions of Capitalism: Firms, Markets, Relational Contracting. London: Macmillan, 1985: 47 - 70.

[231] Dunleavy P. Digital Era Governance: IT Corporations, The State, And E - Government. Oxford: Oxford University Press, 2006: 227 - 229, 234, 237.